真田と「忍者《しのび》」

加来耕三

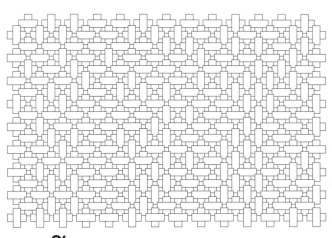

講談社+α《プラスアルファ》文庫

はじめに　〝真田十勇士〟解体新書

歴史の事物《じぶつ》（いっさいのこと）は、本来が混沌《こんとん》としたものであり、○×式には断じにくい。しかし、つきつめてしまえば、それなりに答えは出るものだ。

本書は〝真田十勇士〟と呼ばれる人々の、再現を目的として述べるものだが、論理的な結論はすでに出ている。復元（もとの位置・状態に返すこと）は不可能である。なぜならば、「猿飛佐助《さるとびさすけ》」「霧隠才蔵《きりがくれさいぞう》」の二人がようやくメンバーに加わり、十勇士の十人が勢揃いするのは、大正時代（一九一二～一九二六）の立川文明堂《たつかわぶんめいどう》——その講談本シリーズの「立川文庫」においてであったが、この十勇士の設定は無責任で、略歴一つ一定ではなく、「猿飛佐助」と「霧隠才蔵」の名前を入れかえても、そのまま通用するようなストーリーが、数多くつくられていた。

江戸時代にすでに、片鱗のある十勇士の一《いっ》・三好清海入道《みよしせいかいにゅうどう》は、江戸時代中期に成立した軍記物《ぐんきもの》＝『真田三代記』では九十歳の高齢で登場していたが、その身の丈は八尺余り（約二・四メートル）に及んでいた。それが立川文庫の『真田三勇士忍《にん》術名人《じゅつのめいじん》　猿飛佐助』では、ふいに十九歳に改められているかと思えば、同じ立川文庫でも、先発する『智謀真田幸村《ゆきむら》』では九十六歳とあった……。

これらの記述には、そもそも何らの論理性はなく、歴史史料の裏付けもない。復元するには立川文庫の、各々の作品を担当した作者＝講釈師・玉田玉《たまだぎょく》秀斎《しゅうさい》とその取り巻き作家集団の、頭の中にでも入り込んでみなければ、なぜそうなったのか、といった根源的な問題は解決しまい。くり返すようだが、復元は×である。

けれども、再現は○であろう。つまり、次のような図式が可能となるからだ。

――〝真田十勇士〟を解体すると、「真田」と「十勇士」に二分される。

〝十勇士〟はフィクションで根拠にとぼしいものだが、彼らの与えられた宿命・使命は〝忍び〟も含め、最大公約数を影に集約することができた。

彼らは裏方として、何をしたのか。その主君である真田信繁《のぶしげ》（俗称・幸村）を助けて活躍したわけだが、その信繁も歴史の表舞台に飛び出して来たのは四十九年の生涯の中で、大坂冬の陣に先立ち、大坂城に入城した慶長十九年（一六一四）十月から数えて、たかだか七ヵ月あまりにすぎなかった。彼も父・昌幸《まさゆき》の裏方をつとめた人物であったが、それでも昌幸―信繁父子は共に、実在していた。

つまり〝十勇士〟の活躍は、真田家における信繁の役割を、物語風に広げたものにほかならなかった。加えて、〝十勇士〟のもちいた軍略・兵法《へいほう》や武術・忍術といったものは、歴史の史片として存在した。〝術〟からの各種技法へのアプローチは可能であり、信繁を創りあげたもの＝真田家三代の歴史は、史料・文献的に再現が不可能ではなかった。

歴史学の常套語《じょうとうご》に、「未発の発芽」というのがある。いまだ発せざるの芽、芽吹《めぶ》く前の芽――これは、過去をさかのぼることの重要性を述べていた。たとえば、読者のあなたを知ろうと歴史家が考えた場合、その父母や家族、もっといえば祖父・祖母の人となり＝〝歴史〟を知れば、理解は深まるとの考え方である。

真田信繁（俗称を幸村）

幸い真田家が、忽然《こつぜん》と歴史の舞台に登場したのは、初代の幸隆《ゆきたか》からであり、その三男・昌幸が信繁の父となる。信繁を創り出した秘訣は、昌幸から幸隆へとさかのぼることで、よりその輪郭《りんかく》を明確化するに違いなかった。

それは一面、この一族が手にした、乱世を生き抜くための術《すべ》、叡智、すなわち軍略・兵法をも具体的に知ることにつながっていた。

信州（現・長野県）の数多《あまた》いた土豪の中から現われ、名将・武田信玄と邂逅《かいこう》することによって、独自の生き方を探し求めて悪戦苦闘した幸隆。その父のおかげで、幼少期より信玄の愛弟子《まなでし》となり得て、その傍らにあって武田家の軍略・兵法をも学び、家伝に加味することのできた昌幸。彼の身替りとなって、長篠《ながしの》・設楽原《したらがはら》で戦死した長兄信綱《のぶつな》、次兄昌輝《まさてる》の残したものは――。

偉大なる二代目・昌幸が、二度にわたって徳川家康に立ち向い、二度とも勝利をおさめた上田合戦――その真田戦法の真髄を修得した信幸《のぶゆき》（のち信之）と信繁の兄弟。一方の信繁が、真田家のすべての手の内を活用して戦ったのが、大坂の陣であった。彼は死して末代にまでその武名を残し、その兄・信幸は生き残って徳川の時代を生き抜いた。なかでも九十三歳にして彼は、真田家のお家騒動を解決している。その手腕は、凄まじいの一言に尽きた。真田三代を検証すれば、その言動の狭間から、〝十勇士〟の虚構を廃した、真の像が浮かびあがってくる。

ストレートにいえば、真田十勇士のモデルは、武田最強の〝赤備《あかぞな》え〟にあった。

本書はそうした再現の連鎖を、編年体でたどりつつ、ジグソーパズルを解くように、謎のピースを一つずつ埋めていく作業を試みたものである。

詳しくは、目次を参照いただきたい。関心のある章から、読み進めていただいてもかまわない。立体構成された〝真田十勇士〟の再現は、何処から読んでいただいても、同じ様に理解していただけるはずだ。

また、ピースを埋めた結果、まったく関連がないように思われていた人物や場面に、共通する原理・原則が存在したことも知れるに違いない。

これまで武田信玄に関して、諸々述べてきた筆者にとって、その兵法を受けつ いだ真田家、とりわけ〝小よく大を制する〟奇策の数々と勝利の法則を、読者に理解していただき、活用していただけたならば、これにすぎたる喜びはない。

本書を刊行するにあたっては、先学諸氏の研究成果を随分と参考にさせていただいた。本文の引用文は逐一、明記したが、全体に関しては巻末に参考文献をかかげている。この場を借りて、感謝の意を述べたい。

また、最後になりましたが、本書刊行の機会を与えてくださった講談社第一事業局企画部部長・柿島一暢《かきしまかずのぶ》氏、同部次長・新井公之《きみゆき》氏に、心よりお礼を申し述べる次第です。

平成二十八年六月吉日　東京・練馬の羽沢にて　　加来耕三

真田と「忍者《しのび》」◉目次

第二章　武田信玄の愛弟子・真田昌幸

第四章 信繁と大坂の陣

第一章　山本勘助のモデルこそ、真田幸隆

謎の軍師は突然、現われたか?!

天文十二年（一五四三）のことだというから、戦国日本を一変させる鉄砲が、種子島にもたらされた同じ年にあたる。この年、読者諸氏もよくご存知の山本勘助（勘介とも）が、甲斐（現・山梨県）の武田家の重臣筆頭・板垣信方《いたがきのぶかた》（信形とも）の推挙で、当主信玄（諱《いみな》は晴信）の前に現われた、との挿話が『甲陽軍鑑《こうようぐんかん》』に出ていた。

生没年不詳の「山本勘助」は、一説に三河国宝飯《ほい》郡牛窪《うしくぼ》（現・愛知県豊川市牛久保町）の出身という。南北朝時代に大和国の吉野郷（現・奈良県吉野郡吉野町）を領していた、〝吉野冠者〟こと源（木田《きだ》）重季《しげすえ》の後裔とも。

父祖は代々、駿河国富士郡山本村（現・静岡県富士宮市山本）に暮らし、祖父貞久の代に、駿河国（現・静岡県中部）の守護・今川氏に仕えて軍功をあげ、姓を「山本」に改めた。

勘助の父は図書といい、明応二年（一四九三）にその四男として勘助は生まれた、との説もあるようだ。初名を、源助貞幸《さだゆき》といったとか。十二歳で三河国牛窪の牧野家の家臣（陪臣《ばいしん》・又家来《またけらい》）・大林勘左衛門の養子になり、源助を「勘助」と改めた。以来、二十歳のときに養家を去り、彼は諸国遍歴の旅に出たという。

――このように述べてくると、読者の中にはすらすらと右の略歴が頭に入る方がいるかもしれない。が、歴史に関してそれは、要注意である。まずは、立ち止まって疑っていただきたい。

西暦一五〇〇年代の前半に、武士は諸国遍歴の旅など、そもそもできるものではなかった。人々は例外なく、出自・門地と土地にしばられ、人間がわが身一つで移動することが可能となったのは、織田信長が登場して以降のことである。

「いっそ、他国で身を立てるか」

山本勘助がもし、そのようなことを口にしたとすれば、この人物は明らかに尋常人《じんじょうびと》ではなかったろう。

なるほど、捨ててもおかしくない程度のものしか、彼はもちあわせていなかったかもしれない。が、だからといって、人間が生まれ故郷を捨てて他郷へ、軽々と移り住むこと自体が、ほとんど不可能な時代であった。

ときおり、室町・戦国の時代を史料も調べないで、いい加減に書いた小説に出会うことがあるが、武士が牢人して、身一つで諸国を流浪するというのは、織田信長の専属家臣団の制度が確立して以降のことであり、多くは江戸時代に入ってこそ、可能な現象であった。まして一人で——家族連れであっても——、ふいに未知なる他国に移り住むなどということは、実際問題としてできるものではなかったろう。

時代はいまだ、街道も整備されておらず、村落は各々に孤立し、点在する村は横の連帯はもっていたものの、見知らぬ他国の人間に対しては、どこまでもつめたかった。門地や身分がとびきり上等の、たとえば公卿ともなれば、横領された所領を取り返すすべのないまま、地方の守護大名やその下の守護代などに、庇護を受けることはできたであろう。

だが、山本勘助程度の曖昧《あいまい》な人間が、自らの家譜を他郷で誇ったとすれば、それは物笑いの種になるのが関の山であり、冷笑され、簀《す》巻《ま》きにされるのがおちであった。

検証してみるとよい。室町武家の中途半端な旧家・名門の類は、ことごとくこの時期から信長登場までの間に、天下六十余州で消え去っている。

なぜ、受け入れてもらえなかったのか。他人が入って来ても、分けるべき土地がなかったからだ。農耕器具の改良は、もう少しあとの時代のこと。村という村は一律、一族縁者で構成されており、兵農分離はまだおこなわれていない。庄屋が武将

(部将)、百姓が兵卒をつとめていた時代である。見知らぬ他人を、すんなり受け入れる土壌そのものが、村落社会にはなかったのだ。

第一、「城下町」という概念そのものも、この頃にはなかった。京の都や堺のような、町と呼べる大集落が、さて、天下にどれほどあっただろうか。

甲斐へ来る前、駿河の駿府《すんぷ》(現・静岡市)を目指したという勘助は、この地にどれほどの親戚、縁者を持っていたのだろうか。

勘助が京五山《ござん》、鎌倉五山のような学問所で学んでいたなら、そうしたおりの仲間は、信用手形になったかもしれない。

筆者は、『武功雑記《ぶこうざっき》』(松浦鎮信《まつらしげのぶ》著)がいうところの、勘助の息子(『甲斐国志《かいこくし》』によれば勘蔵信供《かんぞうのぶとも》〈源蔵《げんぞう》とも〉、または別の「勘助」を名乗った養子)が学んだという京都の妙心寺《みょうしんじ》(林下《りんか》〈五山外の寺院〉随一の寺)に注目してきた。今川義元《いまがわよしもと》の軍師・太原崇孚《たいげんそうふ》、織田信長の師父・沢彦宗恩《たくげんそうおん》はいずれも、妙心寺の出身者であった。

今日にいう、学閥に相当するものは、当時もあったに違いない。

しかし勘助本人には、その確証がなかった。

——少し、整理をしておきたい。

そもそも、戦国乱世はいつからはじまったのか。十一年つづいた、日本史上空前絶後の内乱＝応仁・文明の乱（一四六七〜一四七七）が終息した頃から、というのが、歴史学の通説である。

同じ頃合で「足軽」という、軽やかに脛《すね》を蹴りあげて、戦場を縦横無尽に走りまわる歩兵が登場した。彼ら足軽は、武家の奉公人や庶民から募集され、傭兵隊として徒党を組み、槍を担いで主家を求めては、都を中心に諸国を流れ歩いた。

が、これは〝兵〟であって、〝将〟ではなかった。

ところが勘助は、武田家の重臣・板垣信方の推挙で、武田信玄の前に突然、現われたという。

「山本勘助」に秘された真実

しかもその風体は色黒く「散々《さんざん》夫《ぶ》男《おとこ》」で、隻眼《せきがん》（片眼）のうえ指も欠けていれば、足も歩くのが不自由であったという。足軽なら、別に何も問題はなかった。

ところが信玄は、この怪奇《グロテスク》な人物を一目みて、いきなり三百貫文（現代の貨幣価値で約一千三百二十万円）の知行を与え、足軽二十五人を付属させたという。これは〝将〟の待遇である。さらに『甲陽軍鑑』ではその後、知行五百貫文（約二千二百万円）、足軽五十人に加増させたというのだが……。

断言するようで恐縮だが、このようなことは歴史上、あり得ない話であった。その理由について、勘助を登場させた『甲陽軍鑑』自体が語っていた。

勘助は、攻城戦や合戦の駆け引き、軍略・兵法にも明るい、というのだ。

「（前略）彼《かの》山本勘介《ママ》大剛の者なり、殊更《ことさら》城とり・陣取一切《じんとりいっさい》の軍法をよく鍛練《たんれん》いたす、京流の兵法《へいほう》も上手也」

ところが、武田家に来る前、仕官を望んだ今川家では、東海一の太守・今川義元は「山本勘介《ママ》」の風貌から受けた印象があまりにもひどく、それ以上に裏付けとなるものがないことから、今川家に仕官したいばかりに嘘をついているのだ、といって、ついにこの人物を召し抱えなかった、と『甲陽軍鑑』は告白している。

駿河にて諸人の取沙汰《とりざた》に、彼《かの》山本勘介《ママ》は第一片輪者、城取・陣取の軍法は其身《そのみ》城をも終《つい》にもたず、人数ももたずして何とて左様《さよう》の儀存ぜん。今川殿へ奉公に出度《いでたき》とて虚言《そらごと》を云也《いうなり》と各申《おのおのもうす》により、勘介《ママ》九年駿河に罷在《まかりあれ》ども、今川殿へかゝへ給はず。

（相良亨編『日本の思想９』筑摩書房）

筆者は、右の義元の見解、至極もっともなものだと思う。

個人の風貌はこの際、どうでもいいのだが、問題は攻城戦や合戦の指揮をするほどの〝身分〟のものが、城一つもたず、将兵も従えていないのは、そもそもあり得ないことであった。

合戦は原則、村単位の集団の中の、誰かが敵の御首級《みしるし》をあげ、それが集団の長＝庄屋＝部将の軍功となり、その待遇がよくなる――新たな土地をもらう――ことで、その下の百姓たちの暮らし向きもよくなる、というのが一般的であった。

槍をかついで、単身、戦場で活躍する〝将〟もいなければ、城地をもたないで将兵を養える〝将〟も、この世には存在しなかった。

西暦一五〇〇年代前半、日本ではそもそも、男が〝将〟として、ひとりで生きていくということ自体が不可能であった。今川家とは祖父なり、父なりが縁をもっていたのだろう。それにしても、いきなり将にしてくれとは……。

「今川殿へ奉公に出度《いでたき》とて虚言《そらごと》を云也《いうなり》」

――その通りであったろう。

事情は甲斐の武田家も同じで、国内の庄屋層（村単位）＝国人＝部将が、村の百姓＝兵をかき集めて、戦場に向かうというのが普通の戦《いくさ》の光景であった。

身一つで仕官（土地なし）は、戦国後期なり江戸時代のイメージでしかない。『甲陽軍鑑』は江戸期に入って書かれたものであったことも、十二分に留意する必要がありそうだ。

同様に、山本勘助なる人物は『甲陽軍鑑』にしか登場しない。

この書はいわば読みものであり、いまなら歴史小説といったところであろう。なるほど、と耳を傾ける処世訓はある。常勝の信玄ならそういっただろう、と思わず頷いたり、膝を叩きたくなる箇所は少なくない。だが、同書には歴史的事実を曲げたり、時間の経過をわざと誤ったりしている作為の箇所が、数多く散見された（事例は後述する）。結論からいって、信玄の生涯を追う補足資料としては使えるが、根本資料としては不適当といわざるを得ない。

無論、筆者は昭和四十四年（一九六九）に、北海道の釧路市で武田氏関係の古文書「市河文書」が発見されたことは知っている。その文中に「山本菅助」という名があらわれていたということも。彼は武田家の使者として、北信濃の市河藤若《いちかわふじわか》という人物のもとに出向いていた。これは間違いはない。

なるほど、山本菅助という武田家の上層の家臣はいたのだろう。

だが、武田家の信濃侵攻における〝軍師〟の立場として、武田の全軍を動かすような——しかも新参者——が、実在したとは、到底、考えられない。〝名軍師〟山本勘助はそもそも、いなかったというのが、筆者の長年の見解である。

通説によれば、彼は永禄四年（一五六一）九月の第四次川中島の激戦で、己《おの》が立てた作戦（啄木鳥《きつつき》戦法）を敵の総大将・上杉謙信（当時は上杉政虎）に見破られ、その責任をとって同月十日に戦死したとされている。

法名には「天徳院武山道鬼居士《ぶさんどうきこじ》」と「鉄巌道一禅定門《てつげんどういつぜんじょうもん》」の二説があり、墓にいたっては供養墓もふくめ、数ヵ所残されている。

筆者はこの人物を、江戸期における武士の憧れを体現化して創られたもの、と理解してきた。容姿にめぐまれず、身体的にもハンディがありながら、名将・武田信玄に認められることで、一転、武田家の名軍師として〝常勝武田〟を背負って立つ。『甲陽軍鑑』を拝読した武士たちは、己れの不遇を名将の出現がないからだ、見る目のある信玄のような人物が、自分の上にいてくれたなら、と思いつつ、自分をなぐさめたのであろう。

憧れということでいえば、いささか趣《おもむき》は異なるが、「真田信繁」や〝真田十勇士〟にもいえることだが、空想の物語の世界に遊ぶのはいい。愉快《ゆかい》で楽しい。しかし〝現実〟＝本当の歴史の世界を知らなければ、この世＝憂き世は生きていけない。筆者は「山本勘助」の秘された真実にこそ、注目し、学ぶべきだ、と考えている。

「山本勘助」の真実とは何か——勘助がおこなったとされる数々の事績について、それを分担して成し遂げた、他郷——武田家に敗れ、吸収された——新規召しかかえの人々が、実際には数多《あまた》いたに違いない、ということだ。

さらにいえば、その厳しい現実の中で具現化した代表的な人物こそが、真田弾《だん》正《じょうのじょう》忠幸隆であった、ということである。

筆者は山本勘助のモデルは、この幸隆以外には考えられない、と思いつづけてきた。そのことを念頭に、以下を読みすすめていただきたい。

弱小土豪の出自

——すべては、この人物から始まった。

真田幸隆——昌幸の父であり、信幸（のち信之）と信繁（俗称・幸村）には祖父にあたる人物である。

真田家の実質上の初代ともいうべき幸隆の出身地、信濃（現・長野県）における存在は、まさに吹けば飛ぶような弱々しいものでしかなかった。

それでも、身一つで世上に現われる滑稽な「山本勘助」よりは幾分、ましであった。幸隆には小さくとも、拠るべき一族があった。

真田一族の氏祖については、信濃国小県《ちいさがた》郡海野荘《うんのしょう》（現・長野県東御《とうみ》市）を本拠とした海野長氏《ながうじ》の七男・七郎幸春《ゆきはる》が分家して、小県郡真田郷（現・長野県上田市）に移り、「真田」姓を名乗ったとする説と、海野幸氏《ゆきうじ》の第四子・幸春が氏祖だ、とする二つの家系が伝えられていた。

ちなみに幸氏は、『吾妻鏡《あずまかがみ》』に登場する源頼朝の家臣で、騎射の名手としても知られた人物。仮にその子・幸春が真田郷に移って、氏祖となったとすれば、以降四百年の空白を経て、忽然《こつぜん》と真田幸隆が現われたことになる。

この間、およそ十数代は、そもそも真田姓を名乗っていたかどうかも不明であった。ただ、応永七年（一四〇〇）に篠《しの》ノ井《い》村（現・長野県長野市篠ノ井）の横田河原で、ときの信濃国守護・小笠原長秀《おがさわらながひで》の軍と、北信濃の土豪たちとの間で抗争があり、この「大塔合戦《おおとうかっせん》」の陣番帳（参陣記録）に「実田《さなだ》」の姓で、村上頼清《よりきよ》の配下として、源太・源吾・源六の三人がいたことは、間違いないようだ。あるいはこの三人は、のちの真田三代につらなる血脈の人々であったかもしれない。

　幸隆は永正十年（一五一三）、現在の長野県上田市真田町――真田郷の松尾城の領主・真田右馬允《うまのじょう》（右馬介《うまのすけ》とも）頼昌《よりまさ》の次男に生まれたという（異説もある）。幼名を二郎三郎といい、元服して幸綱《ゆきつな》、のちに源太左衛門と名乗った。もっとも、その父も幸隆本人も、存在証明《アリバイ》は後世の〝真田十勇士〟同様、あまりにかぼそい。なにしろ、小県郡を支配していたのは真田氏ではなく、滋野《しげの》一族であった。

　この一族が三つに枝わかれして、北信濃全域に広がっていたものの、真田氏はその主流でもなかったのである。

真田家系図

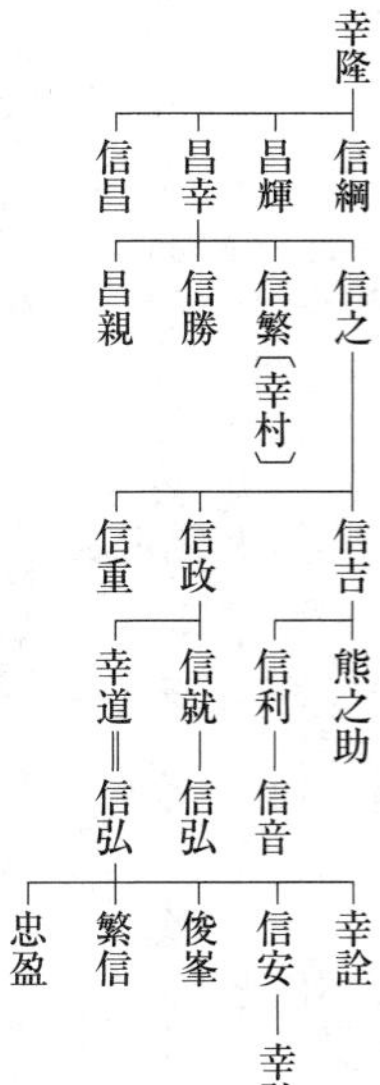

滋野氏の筆頭が海野入道棟綱《にゅうどうむねつな》で、幸隆はその外孫といい、あるいはその実子とも伝えられている。実子であっても、「真田」に姓がかわったということから考えれば、分家であったことは確かであろう。幸隆が十二歳のとき、父・頼昌が他界したという。この場合は、大永三年（一五二三）となった。

――出自どころではない。幸隆の場合、そもそも諱の「幸隆」すらがあやしかった。「幸隆」は江戸時代に入って、幕府が編纂した『寛永諸家系図伝《かんえいしょかけいずでん》』に記載されたものであり、生き残った真田信之の系統が編した、天保十四年（一八四三）完成の『真田家御事蹟稿《ごじせきこう》』所収の、『一徳斎殿《いっとくさいどの》御事蹟稿』でも「幸隆」に統一されていた。が、筆者の調べたかぎりでは、幸隆の生きた同時代に、「幸隆」と述べられた記録は確認できなかった。真田弾正忠が発給した古文書すらが、発見されていない。

それ以外の同時代の史料では、幸隆には違う名前が書きとめられていた。たとえば、海野一族が高野山において菩提所、宿坊としてきた高野山蓮華定院《れんげじょういん》に残された「過去帳」では、「幸綱」（前名？）とあった。

また、真田幸隆―信綱（その弟の昌幸も）の信仰していた上野国（現・群馬県）四阿山《あずまやさん》の白山神社には、永禄五年（一五六二）六月十三日に幸隆―信綱父子が、白山神社の奥宮社殿を修復したおり、その扉に残した銘文には、

「大檀那《おおだんな》幸綱・信綱」

と書かれていた。『一徳斎殿御事蹟稿』でも「幸綱」が、「初メノ御諱ナルベシ」とのことわりはあった。が、その後、いつ「幸隆」に改名したのか、何をもっての名乗りだったのか、この点はっきりした解説はどこにもなかった。

実名に根拠がないのに、いつの間にか世間に流布されて、広く誤りが固定してしまっている例が、歴史の世界には多い。

「北条早雲《ほうじょうそううん》」は正しくは伊勢宗瑞《そうずい》（新九郎）であり、「北条」姓を名乗るのは次代の氏綱《うじつな》からであった。「早雲」も庵の名であって、号ではなかった。

幸隆の孫・信繁しかり。「左衛門佐《さえもんのすけ》信繁」が正しいにもかかわらず、享保年間（一七一六～一七三六）には早くも、徳川家に遠慮して「幸村」の名前が紹介され、それを真田家の『真田家御事蹟稿』までが使用してしまっている。杜撰《ずさん》な調査には、困ったものである。

外祖父であろうが実父であろうが、後盾を得てようやく、一族の属将の一人に数えられていた幸隆にとって、生涯を決する一大事が出来《しゅったい》したのは、天文十年（一五四一）五月十三日のことであった。

武田信玄の父・信虎《のぶとら》が南信濃の諏訪頼重《すわよりしげ》、北信濃葛尾《かつらお》城主の村上義清《よしきよ》と連合して、突如、小県郡を襲撃してきたのだ。

――海野平《うんのだいら》（現・長野県上田市）の合戦である。

合戦といえば聞こえはいいが、海野棟綱も幸隆も、何ら策を講じることもできずに、まるで大津波に呑込《のみこ》まれ、押し流されるように、一方的に敗れ、気がつけば二百人ばかりの老若男女、子供までを殺されていたという。

敗れた海野棟綱は、茫然自失のまま、滋野一族とともに鳥居峠を越えて、上州（現・群馬県）の羽尾道雲入道幸全《はねおどううんにゅうどうゆきまさ》のもとへ避難する。幸全は海野と一族を同じくし、関東管領の上杉憲政《のりまさ》の配下となっていた。

このとき、われらの幸隆はどうしたか。ほかとは異なる別行動に出ている。一族と別れて、上州・箕輪《みのわ》城（現・群馬県高崎市）の城主・長野信濃守業政《ながのしなののかみなりまさ》（業正とも）を頼ったのであった。この選択は、若き日の幸隆がどういう武将を夢みていたのかを、探る手がかりとなる。

人間の機微を読んだ幸隆

長野業政はとにかく、戦巧者《いくさこうしゃ》の強兵《つわもの》であった。関東攻略をめざす武田信虎――

そのあとは信玄――の、数次にわたる猛攻を、ことごとく跳ね返している。

いいかえれば、天下無敵とさえ畏敬された信玄の甲州軍団をもってしても、業政の箕輪城は陥落せしめることのできなかった城、ということになる。

ちなみに箕輪城が落城したのは、業政が病没してのちに、息子の業盛《なりもり》が守りについてからで、永禄九年（一五六六）九月、信玄に攻め立てられた業盛は、同月に落城して自刃している。このとき、彼は十九歳でしかなかった。

幸隆は業政に、多くのことを学んだようだ。

「戦いて勝つは易《やす》く、守りて勝つは難《かた》し」（『呉子《ごし》』第一篇　図国《ずこく》）

戦って勝つことはやさしいが、守って勝つことは難しい。守って最後の勝利を得るためには、乱れることのない一致協力が必要であるが、これが何よりも難しい。のちの真田一族を想うとき、幸隆が業政に学んだ一番は、これではなかったろうか。

なお、業政に関して興味深いのは、彼の配下に〝上野国一本槍〟と称された剛の者、のちに新陰流《しんかげりゅう》兵法を開く上泉《かみいずみ》伊勢守《いせのかみ》信綱《のぶつな》（「こういずみ」はあやまり・当時は秀綱《ひでつな》）がいたことである。信綱も生年が明らかではないが、戦歴から、あるいは没年が幸隆と一年違いということから推量し、同時代の人であったかと思われる。

信綱は落城前から、愛洲移香斎《あいすいこうさい》（あるいはその子・元香斎《げんこうさい》）に愛洲陰流の刀槍術を学び、主家が滅亡してのちは信玄に仕え、その許しをもらって兵法を極めるべく、巡国の道を選択した。出立《しゅったつ》のおり、信玄がはなむけに自らの諱「晴信」の一字を贈り、「信綱」となった逸話が残されている。筆者はこの一連の、信綱の動きにも、幸隆が昔のよしみでかかわっていたのではないか、と疑っている。

なにしろ幸隆は、人間の機微を読むことには天賦《てんぷ》の才をもっていた。彼は信綱よりも早くに、業政のもとを去って真田郷へ戻ったのだが、滞在中に一つの逸話を残していた。

ある日のこと、居候《いそうろう》をさせてもらっていた業政が、使者を立て、伊勢国（現・三重県北中部）の国司・北畠具教《きたばたけとものり》の老臣・長野右京亮親綱《うきょうのすけちかつな》のもとへ、進物を贈らねばならない出来事が生じた。双方の道のりは、百余里を隔てている。しかも、四方はみな敵国であった。

とくに途中の信濃国では、敵対勢力が鵜《う》の目鷹《たか》の目《め》で、こちらの動静を見張っていた。どうすれば伊勢へ無事に使いを果たせるか、長野家の人々が頭を悩まし、苦吟していると、幸隆がこの困難な役目をあっさり、自ら買って出て引き受けた。

人々は内心、

「あの流浪《るろう》の若造が」

と思い、業政も心配して、どうやって目的地へ行くのか、と尋ねたが、幸隆は、

「殿にも、それがしが至りがたし、とおぼしめすか」

とひらき直り、

「いや、さにあらず」

と業政がなだめると、

「言葉に出せば漏れやすいので――」

とついに、その方法を口外することをしなかった。

幸隆は進物を受け取り、屋敷へ戻ったものの、旅の用意を一向にせず、そればかりか出立の気配すらないまま、弓を射、馬をせめ、あるいは川狩り（川で魚を釣ること）などをして、これまで同様の暮らしをつづけ、瞬く間に二十日あまりを過ごしてしまった。

周囲はあきれるとともに、もはや幸隆の出発はあるまい、とみた。すると、どうであろう。突然、このタイミングで幸隆の姿が領内から消えたのである。

実は、幸隆は進物を受け取った直後、信頼できる郎党を伊勢神宮の御師《おし》に擬装させて、進物を隠し持たせ、ひそかに東海道を西上させていた。

しかも武勇に優れた四、五人の家臣を別に編成し、六十六部廻国《ろくじゅうろくぶかいこく》（法華経を六十六部写し、諸国に一部ずつ納めて廻る）の修行者に化けさせ、よそながら御師の護衛にあてる配慮も尽くしていた。そのうえで、彼我《ひが》の注意を自分自身の方へ向けておき、人々がもはや出発はあるまい、とみてとった空気を察するや、すぐさま夜陰に紛れて碓氷《うすい》峠を越えたのであった。

やがて幸隆は木曾路に出て、最短距離を桑名に急ぐと、ここで御師、修行者たちと落ちあい、そのまま使いの先方に到着。所用を果たすとほどなく、無事に箕輪城に戻った。大事を成す直前、敵の注視の中で、この意表を突くやり方は、真田信繁の大坂入城のおりにも使われたように思われる（詳しくは後述）。また、なにやら忍び、〝真田十勇士〟をも連想させはしまいか。

幸隆の使った伊勢神宮の御師、六十六部廻国の修行者については、読者の頭の隅に、覚えておいていただければと思う。これらと〝忍び〟は実に近しい関係にあった。やがては、十勇士と重なるはずだ。

運命を決した選択と『孫子』の兵法

それはさておき、幸隆はなぜ、故郷へ戻ったのであろうか。

最大の理由は、そこに自分たちの土地があったからだ。人々は土地から離れて、かたときも生きることができなかった。

他郷に出るということは、故郷の生活を失うことを意味していた。誰でも故郷こそが、心の拠りどころであったといえる。加えて、武田信虎らが海野平を侵攻した、まさにその帰り路、甲斐の武田家に内紛が勃発したからであった。

連戦連勝でご機嫌なまま、女婿《むすめむこ》でもある駿河の太守・今川義元のもとをたずねた信虎は、知らない間に甲斐と駿河の国境を、武田家によって封鎖されてしまう。

幸隆にすれば、不倶戴天の敵＝武田信虎が、息子信玄によって国を追われて、今川家へ流遇寄宿する事態となったのである。ときに信虎四十八歳、信玄は二十一歳であった。ついでながら、幸隆は二十九歳である。

ところが、ここでもやっかいなことに、通史と史実には大きな隔たりがあった。

表向き、息子によって父親が追放されたようにみえるこの事件は、明らかな〝下剋上〟の産物であった。戦国乱世の時勢にいたっていながら、旧態依然と守護大名としての権力・権威をくずさない信虎に対して、国内の実力者＝国人たちが決起して、若い信玄を神輿《みこし》にかつぎ、クーデターを引きおこしたのが真相であった。

確かに、国主信虎は戦《いくさ》の名人であった。だが彼は、戦勝による利益をことごとく己れのものとした。配下の国人たちに、分配することをしなかったのである。

「誰のために、合戦をしていると思っているのか」

甲斐中の国人・土豪たちの不平・不満は、いつしかふくれあがっていた。

もう少し後の時代ならば、信虎は殺され、国人の中の実力者——たとえば、板垣信方——が国主に取ってかわったであろう。

だが、時代はまだ、そこまでは加速していなかった。裸一貫で成り上がれる沸点まではいたらず、門地・出自はそれなりの権威・価値をもっていた。

結果として嫡子信玄が、国人・土豪たちに担がれ、神輿となったのである。なにしろ史実の信玄は、父・信虎に比べ、こと実戦に関しては下手な大将であった。

だいぶ以前に筆者が調べたところ、信玄の戦国デビュー戦はそもそも実在していない人物との、架空の対戦でしかなかった。

信玄の実力も含め、それらのことを如実に語っていたのが、〝武田二十四将〟の画像であった。山梨県立博物館や同県立図書館に所蔵されている、二十四将図を見るとよい。そのいずれもが、総数二十四人——信玄を含めて、二十四将であることに驚かされる。通常、こうした集合図では、総大将そのものは頭かずには数えない

最上部中央にいるのが武田信玄、左列上から４番目（内側）が真田昌幸（武藤喜兵衛）、５番目（外側）が真田昌輝（兵部）、８番目（内側）が真田信綱（源太左衛門） 「武田二十四将図 （紙本著色）」山梨県立博物館所蔵

ものだ。

ところが〝武田二十四将〟には、信玄が二十四人の中に溶けこんでいた。二十四分の一が、本当の信玄であったのだ、と絵図は雄弁に語っていたのである。もとより二十四の数も、登場人物も、すべて後世の江戸期につくられたものである。が、それにしても、あえて二十四の数のなかに溶けこんだ信玄を、われわれは今、改めて高く、評価し直すべきではあるまいか。

幸隆はこの現実をいち早く察知し、心底でしっかり、これからの自分のこと、家族・一族はどうすべきなのかを熟慮した。換言すれば、動いている時勢をいち早く見抜く力を、幸隆はもっていた、といえようか。

では逆に、敵か味方か知れない幸隆を、そもそも信玄が近づけたときの心境は、さて、どのようなものであったのだろうか。筆者は明らかに、裏があったように思う。『孫子』の用間篇《ようかん》である。

間《かん》を用《もち》うるに五あり。因間《いんかん》あり、内間《ないかん》あり、反間《はんかん》あり、死間《しかん》あり、生間《せいかん》あり。五間倶《とも》に起こって、その道を知ること莫《な》き、これを神紀《しんき》と為《な》す。人君の宝なり。

間者をもちいるには、通常五つの方法がある、と孫子はいう。

すなわち、敵の同郷の人を頼りにして、逆に敵の様子を探る因間《いんかん》。敵の役人を利用して、敵の様子を探る内間《ないかん》。敵の間者を逆に利用して、こちらの間者たらしめる反間《はんかん》。命を差し出して、敵地に乗り込む死間《しかん》。同じく敵地に乗り込むが、巧みに生き残って帰ってきて、敵状をつぶさに報告する生間《せいかん》――この五間である。

この五間を用いて、しかも敵に察知させない将こそ、神業《かみわざ》ともいうべきもので、君主の大きな宝である、との意となった。

信玄が『孫子』を信奉していたことは、広く知られている。

なかでも有名なのが〝孫子の旗〟、俗称「風林火山の旗」、「孫子四如《しじょ》の旗」と呼ばれた軍旗であろう。

疾如風《はやきことかぜのごとく》　徐如林《しずかなることはやしのごとし》　侵掠如火《しんりゃくすることひのごとく》　不動如山《うごかざることやまのごとし》

縦三・八メートル、横七十八センチの紺地絹に金文字で大書されているこの軍旗は、風になびくや、味方には力強い風韻《ふういん》を伝え、敵には何ものにもまして恐ろしい威圧感を与えたことだろう。まさに旌旗《せいき》、空を蔽《おお》うであった。

『孫子』の軍争篇――戦闘と作戦に関して――に、
「戦闘のなかで、機先を制するための争いほど難しいものはない」
と前置きした孫子が、あらゆる場合を想定してそれを論じた結果、

武田信玄

「故《ゆえ》に兵は詐《さ》を以《もっ》て立ち、利を以《もっ》て動き、分合《ぶんごう》を以て変を為《な》す者なり」

戦闘は敵の裏をかくことを中心とし、有利な位置に立って主導権を握ることを目的として行動し、分散や集合で変化の形をとっていくものである、という結論を示す。

「風林火山」はまさに、この結論をうけて、具体的な戦術論として登場した。

故其疾如風――故に其の疾きことは風の如く

其徐如林――其の徐なることは林の如く

武田宗家系図

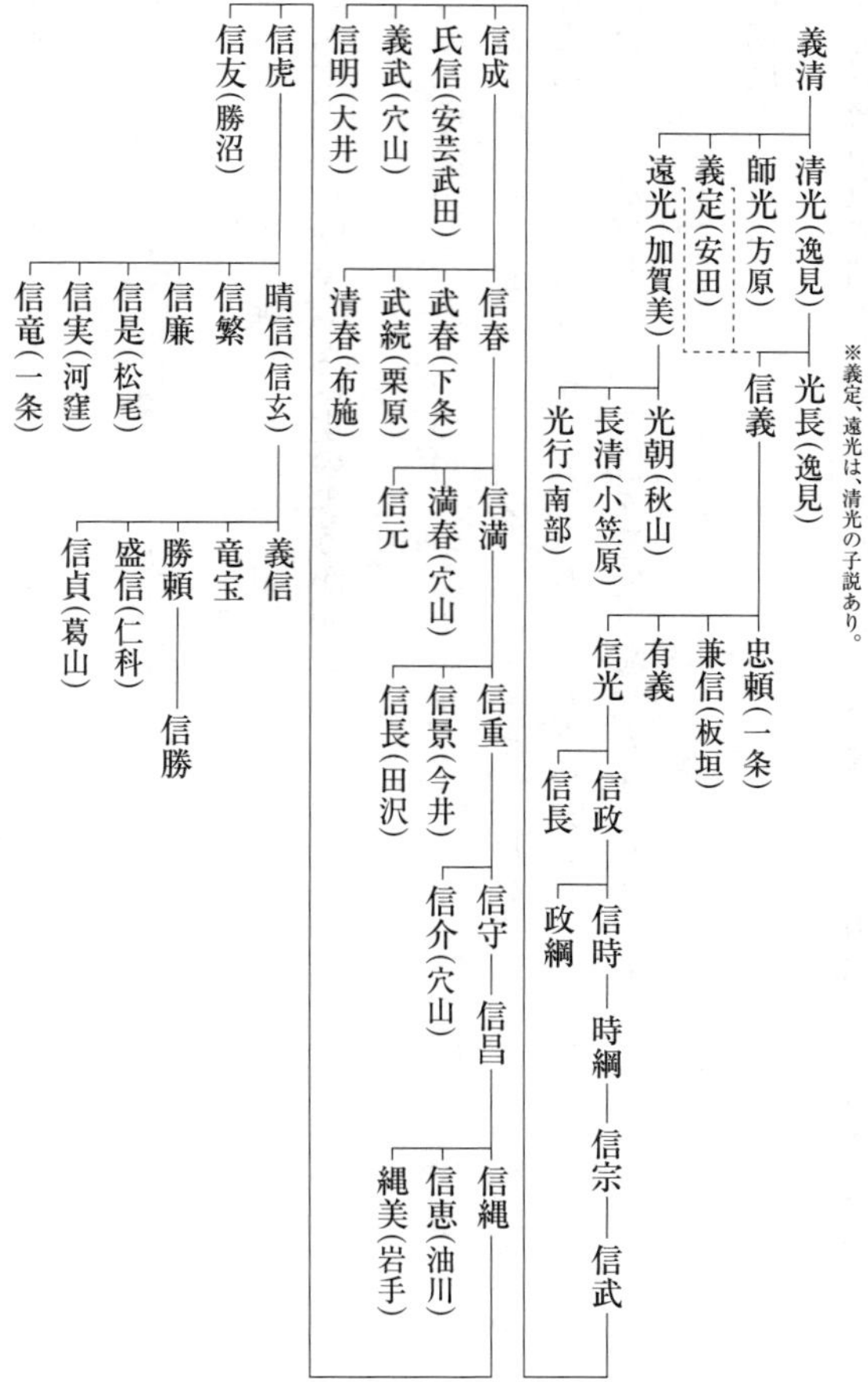
義清
清光(逸見)
師光(方原)
義定(安田)
遠光(加賀美)
※義定、遠光は、清光の子説あり。
光長(逸見)
信義
光朝(秋山)
長清(小笠原)
光行(南部)
忠頼(一条)
兼信(板垣)
有義
信光
信政
信長
信時
政綱
時綱
信宗
信武
信成
氏信(安芸武田)
義武(穴山)
信明(大井)
信春
武春(下条)
武続(栗原)
清春(布施)
信満
満春(穴山)
信元
信重
信景(今井)
信長(田沢)
信守
信介(穴山)
信昌
信縄
信恵(油川)
縄美(岩手)
信虎
信友(勝沼)
晴信(信玄)
信繁
信廉
信是(松尾)
信実(河窪)
信竜(一条)
義信
竜宝
勝頼
信勝
盛信(仁科)
信貞(葛山)

侵掠如火——侵掠することは火の如く
不動如山——動かざることは山の如く

もっとも、『孫子』には風・林・火・山の句に並んで、

難知如陰——知り難きことは陰の如く
動如雷震——動くことは雷の震《ふる》うが如し

この二節があり、計六つの短文のなかから、とくに「風林火山」を選んだのは、信玄個人の判断からと考えられる。したがって、「風林火山」の旗には、信玄独自の作戦指揮における理念が、表現されていたといえよう。
彼は幸隆を活用しつつ、五間を想定していたように思われる。

不遇に甘んじる

さて、形の上で国主となったものの、信玄にはそれに相応《ふさわ》しい実権がなかった。

そこにこそ、自らの伸びる可能性がある、と幸隆が信玄に随身したのは、天文十一年（一五四二）十二月十五日のことであった、と『高白斎記《こうはくさいき》』（武田家臣・駒井政武《こまいまさたけ》の日記）は述べている。

ちなみに、幸隆は武田家の家臣・河原丹波守隆正《かわらたんばのかみたかまさ》の妹を妻とした。河原夫人と呼ばれた女《ひと》で、翌十二年に次男昌輝を出生していた。昌輝の上には、のちに源太左衛門尉《げんたざえもんのじょう》信綱と名乗る嫡子がいたが、その母は海野家ゆかりの女との推測はあるものの、信綱を産んでほどなく他界したようだ。

あるいは、幸隆の実弟・矢沢綱頼《つなより》（頼綱《よりつな》）は、海野平の合戦で敗れた時点で、すぐさま武田家に投降していたから、その仲介の労を頼って、幸隆は武田家へ仕官したとも考えられた。

ここで見落としてならないのは、信玄に仕えた幸隆の立場が先方衆《さきかたしゅう》の一員でしかなかった点である。先方衆といえば、割りきったいい方をすれば、敗れた側＝植民地採用の将というべきもの。史実の幸隆は、物語の〝名軍師〟山本勘助のように、すんなりと武田家の重臣に迎えられていなかった。もともとの門地・身代、領土・兵力が小さすぎたのであろう。

それでも、それらすらもたない裸一貫よりはましであった。何もなければ、まず将級の採用はなかったろう。何処の馬の骨とも知れない風来坊の、山本勘助が突然、甲斐国に現われて、いきなり軍師に抜擢される、などという飛躍はあり得ない時代であった。

認められるためには、下積み生活に耐えながら、軍功をあげる機会をうかがうしかない。そのためには、何よりも内外の人の動きに気を配る必要があった。

天文十二年九月、小県郡の長窪《ながくぼ》城主・大井貞隆《さだたか》が、関東管領《かんとうかんれい》上杉憲政《のりまさ》を後ろ盾に、武田氏にくだった真田氏ほかの一族を討つべく、攻撃をしかけてきた。

このおり、これまで武田家とは同盟関係にあった村上義清も、上杉謙信（当時は長尾景虎《かげとら》）＝敵方に乗り替えている。

信濃国への経略に本腰を入れはじめてほどなく、信玄は三百をこえる信濃の、国人・土豪たちに内心、閉口してしまった。山と山にかこまれた盆地がいくつもあり、各々が天険の要害を背景に、小独立国家を形成していた。

彼らは、全体を統轄するだけの、力のある武将が出なかったこともあり、ときに上野国の上杉憲政と気脈を通じ、あるいは北信濃の村上義清に庇護《ひご》を乞い、中信地方（筑摩《ちくま》）の小笠原長時にも臣従を示すなどして、侵入してくる甲州軍に対しての執拗《しつよう》に突っかかった。

「まるで、五月雨《さみだれ》のようなものだ」

信玄は心中、溜息《ためいき》をついたに違いない。

やむと思えば降り、降ると思えばやむ。信濃諸豪族の叛乱も、これと同じことのくり返しであった。どうしたものか、信玄にすれば隣国上野の上杉氏を、うまく牽制しながら、ひとつずつ潰していかねばならない。こうしたとき信玄がとった作戦は、武力でゴリ押しするよりも、敵陣営の人々を味方にひき入れる作戦であった。武力より調略、外交戦に徹して、彼は我慢強く進んだ。

そのためもあり、武田家は五千の兵力を幸隆に援軍としておくっている。

唐突なことをいうようだが、この時代より五十年ほどのちの、慶長三年（一五九八）における、各国の米の生産力（石高《こくだか》）を記録したものがある。これによれば、甲斐国は二十二万七千余石。信濃国は四十万八千余石であり、越後国（現・新潟県）は三十九万石となっていた。

甲斐国が生き残るためには、どうしてもほぼ二倍近く国力の大きい、国人・土豪が蟠踞《ばんきょ》している信濃を併合するしかなかった。まさに、小が大を呑込もうというものだ。

それができなければ逆に、武田家は四方の大国に呑込まれてしまうであろう。

武田の援軍を得た幸隆は、事前の調略もあり、九月九日、長窪城を陥落させた。

大井貞隆は断罪に処せられ、そのみかえりとして幸隆は、信玄から小県郡および佐久《さく》一帯の支配をまかされることになった。確かな土地を、幸隆はこのとき、はじめて得たのである。

このおり興味深かったのは、この躍進期に幸隆が示した、周囲への心遣い、人材吸収の妙であった。

貞隆が死んで三年後、天文十五年五月、今度はその遺児・大井左衛門尉《さえもんのじょう》貞清《さだきよ》が、再び反武田の勢力を結集。幸隆の守る前山城（現・長野県佐久市前山）に攻めてくる。幸隆は待ってました、とばかりに反撃を加え、貞清を亡父と同様、籠城に追い込む。このおりは内山城（現・佐久市内山）であったが、あわてず兵糧攻めに持ち込み、六日かけて貞清を降参させた。

そのうえで幸隆は、貞清の助命を信玄に嘆願。武田家への出仕を勝ちとり、ここに貞清との盟友の約定を交わすにいたっている。

信濃侵攻をくり返す甲州軍であったが、完全に信濃を併合するためには、どうしても諸豪族叛乱の黒幕ともいうべき、北信の村上義清と中信の小笠原長時——この二大勢力を駆逐しなければならなかった。

〝天敵〟村上義清の登場

天文十七年（一五四八）、ついにその一方、村上義清との武力対決のときがきた。信濃国埴科《はにしな》郡坂木《さかぎ》（現・長野県埴科郡坂城《さかき》町）の葛尾城主である義清は、信玄と同じ源氏の流れであった。とはいっても、清和源氏の頼信《よりのぶ》の系譜で、子孫の盛清《もりきよ》が罪を犯して信濃国更級《さらしな》郡村上郷（現・長野県埴科郡坂城町）に流罪となり、以後、子孫が土着し、その勢力を広げたという。

鎌倉幕府にあっては在京御家人をつとめ、南北朝の争乱では惣領の信貞《のぶさだ》が足利尊氏に属して武功をあげ、信濃における守護・小笠原氏と並ぶ勢威を誇るまでになった。村上氏は下剋上の中、小笠原氏と対立抗争をくり返し、政清《まさきよ》の代に発祥の地から坂木郷へ移り、近隣支配を進めた。代々、当主は智者にめぐまれたが、政清の孫・顕国の子である義清は、村上氏最強の人物であったかもしれない。

文亀元年（一五〇一）の生まれ（異説あり）。二十年ほどの間に、佐久・小県・更級・埴科・高井《たかい》・水内《みのち》の各郡を手中にし、信濃北東部（中部）最大の勢力となった。信虎の時代は、武田氏と同盟して小県郡を攻め、すでにみたように海野棟綱や真田幸隆を上野国に追放。武田家との分け取りで、信濃平定にはきわめて都合がよかったが、信玄の代になるや武田氏は方向を転換し、すべての利益＝支配地を武田家が独占することになる。これでは同盟など、何の意味もない。まして義清にすれば、相手の信玄は自分より二十歳年下の若造である。

老練な義清は、武田家が板垣信方、甘利備前守虎泰《あまりびぜんのかみとらやす》ら老将・重臣によって、その実は横領されたのではないか、と見なしていたふしがあった。

「統制のとれていない甲州軍など、何ほどのことがある」

さすがに、この戦《いくさ》巧者は慧眼《けいがん》であった。

加えて、生涯の大半を戦場にくらしてきた義清は、のちの真田家と同じように、ゲリラ戦＝小よく大を制する戦術に長《た》けていた。筆者は敵方ながら幸隆は、この義清にゲリラ戦の具体的な戦い方を、実戦の中で学んだと考えてきた。

にもかかわらず、甲州軍――とりわけ、連戦連勝の波にのる板垣信方の率いる最前線部隊――は、村上義清という敵を過小評価してしまう。

なにしろ、これまで甲州軍は直接、村上勢と戦ったことがなかった。

義清は巧妙に、つねに信州の諸豪族叛乱の背後にあって糸をひくのみであったが、その企《たくら》みをことごとく粉砕してきた甲州軍は、正面の諸豪族を蹴散らしてきたことで、黒幕の義清にも勝ったつもりでいた。

「甲斐共和国」作戦会議の席上、村上義清より先に、信濃もう一方の敵＝北信濃の小笠原長時をたたいて、義清を孤立させるべきだ、との案（慎重論）も出たが、勢いに乗る大勢には受けいれられず、軍議の決定は速戦即決の正面攻撃と決する。

天文十七年二月一日、甲州軍は積雪尺余の残雪の中、甲府（当時は府中と呼んだ）を発し、諏訪を北へ、大門《だいもん》峠を越えて小県郡への経路をとった。目指すは葛尾城である。一方、武田方の出陣を偵知した義清は、居城をからにして南下、葛尾城の南二里、千曲川の東岸に着陣する。その情報を得た甲州軍は、敵の行く手をさえぎるべく、上田原に本陣を敷いた。

上田原は現在の上田市の中心より千曲川を隔てて、西方約四キロのところにある。埴科、更級、小県の三郡の境界地点でもあった。

同十四日、両軍は激突した。戦いは六時間、あるいは八時間に及んだとも。

甲州軍は初戦こそ優勢であったものの、村上軍の波状攻撃に、弱点の統制力のなさ——〝二十四将〟バラバラ——を突かれて混乱に陥り、土地に不慣れなこともあって、深追いした板垣信方、甘利虎泰、才間《さいま》河内守《かわちのかみ》、初鹿野《はじかの》伝右衛門《でんえもん》らの宿老、部将が相次いで討たれ、さらに追いうちをかけてくる村上軍の伏兵に、信玄自身も槍で左腕を負傷するという惨憺たる結果となってしまう。

村上軍の勝利は、一《いっ》に主将義清その人の名采配ぶりにあった。

加えて、この武田方の大敗には、板垣信方の対信濃戦を憎悪する信州将士の怒りも見逃せなかったろう。

どういうことか。武田方の対信濃進攻に関して、最前線を受けもったのは諏訪上《うえ》原《はら》城（現・長野県茅野市）の城主となった信方であったが、攻めては降参し、またぞろ抵抗するという、信濃の反対勢力の際限のなさに、彼はついに堪忍袋の緒を切り、先代信虎時代の常套手段＝皆殺し作戦をもって臨んだ。さらに信方は、占領地に生き残った非戦闘員の女や子供を市にかけて、人身売買までやっている。

美貌の誉れ高い笠原信繁《のぶしげ》の妻は、「ぜひにも」と所望した小山田信有《おやまだのぶあり》（甲斐都留《つる》郡の国衆・小山田氏の当主）に二十貫文で売られていた。女、子供を百人余、一人三貫文から十貫文で競売にかけ、見目《みめ》のよい女は甲府へ連れ帰って金山の遊び女《め》とし、それ以外は下男下女としてこきつかった、と記録にある。

早く敵を降参させようとして、このような力ずくの手段を講じたとすれば、いかに下剋上で成り上がったとはいえ、板垣信方の前途もみえていた、としかいいようがない。否、おそらく彼は、急ぎ信濃を手に入れたい、との思いが先走っていたのだろう。己の下剋上のために――。

　それにしても、目を覆いたくなるような武田方の惨敗であった。無論、信玄が国主となって以来、はじめて味わう敗北でもあった。

真田信繁のモデル、武田信繁の登場

　戦闘はいくら詳述してみても、それ自体あまり意味がない。

　要は二十八歳の信玄が、四十八歳（享年七十三から逆算）の老練な村上義清に完敗しただけのことである。この六時間におよぶ合戦は、誰の目からみても、明らかに信玄の敗北であった。甲州軍は、数において劣勢な村上軍の倍以上、七百余の将兵を失っている（負傷者は千人を超えていた）。

　ちなみに村上勢は勇将・雨宮刑部《あまみやぎょうぶ》、小島権兵衛《こじまごんべえ》以下、三百数十人を失った。が、村上軍の圧倒的勝利であった。

　大敗の報に接した武田方では、すぐさま諏訪上原城より援軍二百騎が出撃。翌日には到着している。しかも甲州軍は敗れてなお現地を、退く気配を示さなかった。ダメージを受けすぎ、動けなかったのが本音であったが、世間は別の受け取り方をした。武田家にとっては、さほど大した敗北ではなかったようだ、と。しかし、重臣と将兵の多くを失い、信玄自らも手傷を負い、実質的に甲州軍の保有実戦力が過去最低に落ちこんだ——この現実とは、向き合わねばならなかった。

世上は、戦国乱世である。甲斐の国力が回復するまで、周囲の敵は待ってはくれない。三ヵ月もすると、村上義清とともに武田方への抗戦をつづけてきた信濃の名門——府中（現・長野県松本市）の林《はやし》城主・小笠原長時が、武田氏のダメージに乗じて、反武田陣営の信濃勢をかたらい、約五千の兵力を束ねて、すでに信玄統治下となっていた諏訪へ進攻を開始した。

長時は諏訪を占領する一方で、佐久地方の武田方の支城を襲うなど、強気な戦いを展開。しかし、甲州軍の再編成に目下めどのたたない武田方では、小笠原勢の動きに臨戦対応することができなかった。

——このままでは、苦心のすえに切り従えた信濃の土地が、すべて長時に奪還されかねない。そうなれば、今度は自領の甲斐国内が危うくなる。

重なる苦境に立たされた信玄を救ったのは、名目上、甲州軍「ナンバー・ツー」の地位にあった実弟の武田左馬助《さまのすけ》信繁であった。

のちに、幸隆の三男・昌幸の次男である源次郎が、ぜひにと諱にもらいうけた

——あるいは、幸隆があえて命名した——とされる「信繁」という名の、もともとの持ち主である。筆者はこちらの信繁を、戦国屈指の「ナンバー・ツー」だと、これまでも事あるごとにのべてきた。

この信玄より四歳年下の弟は、甲斐国の存亡に際して、騎馬隊五百騎による単独奇襲攻撃を進言する。小笠原勢に気どられないよう、夜明け前に行動をおこし、選《よ》りすぐった騎馬武者を一気に敵の本陣めざして駆け込ませるというのだ。

「敵は塩尻《しおじり》（勝弦《かつつる》）峠にあり！」

四方に放っていた物見から、精緻な情報が集められていた。

しかも信繁は、自らが出撃するという。密かに、境の大井《おおい》ヶ森《もり》に兵力を集結させ、夕暮れを待って進撃を開始し、途中、武田方の上原城に入城し、小休止をとって態勢をととのえる。そのあとは、息もつかぬ迅速さで距離約三十八キロを駆け抜ける。まさに、電光石火の奇襲作戦であった。

周囲はその無謀さに反対したが、信玄は背に腹はかえられない。何よりも欲しているのが、勝利であった。ＧＯサインを出した。

奇襲攻撃は、信繁の思惑どおり図にあたる。

先の敗北で、青菜に塩のように、小規模な防衛戦の準備でもしているかと思いこんでいた甲州軍が、あろうことか突然、天から舞い降りる唐突さで、目前に現れたのである。小笠原勢は、ぶざまなほどに狼狽した。就寝中を襲われて混乱し、わずか二時間も支えきれずに大敗走。戦死者は一千人を超えた（『諏訪神使御頭之日記《すわごうしおんとうのにっき》』ほか）。かたや甲州騎馬隊の戦死者は、わずかに二十人だったと伝えられている。

幸隆は孫子の兵法「兵は詭道《きどう》なり」を、改めて思いおこしていたに違いない。

信繁は後年、自らの創った家訓の中でいう。

「味方敗軍に及《およ》はば、一入拵《ひとしおかせ》ぐべき事」（第七十三条）

味方が苦境に陥ったときこそ、特段に奮励すべきである、というのだ。

小笠原長時はこの一戦で、本拠地・府中の林城を追われ、村上義清を頼った。共に勢力争いをしてきた〝敵〟であったにもかかわらず、存亡が問われる時、昨日の敵は今日の友となるのが戦国の世であった。義清は軍略・兵法で己れより格段に劣る長時の亡命を、さぞかし複雑な思いで受け止めたことであろう。

蛇足ながら、幸隆が武田信繁の真の凄さ、存在価値の大きさに気づいたのはいつであったろうか。筆者は後年、永禄四年（一五六一）におこなわれた第四次川中島の合戦における、武田信繁の戦死した後であった、と考えてきた。

――少し、話が進む。

第四次川中島の合戦――この一大決戦は、前半が謙信の勝ち、後半が信玄の勝ちとなった。しかし、敵味方双方で三千人をこえる戦死者を出し、歴戦の将士を失ったことでは、ともに失敗であったといえよう。

とはいえ、川中島の土地は、最終的に寸土を取り込むようにして、信玄のものとなっていた。では、信玄の勝ちであった、といえるだろうか。多くの〝信玄もの〟は、「そうだ」と肯定している。だが、筆者はそうは思わない。第四次川中島の合戦は、明らかに信玄、ひいては甲斐武田家の大いなる敗北であった。なぜか。古典《こてん》厩《きゅう》信繁を失ったからである。

この合戦の最中、信繁はほかの部将とは異なる戦い方をしていた。

突撃してくる越後軍に、甲州勢の各部隊が迎撃して、かえって討ち負かされたのとは裏腹に、信繁の部隊は全員が槍をそろえ、ただ、信玄の本陣の防御にのみ終始した。信繁は己れが采配する部隊だけは、信玄の前衛に展開し、大将信玄を死守する覚悟を決めていた。

そして、自ら信玄を名乗って、敵を一身に引きつけ壮烈な戦死を遂げる。

信玄の悲嘆はいうまでもなかったが、余人をもって替えようのない「ナンバー・

ツー」の価値が明らかになったのは、皮肉にも当の信繁が没してのちのことであった。

信繁の死後、甲州軍団の〝統御〟は、大まかには信玄が直接かかわり、細部については宿老の内藤修理亮昌豊《ないとうしゅりのすけまさとよ》と、次兄とくらべれば力量のやや乏しい下の弟・信廉《のぶかど》と、〝次期ナンバー・ワン〟の信玄の嫡子義信《よしのぶ》が分割担当した。

彼らは揃って、誠実ではあったが、昌豊は占拠地での〝統制〟にかかわることが多く、義信はいうまでもなく次期ナンバー・ワンという立場にあり、それだけに、次代に栄達を求める人々が周囲に参集。派閥といわないまでも、早晩、現トップとの対立を生みかねない危険性をはらんでしまう。

信繁の生存中には、ついぞ起こらなかった内部分裂がはじまった。無理もない。最終調整者＝信繁を失った武田家は、柔軟性を欠き、脆弱《ぜいじゃく》になっていく。

信繁なればこそ、種々のバランスをうまくとっていたのだ。その自己を抑制した性格と武将としての輝く軍功、それに国主の次弟といった権威が合わさって、軍団の将士たちはその命に服してきたといっていい。

信繁は己れの成功や栄誉を欲せず、ことごとくを他の者たちに譲り与えた。が、このマネだけは他の将士にはできなかった。人間には〝欲〟や打算があるもの。それゆえに公正さに欠け、組織は徐々に崩れてしまったのである。

信繁を失った信玄は、西進への経略変更を嫡子義信に納得させることができず、上洛計画が遅れ、天下統一にあと一歩と迫りながら、結局、名門武田家を滅亡させる方向にむかわせてしまう。

もし、信繁さえ健在であれば、その後の歴史は大きく変わっていたに違いない。

真田信繁の「信繁」には、この教訓を真田家に活かしたい、との幸隆―昌幸の切実な願いと祈りがあったのだ。

神出鬼没の甲州騎馬隊と〝天敵〟

ところで、小笠原軍を壊滅させた信繁の奇襲戦は、騎馬隊を中心とした戦術があまりに鮮やかであったことから、後世の人々に〝甲州軍団〟の姿を誤解させてしまったようだ。

「風林火山」の旗からの連想なども手伝って、甲州軍の中の騎馬隊を、まるで『西遊記』に登場する孫悟空の觔斗雲《きんとうん》のように、天下無敵で移動自在の独立騎馬集団と考えてしまった。否、そう誤解させるように、当の信玄や幸隆が仕組んだ、ともいえる。

信玄の時代、戦場の主力は騎馬ではなく、足軽による槍隊であった。にもかかわらず、一般に甲州軍＝騎馬隊と連想するのは、ここに信玄の、相手方の目や胆をつぶさせる、巧妙なトリックが仕掛けられていたことによる。

このことは、真田の兵法を考えるうえでも意味合いは深い。

信玄は結束の弱い甲斐の国人たちの動揺を防ぎ、信頼をとりつけるためにも、信濃進攻のじゃまをする村上義清、小笠原長時の二人を討たねばならなかった。と同時に、両氏に荷担して寝返ろうとする国人・土豪を、牽制する必要にも迫られていた。このタイミングで、騎馬隊が登場する。

疾風怒濤のごとく、いかなるところへも神出鬼没にあらわれ、瞬時にして敵勢力を殲滅《せんめつ》する集団――種明かしは、それこそ〝真田十勇士〟の世界――とは、裏方の情報操作であったろう。

信玄は諸処に張りめぐらせた情報網から、彼のもとに集められる夥《おびただ》しい情報を整理し、分析して、いちはやく敵勢力の動きを察知し、対応策をねり、それを実行に移した。そのうえで、ときには戦場で華々しく騎馬隊を走らせ、そのすばやい動きを誇示させたのである。

意地悪くみれば、騎馬隊の単独行動がおこなわれる戦闘は、戦う前から、すでに勝つためのあらゆる手段が講じられていて、勝利が予想されていたといえよう。

もちろん、相手方はそれを知らない。

「武田の騎馬隊が来る」

と聞くだけで動揺し、はては城砦を捨てて逃げだす土豪も出た。

信玄は騎馬隊という輝かしい甲州軍のシンボルの下に、情報最優先の戦略思想をひた隠しにして、まるで正確なコンピュータが画像を一つずつ修正するように、信州の反武田勢力を着実に、駆逐していったのである。

このいつ止むともしれない信濃における攻防が、とりわけ真田氏を鍛えたのは確かであった。

信玄は、弟・信繁による塩尻（勝弦）峠の奇襲で、宿敵の一方の雄・小笠原長時を打ち破る。この段階で信玄は、ようやく名実ともに、「甲斐共和国」の盟主となった。なにしろ、組織の最高ポスト＝「職」の板垣信方と甘利虎泰の二人は、すでにこの世になく、他の連合勢力をバランス良く抑える要《かなめ》としては、信玄が一歩も二歩も表面にでる以外に、寄合世帯＝共和国の組織をまとめていく方法はなかったともいえた。

併せて信玄は、敗れた小笠原長時が保護を求めたことから、村上義清との対決が必至の情勢となった。義清は武田家にとって、まさに天然の害敵＝〝天敵〟であったといえる。

天文十九年（一五五〇）、すでに信濃国のうち、筑摩、安曇《あずみ》、諏訪、伊那《いな》、佐久を制圧した信玄にとって、村上義清は断じて粉砕しなければならない相手であった。上田原の大敗もある。討ちもらせば、またぞろ、何処からか反武田勢力の狼煙《のろし》をあげるに違いなかった。

「戸石《といし》（砥石）城に、村上軍が集結――」

情報を得た信玄は、さっそく軍議を開いた。

戸石城を囲んでおいて、主力をもって敵中を攪乱《かくらん》するか、直接、城攻めに打って出るか――大勢は、正面からの正攻法を主張した。前の敗北がこたえている。「今度こそは――」との不倶戴天の敵に対する感情が、甲州軍にはみなぎっていた。

この頃の信玄は、準備期間の情報収集、謀略においては、独自のリーダーシップを発揮したものの、軍議の席では決して独断採決することをしなかった。二十四将分の一の分限に徹していた。

併せて、戦《いくさ》は〝数〟がものをいう。敵は甲州軍の十分の一にも満たない。あくまで甲斐の国人・土豪たちの和（組織力）で勝ちをおさめることを信条とする信玄は、万全の情報武装もあり、この決定を承認する。

が、ここに計算外の事態が起こった。堅固な天然の要塞である戸石城を囲み、攻めこむ寸前、味方の軍勢の中から村上義清と内通するものが出たのである。甲州軍に編入された信濃国中野小館《なかのおたて》（現・長野県中野市）に拠る、高梨政頼《たかなしまさより》の部隊であった。

義清は城内にいるように見せかけて、すばやく武田方の背後を突く。その指揮ぶりは、わずかな兵を掌《たなごころ》でさするように動かした見事なものであった。包囲するとともに攻めたて、敵を押しこめる。挟撃《きょうげき》された甲州軍は、まったくの予想外の局面に当惑し、さしもの信玄でさえ、総退去の触《ふ》れを出して、武具や糧秣などは置きざりに、生命《いのち》からがら諏訪まで戦線を撤退せねば収拾がつかなかった。

〝戸石崩れ〟

と、のちのちまでも、人々の口の端にあがる大敗であった。なにしろ甲州軍は、重臣・横田備中守高松《よこたびっちゅうのかみたかとし》以下、一千人余の将兵を失ってしまう。

「義清、恐るべし」

という戦慄が、波紋のように甲斐、信濃の国中に広がったのは、強兵甲州軍をまるで、名人が舞踊を一差《ひとさし》舞ってみせたようなあざやかさで、義清が討ち破ったからにほかならなかった。いかに戦国でも、あまり類のない見事さといってよい。

信玄、幸隆が示した極意十五ヵ条

のちに信玄は、大軍をもって小勢に向かいながら敗れ得るケースを、十五ヵ条に分類して警告している。以下、要約してみた。

一、敵が精強なのに、戦場における働きぶりが十分に予測できなかった場合
二、家中の人々への知行（報酬）が適切でなかった場合
三、間者を用いて謀略をおこなわなかった場合
四、気候、地勢についての配慮を欠いた場合
五、味方の食糧輸送に計画性がなかった場合
六、味方各隊の貧富の差を知らず、その対応をおこたった場合
七、味方各隊の軍規が正されず、大将がそれに気づかなかった場合
八、部隊編成に不備があった場合

九、陣のしき方がいいかげんで、バラバラに部隊が散在していた場合
十、敵を見くだし、あなどって油断した場合
十一、味方の数にかまけてわが身の大切を第一にはかり、武勇にはげまず、主君の敗軍がわが身の破滅となる道理を、わきまえていなかった場合
十二、主君の不利になるうわさをふりまく者が多く、味方の士気が衰え、敵がこれを知って勢いづいた場合
十三、事実を調査する役目の者が、この任務に私利私欲をはさんだ場合
十四、敵を攻めるのに、第一（最善）の手、第二（次善）の手、第三の方法までも用意しておかなかった場合
十五、合戦にあたり、敵の状況を判断するために、味方の遊軍を動かさねばならないが、これを誤った場合

なにやら、信玄の村上義清にむける無念のほどが、ひしひしと迫ってくる。と同時に、筆者は断ずる。これこそが、のちの真田戦法の全貌であると。幸隆は肝に銘じて、義清の強さ、信玄の反省を反芻《はんすう》したことであろう。

信玄はこのあたりから、人がわりする。義清に二度敗れた戦《いくさ》を契機に、十五カ

条を腹にすえた彼は、以後、軽挙妄動《もうどう》、付和雷同、希望的観測、自己中心的な思い込みを一切しなくなる。そして信玄は、甲州軍の回復を待って、再び小笠原氏・村上氏の支城・属将をひとつずつ攻略する戦術を実行に移す。

加えて、新たに領地となった占領地域の治国経営には、細心の注意をはらい、できる限り支配地の民意をくみ、甲斐国と同様の統治を心がけるよう努力した。

この信玄独特の堅実な考え方、攻略法は、きらびやかさや面白さといったものが、まったくない。あたかも熟柿が枝から落ちるごとくに自然なやり方で、臆病すぎるほどの理詰めであり、着実堅固に尽きる。けれど組織論を展開する場合、こういうリーダーをもった組織は実に手強い。

——次の問題は、具体的な挽回策であった。

『甲陽軍鑑』に面白い記述が載っていた。この頃のことだと思われる。幸隆の所へ板垣信方、飯富兵部少輔虎昌《とらまさ》、小山田備中守昌辰《まさとき》（虎満《とらみつ》とも・姓は上原）という、錚々《そうそう》たる面々がやって来て、対村上義清戦についての、アドバイスを幸隆に求めるというくだりだ。

天文十五年（一五四六）十一月三日のこと、と『甲陽軍鑑』はいうのだが、それでは史実とは符合しないのだけれど……。

上田原の合戦（天文十七年二月）で亡くなった板垣が一緒なのもご愛嬌だが、相談をうけた幸隆は、計略をもちいてみることを三人に約束する。

信州侍の須野原《すのはら》（春原《すのはら》）若狭、同惣左衛門の兄弟を、幸隆は村上義清のもとへ差し向けた。二人は海野家の家老筋にあたる家柄で、ともに武勇と智恵、才覚を身につけている。その二人が、義清に持ちかけた。

「真田の城を奪ってさしあげたく存じます。優秀な武士を選んでお貸しください」

史実の幸隆は、いまだ城を持つ身分ではなかったのだが、それはさておき、彼の本拠地を叩くというのだ。了解した義清は、選《よ》りすぐりの武士五百人を須野原兄弟に託し、二人には乗馬・鞍・太刀・刀・朱印のついた知行目録をそえて、よろしくたのむ、ということになる。

すると二人は、刀、脇差だけを受け取って、他のものは改めて近いうちに、いただきに参上します、といい、熊野の牛王《ごおう》（熊野三社から出す、烏の絵を図案化した護符。起請文の料紙として使われた）の起請文を書き、村上家選りぬきの侍たちを〝真田の城〟へ潜入させるべく手引きをした。

そして、二の郭《くるわ》まで引きこんでから、前後の門をとざし、本城と三の郭から挟みうちにして、五百人を一人残らず討ち取ったという。城方の死傷者はゼロ――。

『甲陽軍鑑』では、ここで幸隆が有能な五百人を殺しておいたから、次の上田原の合戦で信玄が勝利できたのだ、と説いていた。

年表にもあわず、戦の順番もおかしい。第一、幸隆は城持ちではなかったが、かりに預かっていた城があったとして、この頃、立派な城門・城壁で区切られた三の丸、二の丸、本丸といった郭をもつ安土・桃山時代の城が、信濃にあった、と本気で『甲陽軍鑑』の著者は思い込んでいたのだろうか。

ただ一点、謀略ということであれば、だまし合う、このエピソードのようなことは、数や規模に関係なく、数多《あまた》あったことは考えられる。村上義清は〝難敵〟である。が、この宿敵を倒さずして、武田家の信濃完全併合はなかった。

少しのちの、天文二十三年（一五五四）に締結された、甲駿相《こうすんそう》三国軍事同盟において、信玄の義兄でもある今川義元は、駿河・遠江（現・静岡県西部）・三河（現・愛知県東部）の三国を支配下に置き、信玄の長女を嫡子・氏政《うじまさ》の妻に迎えている北条氏康は、伊豆《いず》・相模《さがみ》（現・神奈川県の大半）・武蔵《むさし》（現・東京都、埼玉県と神奈川県東部）の三国を領有していた（天文二十二年に信玄の姉が三十二歳で病没してのちは、義元の長女を、己れの嫡子・義信の嫁に迎えている）。

この二大国に伍して、三国同盟を守りながら、戦国の世を生き残るためには、信玄はまずなによりも、信濃を自領とする必要があった。さて、武田家では三度目の正直とばかり、総力を結集して義清に突っ込んだのか。史実はそうではなかった。

この局面で、信玄を救ったのが真田幸隆であった。

幸隆、戸石城を一日で陥落させる

彼はこれまで、天文十七年（一五四八）二月に村上義清に敗れた上田原、同年七月に小笠原長時に勝利した塩尻峠、そして天文十九年九月に再び義清に敗れた戸石城、といずれにも先方衆として、最前線の死地《しち》に立って戦ってきた。

それだけに幸隆は、敵方――とくに、村上義清には学ぶことが多かったように思われる。おそらく幸隆は、相手の立場にたってその欠点を模索《もさく》していたに違いない。そして翌天文二十年五月二十六日、難攻不落といわれた戸石城を、わずか一日で占拠してみせたのである。その見事な手法は、調略＝買収工作に拠るものであった。

幸隆は考えた。なぜ、武田信虎は国を追われたのか。完璧にみえる義清の弱点は、何処にあるのか。信虎と義清は似ていないか。乱世における下剋上、義清方の部将の中にも、信虎を追い出した二十四将のような男はいるのではないか。ならば、その人物を利益によって切り崩し、味方につけていくことで、義清を孤立させることができるのではないか。

一旦、味方につきながら、土壇場で煮え湯を飲ませた高井郡の高梨政頼とその一族はどうか。一度裏切ったものは、二度目の裏切りもあるのではないか。村上軍の属将たる清野《きよの》や寺尾といった土豪はどうか。財宝と今後の処遇で、あるいは……。

真田一族は裏工作で、ふんだんに甲州金を使った。

天文二十二年四月九日、宿敵・村上義清はついに、本拠地の葛尾城をすら攻め落され、孤立すると信濃国内をすべるように逃走する。ついには、越後の上杉謙信(当時は長尾景虎)をたよって、越後へ亡命することになった。

戸石城を一日で占拠したことで、幸隆の名は一躍、武田家において知れ渡る。

新参でありながら、のちに〝武田家二十四将〟に列し、先の『甲陽軍鑑』の挿話のように、飯富虎昌、小山田昌辰ら城を預かる守将たちとまで並び称せられるようになった。

ついでながら、この戸石攻めでの軍功が『甲陽軍鑑』(品第二十五　晴信公山本勘介問答ならびに信州戸石合戦の事)ではなんと、山本勘介(勘助)の功績と述べられていた。しかも同書では、年も異なり天文十五年三月のこととして、調略ではなく勘介は己《おの》が軍配で義清に勝ったことに――。

戸石城に攻めかかった信玄は、この城の守りが固く、大きな損害を受け、そこへ義清が城の救援に駆けつけたため、武田方は総崩れとなって撤退したという。

このとき、山本勘介は信玄に献策して、旗本と足軽衆の半分、および小山田昌辰の手勢七十騎をあわせて出撃。村上勢を陽動作戦で翻弄すると、この間に信玄は体勢を立て直し、武田勢は勘介の巧みな采配で反撃を開始。ついには村上勢を打ち破った、ということになっている。

物語の世界は、どこまでも痛快で面白い。武田家中では、勘介の縦横無尽の活躍に、

「摩利支天のようだ」

と評したとか。この功により流浪の軍師は、さらに加増されて知行八百貫（貫文のことか・現代の貨幣価値で約三千二百五十万円）の足軽大将となった、とある。

しかし、史実は違う。〝戸石崩れ〟は先にふれたとおり、天文十九年のことであり、戸石落城は、翌天文二十年であった。落としたのは物語の山本勘助ではなく、史実の真田幸隆であった。

幸隆の調略の手順について、理解しやすい事例があった。

永禄六年(一五六三)十月、彼が上野国岩櫃《いわびつ》城を攻略したときのことだ。従来、この城は武田方の上野国進攻拠点と考えていた信玄によって、幸隆が巧妙な采配で落としたと伝えられてきたが、『加沢記《かざわき》』(江戸初期の沼田藩士・加沢平次左衛門《へいじざえもん》の覚書《おぼえがき》)には別な記述があった。

この覚書は天和元年(一六八一)に沼田藩五代藩主・真田信利《のぶとし》が改易となったおり、真田家の上野国内の事績をまとめて編まれたものであった(最終章参照)。

もともとは、三原荘(現・群馬県吾妻《あがつま》郡嬬恋《つまごい》村)をめぐって、鎌原《かんばら》氏と羽尾《はねお》氏が争ったことに端を発していた、と同書はいう。問題は鎌原氏のバックに幸隆があり、羽尾氏の支援を斎藤氏=吾妻郡東部の旗頭がつとめていたことであった。

永禄六年八月下旬、岩櫃城主の斎藤憲広《のりひろ》が、己れに反目して武田方に内応した鎌原幸重《ゆきしげ》を攻め、その注進によって信玄は、真田幸隆を救援にさし向けたとある。

幸隆はすばやく属城や砦を抜き、岩櫃城に迫ったが、この城は上野国随一の難攻不落——とてもたやすく、攻城できそうにない。

そこで城中へ忍びを放った幸隆は、同時に諏訪の別当大学坊、雪林寺の住職を使者に立て、一方で城主憲広に和睦を説きに行かせたという。また、和議の交渉を口実に、憲広の甥・弥三郎を城外へ連れ出すことにも成功する。

幸隆はやみくもに、それこそ思いつくままに、手を打っていたのではなかった。まずは、和睦も含めて、いろいろな情報を城内へ流すことで、敵の内訌《ないこう》（うちわもめ）を誘発しようとしたのだ。ほかにも、城にいて去就に迷っている海野長門守《ながとのかみ》幸光《ゆきみつ》・能登守輝幸《てるゆき》兄弟（羽尾幸全《ゆきてる》〈こうぜん、とも〉の子）には、一族の海野左馬允《さまのじょう》を送りこみ、武田方の情勢や上野国の現状、関東・越後の情報を無作為に、選ばずに城内へ流し込んだ。先述の「五間」を重複してもちいたわけである。

これにはさしもの剛の者・憲広も、参ってしまう。なにしろ、城は包囲されたとはいえ、敵方は一向に攻めてこない。城兵にすれば、城は囲まれていて外部との接触がなかったため、いわば堰き止められた空ダム、空ビンのようなもの。そこへありとあらゆる情報が大量に、まるで洪水のように流入した。器にはすべて、許容範囲があった。ビンでもダムでも、受け入れられる限界はある。やがて人々は悲鳴をあげ始めた。

これでは鉄の結束を誇った城内も、士気が弱まらざるをえない。

間者の流言飛語や、使者に来た住職、和議に出た弥三郎、入城した海野左馬允らのもたらした情報は、もともと統一されたものではなかった。相互に錯綜し、矛盾している。動揺した城兵はそのため、互いに疑心暗鬼にとりつかれてしまう。

そして十月十三日夜半、ついには二千五百余の真田勢が追手《おうて》、搦手《からめて》に殺到すると、内部から城主憲広の屋敷に火をつける者が出たり、城兵同士が斬りあいを始めたり、いずれにせよ幸隆は、労せずして城を手に入れることに成功したというのだ。まさに、情報を鉄砲同様に武器として使った、真田兵法の勝利といえよう。

信玄あっての幸隆、逆も真なり

信玄の新たに整備した甲州軍団（甲州軍＋信濃勢）にあって、幸隆は占領地域の将士や〝よそ者〟のつとめる〝先方衆〟――合戦における、最前線部隊を受け持つ部将の役割を担わされていた。

彼は本来、本営にあって調略を構えることにこそ天分があったが、己れへの扱いを不服とせず、近隣の信濃の小豪族たちが村上義清、上杉憲政に寝返ったおりも追随せず、一途に信玄を信じ、その指揮に従って甲州軍団と行動をともにしてきた。

幸隆は当時の信玄に実力のないことを知りながら、それゆえにこそ、この若い大将に権威と力を持たせるべく努力した。信虎を追放して、「甲斐共和国」の形で再出発した武田家は、国内だけでもなかなか一つにまとまらないのに、領土拡大によって隣国信濃の豪族たちを吸収したため、その統治は当初から困難が予想された。

「当然、甲斐の国人をこそ優遇すべし」

必然的に、甲州人と信州人には歴然とした格差が生まれてしまい、部将のランクも二国では大きな落差が生じる結果となってしまった。今日の例でいうと、吸収した大企業と、併合された中小企業とを考えれば、わかりやすいかもしれない。

リーダーである信玄にしても、「甲斐共和国」の和を保つためには、むげにこの差別を一蹴《いっしゅう》することができない。けれど「人材」は、信濃の国人であろうと、牢人者であろうと、喉から手が出るほどに欲しかった。「人材」を得たならば、力量に応じて活躍の場をひろげてやらなければ、せっかくの「人材」が腐りかねない。人材登用は、結局は甲州軍団全体のためになるのだ。

そこで信玄は、幸隆をひきあげるためにも、ひとつの困難な任務を彼に与えた。先にみた戸石城奪取である。無事に果たせば、成功した見返りという形で、信濃の国人とはいえ抜擢することができる、と信玄は考えたようだ。

はたして、信玄の計算は図に当たった。

「真田幸隆殿は、尋常一様の武将ではない」

甲州軍団の諸将をして、唸らしめる声が出たのは、戸石城をわずか一日で占拠してみせた、その手腕であった。しかし、これには裏があったようだ。先の〝戸石崩れ〟のおりには、味方の中から内通者が出たことで、作戦全体が功を奏さなかったものの、そこに至る村上氏攻略のための布石には、信玄は十分な自信をもっていた。つまり、調略は相当のところまで進められていたのだ。

幸隆が、戸石城を難なく落とせたのも、信玄から内々に送られた買収工作資金が豊富であったからにほかならなかった。幸隆は村上氏を支える部将たちを切り崩すことによって、敵の組織を分裂させ、村上義清を孤立させることができた。戦場においてこそ、神謀鬼才を発揮する義清も、秘かに進められた買収作戦にはお手あげであった。いいかえれば、義清は信玄・幸隆主従における、巧妙な頭脳プレーのために国を追われたといえる。天文二十年（一五五一）、信玄より七歳年長の三十九歳となっていた幸隆は、剃髪して一徳斎を称した。

義清の越後亡命で、正面の敵となった上杉謙信との合戦にも、幸隆は出陣している。前に少しふれた第四次川中島の合戦――永禄四年（一五六一）九月十日の大激戦においては、幸隆は数ヵ所の手傷を負いながら奮戦し、越後勢を退去させた功労者ともなっていた。

この合戦後は、おもに武田家の上州進攻作戦に従事し、先方衆筆頭として上野国西部の攻略に、抜群の力を発揮している。第一次、第二次とつづいた北条氏との共同戦線でも、幸隆は再三、謙信を悩ませている。興味深いのは、そのやり口であった。幸隆は、プライドの高い謙信を、あえて怒らせ、冷静な判断のできないようにして、その戦術眼を混乱させる戦法をもちいたようだ。

たとえば、山伏姿に変装した幸隆が、越後国を探ろうとして謙信に見破られる話が『名将言行録』に紹介されている。謙信から追跡された幸隆は、山伏の装束を案山子《かかし》に着せて沼の中に沈め、人が飛び込んだようにみせ、自身は蓑笠《みのかさ》姿で悠々と、小歌を歌いながら立ち去ったという。このあたり、まるで忍法のようであり、すでに〝真田十勇士〟の世界を彷彿《ほうふつ》とさせているようにも思えるのだが。

あるいは、幸隆の計略にひっかかって、謙信が上杉家の重臣を疑ったという話など、紹介されていたが、逸話はいつも謙信に分が悪かったように思う。

「われ弓箭《ゆみや》を執《とり》て真田（幸隆）如きに劣るべしとは思はねども、智謀は七日の後《おく》れあり。真田が生《いき》てあらん程は、われ信濃を打取《うちと》ること容易《たやす》からん」

と謙信は嘆いたという。あの天才戦術家謙信をして、

「智謀は七日の後れあり」

といわせたならば、さすがは幸隆とほめてやらねばなるまい。いかなる謀略も、謙信ほどの人物に七日間ばれなければ、おそらく成就したに違いない。

この謙信を頼って、前述の斎藤憲広—憲宗《のりむね》父子は越後へ亡命したのだが、憲宗の弟・城虎丸《じょうこまる》が嵩山《たけやま》城（現・群馬県吾妻郡中之条《なかのじょう》町）を保持していたことから、兄弟して岩櫃城奪還を企てたものの、結局は幸隆に敗れ、嵩山城も攻略されて、憲宗はついには自刃に及ぶ。

西上野一帯の掃討作戦を指揮した幸隆は、ここにきてようやく岩櫃城代として、吾妻郡長野原一帯を治めることを、信玄からまかされた。

この意義は大きかった。直接は上杉謙信への備えであり、それはこれから予定されていた西進作戦の後顧の憂いをのぞく意味合いをもっていたのである。

晩年の幸隆にとって、最大の戦《いくさ》はすでにふれた、永禄九年九月二十九日から始まる長野氏の箕輪城攻めであったろう。武田家にとって、上州攻めの天王山となった。が、城主業政亡きあと、西上野七郡は完全に幸隆が掌握しており、最前線も信濃の先方衆が担当。一方で関東の北条氏と組んだ甲州軍団は、ついに宿願——箕輪城を陥落させる。

また、今川氏真を攻めての駿河進攻にも、幸隆は従軍している。上州にとどまりつつ、ときに転戦し、幸隆は謙信の万一の南下に備えた。信玄指揮の上洛作戦中、幸隆の策謀で包囲されていた謙信は、ついに動くことはなかった。

信玄が真田家に伝えた兵法の極意

だが、上洛戦の一《いっ》・三方《みかた》ヶ原《はら》で徳川家康に圧勝した甲州軍団の、進撃速度は徐々に鈍くなる。

どういうわけかにわかに緩慢になり、全軍は前進をやめ、浜名湖畔の刑部《おさかべ》で宿営して越年し、動く気配を示さない。以後、ひと月もかけて三河山地を北進している。信玄の病状が、この時、にわかに悪化していたのであった。

武田方ではそれを悟られまいと、つづいて野田《のだ》城を攻めたりしたが、無用に長い滞陣は、おそらくこのとき、信玄が危篤状態にあったことを物語っていたのではあるまいか。もっとも織田信長や徳川家康は、この不自然な武田方の動きをすら、信玄の策謀ではないか、と勘ぐった。そのため信玄の生死を確かめることを怠ってしまう。

二月十六日、野田城陥落。三月下旬、甲州軍団は不意の撤退を開始した。

「もしや、信玄は病気ではないのか」

岐阜の信長がそう思いはじめた頃、正確には元亀四年（一五七三）四月十二日、信玄は信州伊那郡駒場《こまんば》（現・長野県下伊那郡阿智村）において、五十三歳の生涯を閉じた（この年は七月二十八日に「天正」と改元されている）。

一方の幸隆は、信玄逝去の一年後、天正二年（一五七四）五月十九日、六十二歳で病没している。遺体には、二十五ヵ所に及ぶ刀槍や鉄砲による傷跡があったという。

もし、この男さえ健在であれば、もう少し余命があったならば、武田氏の滅亡もあるいは防げたのではないか……、と思わせる才覚が、謀将幸隆にはあった。

その幸隆夫妻の墓が、上田市の長谷寺《ちょうこくじ》にある。彼の法名は「笑傲院《しょうごういん》殿月峯良《げっぽうりょう》心大庵主《しんだいあんしゅ》」――。

真田といえば、三代を通じて旗じるしの六文銭（六連銭《むつれんせん》）が有名だが、亡者が三《さん》途《ず》の川を渡るときに支払う〝地獄の沙汰も金次第〟の六文銭は、そもそもは幸隆が考案したといわれている。

おそらく彼は、若かりし日に箕輪城主・長野業政に抱いた憧れ、一騎当千の強さよりも、主君となった信玄の兵法にこそ、より重きをおいてその生涯を閉じたように思われる。

それこそが謙信が恐れた、信玄の「後途《ごと》の勝」であった。

振り返れば、第四次川中島の戦い——永禄四年（一五六一）におこなわれた、甲越両軍の一大決戦を前にして、おそらく上杉謙信は、

「それにしても信玄という男、勝てるまで準備をする……」

と、すでに三度戦って、さぞやこの好敵手の性格に、あきれたことであろう。合戦をはじめる前に、信玄はあらゆる外交・謀略の可能性を検討し、試み、一方ではすでに占拠している信濃国の諸豪族にすら手を抜かず、改めて敵味方に峻別する作業をおこなった。

上洛戦に関しては、「棒道」「狼煙《のろし》」「鐘撞《かねつき》」といった軍需道路や通信施設を整え、さらに越後国を包囲すべく、「三国軍事同盟」を結んだ今川・北条の両氏以外にも、越中《えっちゅう》富山城（現・富山県富山市）の神保《じんぼ》良春《よしはる》や本願寺法主顕如《けんにょ》を動かして、しきりと同盟国をふやすべく画策し、それらに越後の背後や側面を突かせ、その成果により謙信が動けない、と、確信するや腰をあげた。

加えて、ひとたび出陣するや疾風のごとく戦場にあらわれ、いったん陣をはると驚異的なねばり腰を発揮する。おそらく甲州軍団の将士でさえ、自軍の強さに茫然

としていたのではあるまいか。戦いに勝つのはあたり前といった気分が、常に甲州軍団を包んでいた。

信玄の軍法は、あくまで合戦による優越を重視する、戦《いくさ》の玄人《くろうと》＝謙信にとっては理解しにくく、信玄は姑息《こそく》な人間、やりにくい相手と映ったに相違ない。

謙信にとっての戦いは、実際の戦場での合戦のみであったが、信玄は日常生活そのものを戦いの中においていた。のちの合戦での勝利を得るために、情報戦略や外交戦を日々重ねる生活。そうした毎日がどれほど、緊張と忍耐を要するものかは計り知れない。それゆえ、信玄は寿命を縮めた、といえなくもなかった。

先にみたごとく、信玄は村上義清との合戦から、いかに自分が大軍を擁《よう》していても、劣勢な敵に敗れることのあることを、生命懸《いのちが》けの教訓として学んだ。

ついで川中島の合戦を中心にした、宿敵・上杉謙信との対決からも、信玄は生涯かわることない不変の合戦哲学を体得している。

「信玄御一代敵合《おんいちだいてきあい》の作法三ヵ条」（『甲陽軍鑑』品第三十九）

と表現しているもので、この三条を現代語に要約すると、次のようになる。

一、敵の長所と短所を詳しく穿鑿《せんさく》（検討）する。また、その国の大河や大きな山坂、あるいは、財力の状態、家中の人々の行儀や武勇の士、大身小身それぞれに、どれだけいるかなどを、味方の指揮者によく知らせておくこと。

二、信玄公が仰せられるには、「合戦における勝敗とは、十のものならば六分か七分、敵を破ればそれで充分な勝利である」とお定めになった。とりわけ大きな合戦においては、右の点がとくに重要である。八分の勝利はすでに危険であり、九分、十分の勝利は味方が大敗を喫するもととなるということである。

三、信玄公が仰せられるには、「戦闘の心得として、四十歳以前は勝つように、四十歳からは負けないように」とのことであった。ただし、「二十歳前後のころであっても、自分より小身な敵に対しては、負けなければよいのであって、勝ちすぎてはならない。大敵に対しては、なおのこと右のとおりである。十分な思案工夫をもって、位詰《くらいづめ》（威をもちいる）にし、後述の勝（後途の勝とも）を第一に考えて気長く対処していくべきだ」とのことである。

真田三代の足跡を念頭に置きながら、この三ヵ条を読むと感慨深いものがある。信玄―幸隆ともそうだが、天才的戦術家の上杉謙信と戦うにあたって、自分よりも秀れたもの、強いものとの対処法を考案した。一気に勝敗を決しようなどと焦らずに、結果としての勝利を第一に考えること。部分的に「勝って兜《かぶと》の緒をしめよ」と自らを戒め、大勝はかえって油断を生じるので、六分なり七分の勝でいい、と自らにいい聞かせたこと。

地道に力を養いながら、外交政策や調略、陰謀などを駆使して、じりじりと前進するしかない、と思い定めたようだ。

すなわち、「後途の勝」である。

生命懸けの合戦を幾度も経験した信玄や幸隆なればこその心境であり、凡将には考えの及ばない深味のある哲学といえようか。

第二章　武田信玄の愛弟子・真田昌幸

恵まれていた三男坊

真田幸隆―昌幸―信繁（俗称・幸村）の三代を調べていて、一番驚嘆させられたのは、この三人、順番を入れ替えて登場したとしても、初代・二代・三代の役割を十分にこなせたという、歴史の世界にも類をみない、その智謀の高さにあった。三人――信繁の兄・信幸（のちの信之）を入れれば四人――のレベルは、間違いなく互角といってよい。と同時に、この三代三人は、甲信地方でなければ、おそらく世に現われることはなかったろう、との強い確信も抱いた。

なぜ、揃って優秀であり得たのか。

三代の真中＝真田家の二代・昌幸をみれば一目瞭然《いちもくりょうぜん》であったろう。彼は先代・幸隆から学んだものを、自ら実践しただけではなく、次代の信幸と信繁に、正確になおかつ自らの応用、解釈をもつけ加えて、新たなものとして編み出した軍略・兵法・戦《いくさ》の仕方を、具体的に伝えた点において際立っていた。

ただ昌幸が、父・幸隆と異なっていたのは、昌幸は生まれながらにして武田家中の人間であった。そのため、扱われ方も父のように外様＝信濃先方衆として、甲州軍団の矢玉の楯がわりに、最前線ばかりを受けもたされることもなく、むしろ主君信玄の側近として、じっくりと時間をかけて、その兵法——幸隆の真田兵法に加えて、信玄直々の武田流——を学習することができた。

しかも昌幸は三男という立場から、若くして真田家を離れる宿命を負っていた。このことも当然、影響していたはずだ。つまり、真田家内部からというよりは、客観的に事物を見ていたということである。

この恵まれた真田家の三男坊＝昌幸は、天文十六年（一五四七）に生まれていた。父の生誕が伝えられる通りであれば、幸隆三十五歳のおりに儲けた子となる。幼名は源五郎。この子に対して幸隆が、どれほどの愛情を注いだかについては、それを語るエピソードはない。

が、たしかなことは長兄・信綱、次兄・昌輝が、父のもとで前線指揮官＝信濃先方衆の一員として、生命《いのち》懸けで戦場を駆けまわっているのに比べれば、昌幸の生活は大きく異なっていた。この三男坊は、物心ついた頃には甲府に住み、七歳から主君信玄の小姓にあがっている。

これには真田家の人質という意味合いもあったが、信玄には前章でみた如く、幸隆には返せぬほどの恩義があった。もし、幸隆が信玄を主君と選ばず、村上義清なり長野業政を主人としていたならば、おそらく信玄の破竹の進撃——その結果としての上洛戦＝西進作戦はあり得なかったに違いない。

どれほど処遇しても、敬っても、報いきれない成果をあげた幸隆に対して、信玄は信濃出身の土豪というその前歴のみで、実力・成果に応じた処遇をしてやることができなかった。人物本位で簡単に、抜擢人事をおこなえた織田信長とは、一世代の差がある。これは能力ではない。時勢の進捗《しんちょく》としかいいようがなかった。まだ世の中は、槍一筋で庶民が大名に成れたり、豊臣秀吉のような人間が大手を振って活躍できるほどに、成熟＝下剋上は本格化していない。

なにしろ、昌幸より十歳年上の長兄・信綱と信長は、わずかに三歳の差（信長の方が三歳の年上）。ちなみに、秀吉は信綱と同い年であった。

抜擢人事を思い通りにできなかった信玄は、無理して「甲斐共和国」の和を乱すことなく、己れに与えられた権限の中で、幸隆への謝恩を形にしていく。

父・幸隆とともにある後継者信綱、そのスペアーともいうべき昌輝ではなく、真田家の中にいては、たんなる厄介者＝兄の家来同様とならざるを得ない源五郎を甲府にひきとり、信玄は手ずから軍略・兵法を教え、ついにはその母・大井氏の弟・三郎右衛門のために継がせた一族の名門「武藤《むとう》」の姓——三郎右衛門に名乗らせたものの、その子が夭折したため、そのままとなっていたもの——を、源五郎に継がせている。武藤喜兵衛昌幸の誕生である（『甲斐国志』）。

上野国や駿河国の外様衆に比べては、多少なり古いとはいいながら、それでも信濃の先方衆の、しかも三男坊を、武田家ゆかりの一族の名跡に就かせるということは、極めて異例のことであった。のちのことながら、信玄の晩年には昌幸は、武田家の龍朱印状の奉者《ほうじゃ》、奉行を幾つもつとめ、足軽大将衆として、「騎馬十五騎、足軽三十人」を預かるまでになっていく。

間違いなく彼は、信玄政権の中枢につらなっていたといえる。

これはすべて、信玄のはからいであったといってよい。

くり返すようで恐縮だが、甲斐のような保守勢力の強い国では、『甲陽軍鑑』に出てくる山本勘助のような、どこの馬の骨ともわからぬような人物を、抜擢する人事はあり得なかった。

かといって、信濃や西上野に、甲斐の将より優秀な将がいない、などということはあり得ない。実力ある者が上に立つ＝下剋上の時代は、日々、鋭角的になっている。人材を押さえつけたり、つぶしたりしては、甲斐武田家そのものがやっていけなくなる。

そこで信玄の考えたのが、甲斐の名門の姓を与えることで、ハンディを持つ者、実力がありながら甲州軍団の中枢部に、本来なら参加できない支配地の者に、機会を与えるということであった。

昌幸の強味

昌幸が武藤喜兵衛となったように、彼の弟・信尹《のぶただ》も加津野《かづの》市右衛門と称することとなる。〝二十四将〟の中にも、養子組はいた。名将の名をほしいままにした侍大将・高坂《こうさか》弾正《だんじょう》忠《のじょう》昌信《まさのぶ》（旧姓・春日弾正忠正忠）は、もとをたどれば甲斐の伊沢の庄（現・山梨県笛吹市石和町）の豪農・春日大隅の息子であった。

また、〝二十四将〟の中で最も躍動的に内政・外交・合戦に活躍した、山県三郎右《う》兵衛《ひょうえ》尉《のじょう》昌景《まさかげ》の旧姓は、飯富三郎兵衛であった（詳細は後述）。

〝二十四将〟には入っていないが、武田家の侍大将として、譜代の家老衆であった小山田備中守昌辰は、〝二十四将〟ながら最後に主家を裏切る小山田越後守信茂《のぶしげ》と区別されて、郡内の小山田に対して石田（甲府市内）の小山田と呼ばれたが、彼も一説には旧姓・上原伊賀守と称していたとも。

当然ながら、名門に余所《よそ》から養子入りした者たちは、同じような境遇からか、揃って仲がよかった。昌幸は、この養子組の恩恵も蒙っていたであろう。さらに昌幸の特殊性は、学ぶにおいて二人の兄がいたこと、それも二人揃って武者振りが優れていた点があげられた。

長兄・源太左衛門尉信綱は、父・幸隆とともに〝武田二十四将〟に数えられたほどの人物で、昌幸にとっては最も身近な目標であったといえる。幼名は源太郎。真田家の嫡男である（昌幸は武藤喜兵衛として、二十四将に数えられている）。

次兄の昌輝は、一説に天文十二年（一五四三）の生まれで、初名を信輝とも。幼名は徳次郎、官途は兵部丞から兵部少輔。信玄に近侍して、「百足衆《むかで》」（武田信玄に近侍し、伝令役をつとめた有力部将の子弟）に選ばれた。「一之先衆七千」に部将として参加。信州先方衆として五十騎を率いる兄・信綱を助けて、その副将格をつとめた。

いささか横道にそれるようで恐縮だが、昌幸の長兄・信綱から、話を始めたい。

彼は天文六年（一五三七）、信州の小県郡真田郷の松尾城に生まれていた。母は不明、父の幸隆にすれば、己れの苦労が報われる、最大の結晶がこの長男＝嫡子の誕生であったに違いない。

超多忙の中にあっても、幸隆は幼い源太郎に、坂東源氏の末裔としての矜持《プライド》を、まずは徹底して植えつけたであろう。

「出身は信濃でも、武田家の諸将に見劣りする家柄ではないぞ」

と。幸い信綱は、物心ついたときから父とは異なり、武田家における将来を嘱望されていた。これは、二代目の強味といえるかもしれない。

しかし、武田家の全幅の信頼があっただけでは、凄腕の父と並んで、〝武田二十四将〟に選ばれることはなかったろう。先方衆の跡取りという、ハンディもあった。考えられることは一つで、存命中から図抜けて、個人としての評価が高かったということであろう。

この信綱が愛用した大刀に、備中青江派の貞次が鍛えた傑作＝三尺三寸余（約一メートル）の陣刀があった。後世に伝えられたこの重い大刀を、馬上で軽々とふるったとすれば、彼はさぞ膂力《りょりょく》のある偉丈夫であったろう。

十六歳の初陣は、天文二十一年（一五五二）八月の信州南安曇郡の小岩嶽《こいわたけ》城（現・長野県安曇野市）の攻防戦であった、と伝えられている。敵将は村上義清の属将・小岩嶽図書守《ママ》以下五百――。

前年、戸石城を一日で占拠して、幸隆の名声はあがっていた。主君信玄も、上田原から戸石城とつづけざまに村上義清に惨敗して、ようやく「後途の勝」にたどりついたところであり、武田流兵法が実質開眼されていた。

そのため甲州軍団は、決して無理な力攻めをしなかった。信玄はまず幸隆に、信濃の先方衆を率いて小岩嶽城を包囲させた。父に従って初陣した信綱は、父の戦法を実地によく見ていたであろう。

ついで、信玄の甲州軍が現地に到着。信玄は無用な犠牲者を出さず、城内への水の手を断って包囲網を堅持するように指示した。にらみ合いがつづく。耐えきれなくなって十二日目、城方の将兵が水を求めて城外に出てきたところを討ち取り、そのまま城内へなだれ込んだ。城兵はすでに、抵抗する気力すらうせていたようだ。城兵はことごとく討ち死にし、城主図書守《ママ》も自刃して果てた。

「戦いに勝つためには、敵の盲点を衝かねばならない」

信綱は、主君信玄や父・幸隆の「後途の勝」を学ぶ一方、若き日の父が憧れた長野業政のような、実戦の強兵《つわもの》としての強さも兼ね備え、騎下の信濃の将兵を率いて、戦場を駆逐していた。

（どれほどの武士《もののふ》になるか……）

幸隆は心から、そのことを楽しみにしていた。

そのためには自得した、軍略・兵法を惜し気もなく教え、極意も授けている。

一言でいえば、孫子のいう「兵は詭道《きどう》なり」（計篇）に尽きた。

戦いは謀略を用い、敵を欺《あざむ》く道なのだ。戦場に出て、戦ってみてはじめて勝ち負けが明らかとなる、というのは、本当の戦いではない。戦場に立ったとき、戦いは実質おわっていなければならない。信綱はくり返し、父にも主君にも学んだ。

その後、信綱は次弟の昌輝とともに、父の指揮下に入り、昌幸は近習として、信玄生涯最大にして最後の決戦――上洛戦に参加することとなる。

この西進上洛戦で、昌幸が多くを学び、やがてわが子の信幸（のち信之）と信繁（俗称・幸村）にも大きくかかわりをもつことになるのが、武田家＝甲州軍団最強の、〝赤備《あかぞな》え〟を率いた大将・山県三郎右兵衛尉昌景であった。

甲州軍団最強の〝赤備え〟と山県昌景

この日本戦国史に、その名を轟かせた〝赤備え〟――甲州軍団最強の部隊の、初代隊長は、山県昌景ではなく、その実兄・飯富《おぶ》（飫富）兵部少輔虎昌《とらあきら》であった。

この兄弟も真田家同様、〝武田家二十四将〟に二人して加えられていた。ともに、生年不詳である。弟が二十四将中、最も小柄でありながら、生涯をエネルギッシュに活動したのに比べ、兄の方は武田家譜代の文武の忠臣でありながら、後世には叛逆者の汚名を着ることになる。

なにしろ、信玄がその後継者＝嫡男の義信と真っ向から政策論でぶつかった、第四次川中島の合戦以来の衝撃を、武田家中に与えた、とされる張本人であったのだから無理もない。

虎昌は何を為出《しで》かしたのか、主君信玄を亡き者にしようとしたのだ。力ずくで隠居させ（一説には謀殺して）、信玄の嫡男義信を、当主に擁立しようとした、そのクーデター計画の中心人物とされてきた。

筆者はいまだに、信じられない。虎昌は、天文十七年（一五四八）に対村上義清戦で敗死した今は亡き板垣信方とともに、信玄擁立のクーデター＝信虎追放劇に中心的な役割をはたした武功の将であった。それゆえにこそ、武田家最強の親衛隊〝赤備え〟をまかされたわけだが、その人物があろうことか……。

計画が発覚してからの波紋の大きさは、計り知れないものがあった。

のちに真田信繁も用いる〝赤備え〟とは、旗指物《はたさしもの》、旌旗《せいき》、鞍《くら》、鐙《あぶみ》などの馬具をすべて朱色に統一し、騎馬武者の甲冑、鎧、具足、脚絆《きゃはん》、刀の鞘《さや》、槍の柄、弓矢、袋物、鉄扇にいたるまで、これら装備品をもことごとく朱色に塗りつぶした、〝朱〟一色の集団をさした。とにかく、戦場では目立った。

すでに前章でみた如く、信玄の心理戦術をもちいて、「後途の勝」で敵軍を調略し、分裂・内訌を進め、精神的に追いつめて、圧倒しておいたうえで、信玄はさらに一歩すすめ、この異様な〝赤備え〟＝飛び抜けた力量をもつ選りすぐりの将士たちを、〝甲斐の猛虎〟と異名をとった甲州軍団一の勇将・飯富虎昌にあずけて、決戦のここ一番に投入した。

なにしろ〝赤備え〟の彼らは、戦場で決して後ろへ下がるということをしない。いかなる局面であろうと、進んで前に出た。そのためには、生死の境を越えていくという、強靭《きょうじん》な精神力がもとめられる。実際には、家を継ぐ必要のない次男以下の、武田武士の中から厳しく選抜された戦場のエリートたちであった。

指揮官に選ばれた虎昌自身、先代信虎に仕えて軍功多く、信虎の卓越した実戦での駆け引きを体得し、信玄の代になってからは、信州攻略戦に幾度となく出陣。諏訪頼重、高遠頼継《たかとおよりつぐ》、小笠原長時、村上義清らと最前線で対決した戦歴を持っていた。

信玄が最初の敗北を喫した上田原の合戦では、敵地の最前線に踏みとどまり、

「甲斐共和国」の防波堤の役割を一身に担《にな》ったのは虎昌であった。一時、一線を退き、信玄の嫡子義信の養育係に任ぜられたが、これも信玄の信頼あればこそであった。義信が元服し、初陣に参加するや再び〝赤備え〟を率いて、虎昌は一夜に城を九つ抜いてみせる偉業を、あっさりと成し遂げたこともある。

「智略抜群の驍将《ぎょうしょう》」（『甲斐国志』）

とあった。その〝赤備え〟の威力のほどは、

「あたかも猛虎が羊群に突入したるがごとく、全軍巨大な火の玉に見えたり」

とあるごとく、いかなる戦局にあっても崩れることなく、しゃにむに前へ前へと、突撃を敢行しつづけた（『信濃史料』）。その頑強さ、獰猛《どうもう》さは、同時代にすでに伝説化していたほどであった。甲州軍団が来た、というだけで、すでに浮き足だつ敵陣が、「孫子の旗」の風になびく戦場に、勢揃いした軍団の中から、異様な〝朱〟一色の一団が忽然《こつぜん》と現われ、

「赤備えが、前に出たぞ」

その一声に接すれば、十中八、九、戦わずして潰走した。

パブロフの犬ではないが、この敵前逃亡は信玄や幸隆の創り出した、〝暗示〟の産物にほかならなかったが、信玄が死ぬまでこの〝暗示〟は消えることなく、全国

の戦国武将にとっては恐怖の的でありつづけた。

遅れて登場した織田信長も全身で怖気づき、味方のはずの今川義元―氏真父子や北条氏康―氏政父子までが畏敬するありさまであった。

マジックにかからない例外があったとすれば、信玄の宿敵・上杉謙信くらいであったろうか。そういえば、信玄の〝天敵〟村上義清は、元亀四年（一五七三）に越後根知城（現・新潟県糸魚川市根知谷区）で死去していた。享年七十三。

しかし例外の謙信も、純軍事的に〝赤備え〟の強靭さは認めていた。

いずれにせよ、甲州軍団最強の、花形ポストであったことは間違いない。

それを預かっていた――信玄が最も心を許していた重臣の中の重臣――虎昌が、なぜ主君を除こうとしたのか。彼は自らが養育係をつとめた、義信に同心してしまったからであった。

「一、義信公が若気の過《あやま》ちで恨みもない信玄公に謀叛をくわだてたのに対し、飯富兵部（虎昌）がその相談相手の中心となったこと」（『甲陽軍鑑』品第三十三）

虎昌が右の一条も含め、五ヵ条におよぶ理由をあげられたあげく、長坂源五郎《ながさかげんごろう》、曾禰周防《そねすおう》とともに成敗されてしまったのは、事が発覚した半年後のことであった。永禄八年（一五六五）八月のことである。

『甲斐国志』は虎昌の享年について、「此《こ》ニ至《いた》ル六十一、二」と述べていた。

それにしても、〝赤備え〟のみならず、甲州軍団全体が受けた衝撃の大きさは、半端なものではなかった。それこそ内乱――甲州軍団を真っ二つに割っての、大騒動になってしかるべきであったろう。

なぜ、〝赤備え〟は決起しなかったのか

もともと飯富氏は、甲斐源氏の血筋をひく家柄で、武田氏譜代の族臣。しかもこの頃、虎昌は家臣団の重臣筆頭の地位にあった。虎昌を処罰することによって、飯富一族やその手塩にかけて育成してきた〝赤備え〟が、このまま黙っているはずもなく、暴発、信玄を打倒する懸念は大きかった。

ところが信玄は、何の躊躇《ちゅうちょ》する様もなく、また時間をかけて審議することもせず、甲斐の分国法「甲州法度之次第」に照らして、虎昌を裁き、切腹させた。

にもかかわらず、武田家は軍馬一頭走り回ることもなく、微動だにしなかった。

なぜであったのか。この処分にも、信玄と幸隆の巧妙な軍略・兵法が活用されていた。当時の分国法は何処も、連座制が刑罰の基本とされていた。虎昌がクーデタ

——未遂——信玄暗殺——を企てたとすれば、当然、飯富一族からも"赤備え"からも、死刑・流刑者は出てしかるべきであった。

　が、信玄は虎昌の叛逆行為に対して、その類を他に及ぼすことをしていない。

　それどころか、虎昌の弟・源四郎《げんしろう》に甲斐武田氏の、譜代の名家「山県」を継がせ、名を山県三郎右兵衛尉昌景と改めさせて、〝赤備え〟部隊の二代目指揮官にすえ、その大権を委ねている。

　この場合、類を及ぼさなかった、ではなく、類を及ぼせなかった、という方が正しいのかもしれない。なにしろ、義信・虎昌主従の密議を、お屋形さま（信玄）に密告した張本人が昌景であったのだからだ。おそらく〝赤備え〟は、すぐさまその動きを完璧に、信玄に封じられたに相違なかった。

　見方を変えれば、自刃した虎昌も、信玄の政策転換における犠牲者、その人柱に選ばれた忠臣、といえなくもなかったのである。

　処分に時間をかけなかった理由も、逆に考えるべきであろう。時間をかけていれば武田家は空中分裂して、それこそ内訌する懸念があった。すなわち、義信・虎昌主従の言い分に同調する者が、多数でる懸念が想定された。

　義信も虎昌も、クーデター立案にいたるまでに、三国軍事同盟を一方的に破棄して、今川領へ攻め込もうとする信玄を、くり返し諌めつづけていた。信玄には、それを聞く耳がなかった。ふり返ってみれば、義信の妻は義元の娘である。かつては祖父の信虎も、今川家には世話になっていた。

無能という以外、特段の裏切り行為をしたことのない今川氏真《うじざね》に対して、天下を取りたいから滅ぼすというのは、許されるべきことであったのだろうか。

信玄は、武田家が生き残るためには今川家をも併合するしかない、と主張し、義信や虎昌はその「不義」「不仁」を責めた。

クーデター計画は未遂のまま、東光寺学寮に幽閉された義信は、外との連絡を断たれたまま、虎昌らより二年二ヵ月遅れ、永禄十年（一五六七）十月十九日、自刃して果てた。享年三十。

二代目の〝赤備え〟の隊長となった山県昌景は、すでにふれたように、甲州軍団では一番背の低い武将であったが、伊那攻略に十五歳で初陣し、神之峰城（現・長野県飯田市上久堅）では一番乗りの功名をあげていた。『校合雑記《きょうごうざつき》』（交合雑記、校合雑記とも。著者不詳。江戸時代後期にまとめられた古今の史料集）によると、

「信玄の小男の出たり」

と呼ばわれば、敵が躊躇し、立ちすくむほどの武勇の士であった。

信州川中島でも功名をあげ、こののちは三方ヶ原の戦いにおいて、徳川家康の本陣に肉薄し、

「さても恐ろしきは山県なり。あやうく生命《いのち》を落とすところであったわ」

と家康をして、いわしめる活躍ぶりを示している。

ある時、信玄の実弟・一条右衛門大夫信龍が、〝赤備え〟必勝不敗の、指揮のコツを、昌景に問うたことがあった。

この信龍は、「伊達男にして華麗を好む性質なり」と昌景に評されたことのある、当時、流行しつつあった傾奇者《かぶきもの》の典型のような人物であった。

昌景は、次のように答えたという。

「慢心せず、いつも初めて合戦に臨む覚悟で人一倍慎重にしております。十分、勝算ありと確信しない限りは戦いませせぬ。だから、負けたことがないのです。何事もわがままに振る舞えば悪名を残しますし、生命《いのち》がいくつあってもたりませせぬ。物事、すべて油断しないことでしょう」

後輩といってよい信綱や昌幸にも、昌景はことあるごとに教えたはずだ。

しかし主君信玄の死後、異母兄の義信に代わって武田家の家督を継いだ勝頼《かつより》は、昌景の進言をまったくもちいなかった。昌景はついに、信綱とその弟の昌輝ととも

に、長篠・設楽原（現・愛知県新城市）の合戦で、自殺に近い突撃を敢行して戦死を遂げる（詳しくは後述）。享年四十六、との説もあった。

なお、甲州軍団の〝強さ〟の象徴である〝赤備え〟は、天正《てんしょう》十年（一五八二）十二月、徳川家康の命をうけた徳川四天王の一・井伊直政《いいなおまさ》の手によって、武田の旧家臣団を中心に復元され、関ヶ原の戦い、大坂の陣でも活躍し、〝井伊の赤備え〟と改めて恐れられ、徳川幕府成立の無言の推進力となった。

もっとも、ある意味〝戦国最強〟ともいえる〝赤備え〟は、いささか複雑に出てきていた。後述の大坂夏の陣には、もう一方の〝赤備え〟が、真田信繁に率いられて、徳川家康を目指して突っ込んで行くのである。

つまり、大坂城攻防戦には、敵味方二種類の〝赤備え〟が出陣していたことになる。

〝完璧〟な信玄の上洛戦

それにしても、とつくづく思う。日本の戦国史上、武田信玄の上洛戦ほど、完成度の高い、芸術的に傑作な軍事行動もなかったろう。

迎え討つべき織田信長・徳川家康は、ぐうの音も出ないありさまであった。

信玄の外交政略はそれ自体、至芸の域に達していた。前章でみたごとく、あらゆる外交手段を講じて上杉謙信の動きを封殺し、出発と同時に、すでに信長と戦闘状態にはいっている同盟者＝反織田包囲網の浅井長政《あざいながまさ》、朝倉義景《あさくらよしかげ》のもとへも書状を送り、今しばらく戦線を持ちこたえるように、との励ましを送る配慮も忘れていない。

信玄は、自ら甲州軍団の主力軍を率いて、諏訪、伊那、飯田《いいだ》、青崩《あおくずれ》峠を越え、遠江国に出、犬居《いぬい》城にはいった。元亀三年（一五七二）十月中旬のことである。

犬居城主・天野景連《あまのかげつら》は今川氏に属していたが、主家の没落後、徳川家康ではなく、武田氏について生き残りを図ろうと考えた。犬居は遠江国の、ほぼ中央に位置している。信玄は犬居城に本陣を構え、進軍の道々よせられた情報を武藤喜兵衛（真田昌幸）らに整理させ、まとめさせて、主力軍をさらに二分して、馬場美濃守《ばばみののかみ》信春《のぶはる》に三千の兵を授けると、只来《ただらい》（現・静岡県浜松市天竜区）の砦、二俣《ふたまた》城攻撃にむかわせた。

信玄自身はそのまま信州街道を南下し、途中の砦を確実に降してゆくと、十月十四日、海からわずかに三里という、木原《きはら》を新たに本陣と定める。甲斐国を出陣して、わずかに十日余りの早業《はやわざ》で、信玄は建築技師が正確に定規で図面に線を引くように、遠江国をスッパリと両断した。これによって徳川方の掛川城、高天神城《たかてんじん》は孤立し、甲州軍団の来襲を戦々兢々《せんせんきょうきょう》として待つ状態におかれてしまった。

一方、本拠地・浜松城の家康のもとには、次々と凶報がもたらされている。

甲州軍団の三河方面軍は、三河と遠江の国境にある吉田城を奪い、すでに遠江国の井平砦《いだいら》を落とした、というではないか。井平は、三河から二俣城への補給路であった。ここを抑えられれば、二俣があぶない。

二俣城が落ちれば、遠江国の中部から北部にかけては、すべてが武田氏の支配下におかれることになる。また、二俣城に信玄が本陣をおけば、家康の浜松城までは、わずか七里半（約三十キロ）の距離となった。

家康はこの時ほど、信玄が恐ろしいと思ったことはなかったろう。

なにぶんにも相手は、この時点で三十一年間、合戦に明け暮れ、広く天下に名を馳せた名将である。迎え撃つのは、永禄三年（一五六〇）の桶狭間《おけはざま》の合戦を契機に独立した、十二年程度のキャリアしかない家康であった。

戦歴を問えば、問題にはならなかったであろう。家康の、信玄に対する直接の対決以前における、この惨憺《さんたん》たる思いは、兄貴分の信長も同じであった。甲州軍団美濃方面軍は、信長の領内である東美濃に、すでに攻めこんでおり、すぐさま岩村城《いわむら》を囲んでしまう。

城主であった遠山友勝《とおやまともかつ》は先年亡くなっており、正室が信長の叔母であったことから、信長は末子の勝長《かつなが》を叔母の養子にして、この要害の城に梃入《てこい》れをしたばかりであった。この岩村城が落ちれば、東美濃はことごとく武田方のものとなる。

さしもの信長も、「いよいよか」との危惧《きぐ》を、色濃くしたに相違ない。

甲州軍団の怒濤《どとう》の快進撃は、行く手を阻む敵ばかりではなく、美濃・三河・遠江三国の中小豪族たちをも大いに動揺させた。とくに遠江国では、家康の勢力下に入ってまだ日の浅い土豪たちが、

「勝ち駒に乗らねば――」

と、ぞくぞくと甲州軍団の膝下に跪《ひざまず》いていく。

信玄はあらゆる手段を講じて、甲州軍団の強さや、目的の高邁《こうまい》さを説き、自軍を宣伝することを忘れない。これこそが、信玄兵法の真骨頂であったろう。山県昌景も真田信綱も、その弟の昌輝、昌幸も、自分たちの主君の偉大さを嚙みしめていたはずだ。

二俣城を囲んだ信玄は、常套手段の食糧攻めの策をとり、水の道を断って、内部の将士から内通者を出させるべく術策を凝らした。間者が往来する。そして十一月

末、ついに二俣城を落とすことに成功した。これによってさらに、徳川方から武田方へと寝返る国人・土豪が相次ぐ。

信玄はこうして降《くだ》って来る一人一人に、時間の許すかぎり謁見《えっけん》を許し、所領を安《あん》堵《ど》して、その代償として食糧を醵出《きょしゅつ》するよう申し渡した。家康は悲鳴をあげんばかりに、同盟者の信長に援軍を泣きついている。

しかし、信長も周到に用意された、信玄の張り巡らした包囲網を、容易に突破することができない。近江の小谷《おだに》城攻略にむかっていた織田軍は、越前の朝倉義景が来援して、湖北の山岳地帯に要塞を構えたために、七月以来、この地で硬直状態がつづいていた。加えて、信玄に呼応した本願寺門徒の勢力が急速に活発化し、畿内に隠然たる影響力をもっていた味方のはずの松永久秀《まつながひさひで》が、ここに来て公然と、信長に反旗を翻《ひるがえ》した。

「天下は武田家のものとなる」

と独自の臭覚、勘で、久秀は両方を吟味し、信玄に与《くみ》したのであろう。

今、なまじ動けば織田軍は、反織田包囲網の諸勢力に包み込まれ、袋だたきに遭うだろう。信玄と決戦する以前に、再起不能となる可能性もあった。信長は這《ほ》う這《ほ》うの体《てい》で、美濃の「岐阜」へ戻ったものの、ここで動けなくなってしまう。

そこへ、自領内の岩村城が落ちた、との悲報がもたらされた。東美濃はこれによって、武田氏の勢力下におかれることとなった。ついに信玄は、織田・徳川連合軍に対して、もう一歩で全体を突きくずすところまで、詰めよったことになる。

三方ヶ原の合戦

すでに、諜報活動に従事している者（間者、物見、乱波《らっぱ》などの類）が多数、信長と家康の膝元に潜入していた。彼らは種々、巧妙に手を変え品を変えて、

「——徳川方は連戦連敗じゃァ」

「——武田信玄公の率いる十万（実際は三万）の軍勢は、まもなくやってきて浜松城を囲むぞ。もう、徳川も織田も仕舞《しまい》じゃな」

などと、流言飛語をばらまいていく。

土豪たちは動揺し、はては信長、家康のもとを去って、信玄につく者が続出した。人情の機微をつかむのは難しい。打算、必死の生き残り——云々。

信玄は二俣城に大改修工事をおこない、後顧の憂いを取り除いた。彼は甲州軍団三万人の兵糧——それを運び込む補給路について、神経をつかっていたのだ。二俣

■三方ヶ原の合戦

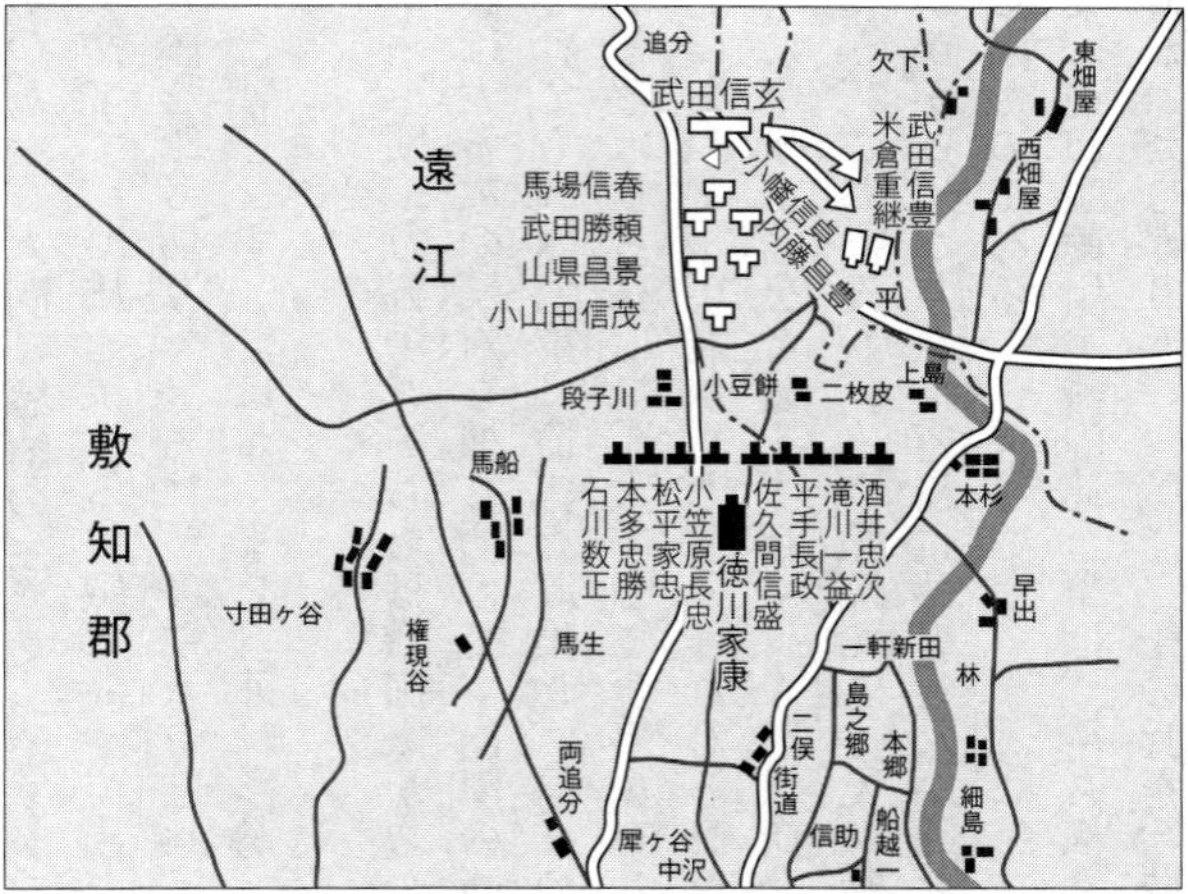

城の防備が完全に整った十二月十八日、甲州軍団の軍議が開かれた。

　そしてこの場で決定され、遂行されたのが〝三方ヶ原〟での合戦であった。

　三十一歳の家康は、老練な信玄のしかけた罠にまんまとはまり、ネズミがネコになぶられるが如き惨敗を喫する。まさに、鎧袖《がいしゅう》一触とはこのことであった。

「浜松城など無視して、直接、信長との決戦に臨む」

　とのうわさを、信玄は当の城内へ流し、血気に逸る家康を怒らせ、冷静な判断力を失わせる――かつて真田幸隆が、上杉謙信にもちいた手段であったが、人間は感情の生きものである。家康もまんまと乗せられ、彼は籠城《ろうじょう》戦を捨てて、雌雄を決する決戦に討って出た。

「我国を踏み切りて通るに、多勢なりというて、など出《いで》てとがめざらん哉《かな》。兎《と》に角《かく》、合戦をせずしてはおくまじ。陣は多勢、無勢にはよるべからず。天道次第」

(大久保彦左衛門著『三河物語』)

甲州軍団二万五千。こちらは織田家からの援軍を入れても一万一千でしかない。家康は大多数の反対を押し切って、出陣の断を下した。

それでも彼は慎重に情報を収集し、信玄の軍勢が三方ヶ原の台地の尽きる辺り、祝田《ほうだ》と呼ばれる狭所で、大挙して食事をとるとの報告に接する。三方ヶ原は浜松城の北にあって、東北から西南に横たわる高原であった。家康はここぞとばかりに、一挙に甲州軍団を奇襲・壊滅すべく出撃命令を下した。

だが、これこそが信玄の策略であった。彼は、家康が籠城したのでは城攻めに時間がかかるばかりか、容易に落とせないと判断し、三方ヶ原に家康をおびき出す作戦に出たのである。

案に違《たが》わず徳川・織田連合軍は、待ち構える武田軍によって、完膚なきまでに打ち砕かれたばかりか、一戦で二千の兵を粉砕され、大将家康の生命《いのち》すら危うくなる

徳川家康

織田信長

有り様。彼は夜の闇にまぎれて、浜松城に逃げ帰った。逃げる最中、一人になってあまりの恐ろしさに、馬上で脱糞した、といわれたのはこの時のことである。

「もともと、まともに戦って勝てる相手ではなかったのだ」

遠く「岐阜」で信長は絶体絶命のなか、歯嚙《はが》みして思い知ったに違いない。

事実、三方ヶ原の合戦直後に、信長は信玄にあてて詫び状を書いている。無論、すげなくつき返されはしたが。

明日、誰が京の都に旗を立てて天下人となり、諸国に号令をかけるかといったことは、神ならぬ一般の人々にはうかがい知れないことであったろう。

しかし、京の朝廷をはじめ、諸国の大名、国人、土豪、百姓にいたるまで、かりに入札《いれふだ》（選挙）で天下人を選出することになったならば、一番無難に決定しそうなのが武田信玄であった。反面、選出される可能性の最も低かったのは、織田信長であったろう。

信長は下剋上の風雲に乗り、建前《たてまえ》の社会を一刀両断するように、実力で領土を広げ、楽市楽座で流通経済を興し、富国強兵の理想的な経営をおこなった。が、それだけに保守的な権威・権力者の多くを、敵に回しすぎた。

「信長にだけは、天下はやらぬ」

この必死の思いは、きわめて本質的なものでもあった。

他の誰とも異なり、信長が天下を取るということは、とりもなおさず旧権威、反対勢力が一掃されることを意味していたからだ。

つまり、抵抗勢力は滅び去るしか道がなかったのである。信長は曖昧さを生理的に嫌った。信玄は人の持つ曖昧さは認めるべきだ、と考えていた。

それだけに信玄の抱く危機は、多かれ少なかれ、石山本願寺や越前国の朝倉義景、近江国北部の浅井長政、近江国南部の六角承禎《じょうてい》（義賢《よしかた》・定頼《さだより》の子）、畿内のもと支配者である三好一族、松永久秀などにも共通するものがあったろう。

むろん、信長のおかげで十五代将軍になりながら、のちに信長に叛逆する、足利義昭も同じ気持ちであった。

今、これらすべての人々が、信玄の勝利＝信長の滅亡を、心の底から念じ、信玄の甲州軍団が上洛してくるのを待っていた。信玄と彼の指揮する甲州軍団の強さは、辛うじて上杉謙信の率いる越後軍が太刀打ちできるくらいで、日本最強のものであるということは、既成の事実となっていた。

「信玄公さえ、京におわさば――」

反織田同盟の人々は、一日千秋の思いで信玄の到着を待ちわびた。

都より甲斐国《かいのくに》へは程《ほど》遠し　おいそぎあれや日は武田殿（『犬筑波集《いぬつくばしゅう》』）

との一首があるが、まさにこの心境であったろう。

なぜ、信玄がこうまで多くの人々に待望されたのか、理由はいくつもあげられるが、根幹は保守的な、それでいて卓抜した指導力にあったように思われる。信玄は二十一歳で、「甲斐共和国」の盟主となって以来、つねに展開される甲州軍団の要《かなめ》でありつづけた。その意味では君臨することも、完全に統治することも、独裁することもなく、信玄はいつも周囲との「調和」に気を配り、自らはその主軸に徹して生きてきた。昌幸はかたわらで、その生き方を学びつづけたわけだ。

わが身死すとも、西上を止めるなかれ

信玄の経略は、上洛戦における進攻ルート同様に、いつも具体的な目標が掲げられていた。はっきりとしたビジョンが提示され、実現にむけてのアプローチも実に細部にわたっていたといえよう。それを裏づけてきたのが、「情報」であった。

後世の、〝真田十勇士〟が重なるところである。

この情報を収集し、解析して、一つの仮説を導き出す——一連の作業を担当したのが、昌幸であった。

「武藤喜兵衛（昌幸）と曾根内匠（昌世）は、わが両眼の如《ごと》し」

と信玄自らが述べていた。二人は信玄の愛弟子といっていい。

情報の処理ができると、信玄は軍議の席を設け、各将士に忌憚《きたん》のない意見を出させ、自らも意見を述べるのだが、これがまたいつも客観的であり、論理的な説得力をもっていた。

そして、決定した事項はすみやかに準備にはいり、万全を期して遺漏のないように徹底する。出陣すれば合戦であろうと、包囲戦であろうと、戦術、調略、陰謀の

かぎりをつくして一気にことを決し、その間、優柔不断な動きを示さない。

昌幸の幸運は、この主君の勇姿を常に、身近に見ることができた点にあった。

と同時に、自らも参加した戦略・戦術に対して、仕掛けられた相手の反応、動きからも兵法を学ぶことができた。たとえば、信長である。

この頃、信長は絶体絶命のなかで、いかなる対処を考えていたのか。彼はほとんど奇跡に近いような、ただ一点のか細《ぼそ》い望みにすべてをかけていた。

上杉謙信に縋《すが》る、という一手であった。信長が信玄の甲州軍団を迎え討つには、なによりも目前の浅井と朝倉連合軍を外さねばならない。

「せめて、朝倉義景だけでも帰国させてはもらえませぬか」

信長は、あらゆる金銀財宝を越後国へ贈っている。日本海貿易で潤っている謙信は、金には不自由していなかったが、それでも南蛮渡りの珍しい品々には目を見張ったことであろう。

「なるほど、信長はいいところに目をつけた」

昌幸は、その心中を読む。

謙信は朝倉義景と直接の利害関係がなかった。それどころか、かつて謙信が二度上洛したおり、義景は領内通過を許したのみならず、歓迎の宴を張って謙信をもてなしている。二人はまんざら知らぬ仲でもない。いや、友誼《ゆうぎ》的ですらあった。信長はそこに、つけ込もうとしたのだ。敵の敵は味方となり得る。昌幸もこの道理を、少し先で思い知らされることになる。

謙信は書状を、義景に送った。義景は何を考えたか、不意に陣をはらって国許越前へ引きあげる。表向きの理由は、北陸地方特有の冬将軍到来のため、とあった。が、これによって完璧に設《しつら》えられた信長包囲網の一角が崩れた。

朝倉義景の帰国と歩調をあわせるように、甲州軍団の進撃速度が鈍くなった。

「不意に帰国してしまった越前軍に、再度の出援要請をしているため」

との表向きの理由を世間に流しつつも、甲州軍団は〝要《かなめ》〟の危篤になすすべもなく、いわば立ち往生してしまった。これにはさすがの信綱も、昌幸も、どうすることもできなかったに違いない。

元亀四年（一五七三）二月十六日、野田城が陥落した。にもかかわらず、三月下旬、甲州軍団は西に向かわず、不意に東への道を進み始める。

同年四月十二日、一代の名将・武田信玄は、信州伊那郡駒場において、五十三歳の生涯を閉じた。

危篤となる直前、信玄は苦しい息の下から、部将の山県昌景を召し、

「よいか、明日はそのほうが、武田菱の旗を瀬田にたて候へ」

と厳命した。瀬田は京都の入口である。傍らにはずっと、昌幸がつき従っていたであろう。彼はこの主命を、どのような思いで聞いたであろうか。

結局、人の運命・宿縁というものは、器量以外のなにものか、天運とでもいえるようなものがあるのであろうか。信玄は武田家の存続発展のため、三国軍事同盟の約定を破り、今川領へ攻め込んだ。そのため、嫡子義信を失うことになった。昌景も兄・飯富虎昌を、それこそ己れの直訴で自刃させた。信玄と昌景主従は、死んでいった者のためにも、上洛しなければならなかったのだろう。

しかし、わずかに信玄の寿命はもたなかった。

彼は己れの死期が近づいているのを悟ると、次のように周囲に語った。

「もし、わしが西上の途中で死んだとしても、上洛の軍を止めてはならぬ。わしの死は、軍を退く理由にはならぬぞ」

信玄は今しかチャンスがないことを、武田家の誰よりも熟知していた。

昌幸のデータ解析は、信長の急成長の脅威を明らかにしていたはずだ。やり直しのきかない上洛戦なのだ、と苦しい息の下から、挑《いど》みかかるような気迫に満ちた言葉を発する信玄の姿が目に浮かぶ。『甲陽軍鑑』によれば、

「三年の間、われ死したるをかくして、国をしづめ候へ」

といったとあるが、これは果たして本当に、信玄の最期の言葉であったのだろうか。結果論をいましめるのが歴史学だが、当時の情勢は三年待てば何とかなる、といった余裕のあるものではなくなっていた。

確かに、守護大名からそのまま戦国時代に突入した武田家は、組織として旧態依然のシステムが多すぎた。なによりも急ぎ、専属家臣団制を確立しなければならない。将と兵を土地を介さないで、主命によって結び直さなければ、いつまでたっても合議制の、時間のかかる軍議をやらなければならなかった。

しかし後継者の武田勝頼は、三年でその機構変更をやりとげられると考えていたのであろうか。現に、反織田包囲網は、中核の信玄に他界され、国許へさがられたために、結局、各個撃破されていく。

武田家はほかにも、問題をかかえていた。ずばり、後継者の勝頼である。

決戦前夜の武田家の内情

生前の信玄が、永禄十二年（一五六九）十二月十日、「徳秀斎《とくしゅうさい》」という人物に、駿河国蒲原城《かんばら》（現・静岡県静岡市清水区）攻略の様子を伝えた書簡が現存している。ちなみにこの一戦で、信玄は宿願の駿河を占領するのだが……。

その中で、武田軍は蒲原城の周囲を放火したのだが、勝頼と信豊《のぶとよ》（信繁の子）の二人が思慮もなく、むやみに城へ攻めかかって、信玄を甚《いた》く心配させたくだりが出てくる。

「――まことに恐怖候の処、不思儀《ママ》に乗り崩し、（中略）惣《すべ》て当城に楯籠《たてこも》る所の士率《ママ》（卒）、残らず討ち捕り候（下略）」

ところが二人は、不思議にも無事に敵方を乗り崩し、城主以下この城に立籠《たてこも》っていた、すべての士卒を残らず討ち捕えることに成功した、というのだ。

この城は海道一の攻めるに難しい城であったが、たやすく自分の思い通りになった。これは人のなすところではない。そのうえ、味方には一人も怪我人がいない。この大きな戦果は、神仏のなすところだろうとまで、信玄は述べていた。

なんのことはない、ストレートに読めば、息子勝頼と甥の信豊をほめ、手紙の送り主「徳秀斎」に自慢しているのは明らかであった。

また、信玄の死後、犀《さい》ヶ谷《たに》で大崩れとなった山県昌景の軍を救うべく、勝頼が側面から兵を入れ、徳川勢を大いに切り崩したこともあった。山県軍が十三の首級《しるし》に対して、勝頼軍は六十三の首級をあげたとか。

宿老の一・高坂昌信は、

「強すぎる大将はその強すぎることが、身の不運となる」

という意味のことを述べたが、信玄の愛弟子・昌幸は、勝頼という二代目をどのようにみていたのだろうか。昌幸は勝頼より一年の歳下である。

勝頼は天文十五年（一五四六）に、信玄と諏訪頼重の娘との間に生まれていた。信玄の四男であり、勝頼自身は当初、母方の諏訪氏を名乗っている。神ならぬ信玄は、勝頼に信濃の諏訪地方をまかせるつもりでいたようだ。

ところが、長兄で嫡子の義信が自刃させられ、事実上の後継の口がかかった。しかし、ひと度、臣席に列した勝頼をみる、甲斐の重臣たちの視線は、かならずしもやさしいものではなかった。

勝頼は元亀二年（一五七一）の春、二十六歳のおりに父・信玄の命により、高遠《たかとお》城から甲府へ移った。当然のごとく勝頼も、昌幸ともども信玄の兵法を修めていた。なぜ、勝頼は武田家を滅亡させたのか、何を失敗したのか。その時、昌幸は何をしていたのだろうか。

あきらかにいえることは、勝頼は懸命に、新生武田家の当主として、山積していた課題に取り組んでいた。

その補佐をつとめたのが、実は昌幸であった。

天正三年（一五七五）五月二十一日未明、勝頼は甲州軍団に出撃の号令を発する。父の信玄ですら、単独による決戦を諦めて、反織田包囲網を形成して対処しようとした織田信長に対して、勝頼は自ら合戦を挑んでゆく。

しかも信長の盟友・徳川家康も、同時に討ち滅ぼすというのだ。

「正気か勝頼は――」

これには、信長の方が驚いたであろう。

信長は信玄の西上作戦で、甲州軍団の精強さをいやというほど見せつけられていた。その反省に立って、おそらく万全の準備をすすめる中、勝頼は信長の伸張ぶりを見ていなかったであろう。否、その余裕のないまま、武田家の当主となった勝頼は、必死に武田の古い体質、機構を、時代にあったものに変える作業に没頭していた。

しかし、これがなかなか、彼の思い通りには運ばなかった。総論賛成、各論反対――人はいつの時代、何処の国にあっても、痛みのともなう改革を肯定したりはしない。自らが手にしている既得権益を、おいそれとは放棄しないものだ。

専属家臣団制度一つ、なかなか進まなかった。〝二十四将〟に代表される国人領主たちは、自分たちの支配下にある農民と土地を、すんなり勝頼には渡さず、甲府への集中移住にしても、口実を構えてはなかなか実行に移そうとはしない。
懸命に諸将を説得し、貿易にも力を入れはじめた勝頼を、支えた側近の一人が昌幸であった。だが、昌幸も諸将には嫌われ、突きつけられる要求が無茶——国人たちにとって——と決めつけられたその矛先は、勝頼に向けられた。

「一時は、われらと同じ家臣の列にいたような方が……」

保守層の重臣たちは、心のどこかで勝頼に不平不満を集め、一格下げて見る傾向があった。加えて、生前の信玄の、できすぎた功績が、勝頼の上にのしかかってくる。時代はまさに、下剋上の沸点に近づいていた。織田家では一百姓の出身者が、方面軍司令官＝最高幹部の一人にまで出世しているというのに——。
甲斐武田家は、ことごとく時代に遅れていた。勝頼はそのことを、国人たちに認めさせるためにも、自らの大将としての優秀性を証明しなければならなかった。

歴史好きの方のなかには、父と競った勝頼を悪《あ》しざまにいう人がいるが、勝頼・昌幸主従の立場にたてば、近隣諸国をなで切りにして国力をあげ、甲州軍団の将士の信頼をとりつける以外、次に待つ超大国信長との対決は、制しようがなかったのも史実ではあるまいか。

元亀四年（一五七三）、信玄の死後、信長は将軍・足利義昭を追放し、朝倉・浅井の両氏を滅すなど、その版図《はんと》を拡大しつづけ、尾張・美濃・伊勢・志摩・伊賀・山城・大和・河内・和泉・摂津・近江・越前の十二ヵ国と飛騨の一部を手にしていた（信長はこれ以外、堺・津・伊勢の貿易も押えている）。

これらに比べて、一方、勝頼の支配地は甲斐・信濃・駿河の三ヵ国と上野・飛騨の一部にすぎなかった。

信玄の病没した翌年＝天正二年（一五七四）は、真田家の人々をみると、幸隆が六十二（この年の五月十九日に没）。信綱が三十八歳。昌輝は三十三歳。昌幸は二十八歳。昌幸の次代・信幸は九歳、信繁は八歳となっていた。なお、信長は四十一歳、勝頼は二十九歳である。

信長の仕掛けを見破れなかった勝頼・昌幸主従

歴史の流れを瞬間、止めることができたならば、

「この年こそが、武田家の運命を決した年だったな」

とつくづく思う。それはまさに、長篠・設楽原の戦いを挑む前年にあたってい
た。
ふと舞台の脇の方をみると、この年の三月五日、世に忘れられたまま、武田信虎
が八十一歳でこの世を去っていた。信濃の高遠までは、戻ってきていたのだが
……。もはや、守護大名の権威などというものは、この世に存在しなくなってい
た。
武田家の命運を担う分岐点は、幸隆が没したころ、ふいにやって来る。
その死を知らぬまま、勝頼は二万五千の大軍をひきいて、躑躅ヶ崎の館を出撃、
遠江に攻め入り、五月十二日には徳川方の有力な支城・高天神城を包囲した。
この時は、越前一向一揆との対決に忙殺されていた信長は動けず、勝頼・昌幸主
従は、調略を駆使して高天神城の城主・小笠原長忠《ながただ》を籠絡し、ついには開城にこぎ
つけている。
父・信玄ですら落とせなかった城を落としたことは、間違いなく勝頼にプラスと
なった。が、その戦果は、信玄が破綻させたままになっている、三国軍事同盟の修
復・再構築という、地味だが重要な案件には向かわなかった。これは勝頼の軍歴に
も、問題があったといえる。

勝頼は戦場の指揮官としての経歴が長く、その向こう気の強さを父・信玄からも愛されてきた。翌天正三年（一五七五）五月、彼は最も自分に似つかわしい方向＝三河の長篠城へ攻め込んだ。城将は、奥平貞昌《おくだいらさだまさ》（のち信昌《のぶまさ》）である。

当然、貞昌は家康に援軍の要請をしたが、家康とて単独で、甲州軍団と渡り合う自信はない。前年の高天神城のときと同様、同盟者の信長に泣きついた。ただ、前年とは異なり、今度は柄にもなく、いささか恫喝《どうかつ》を込めた。

「もし、援軍がこなければ、武田家に降参やむなきにいたるかもしれませぬ」

これは野史の話だが、もし万一でも、家康が勝頼に臣下の礼をとるようなことになれば、信長とて己れの〝天下布武〟がいかにあやうくなるか、当然、理解できたであろう。

武田家中のみならず、下剋上の世は、家来が主君を裏切っても何の痛苦《つうく》も感じない世の中となっていた。裏切られないためには、上は下に自らの偉大さ――下の真似できないこと――を、具体的に目前にやってみせなければならなかった。

勝頼ばかりではない。家康は長篠城の城兵へ、信長は家康へ――云々。

信長は家康のいる岡崎城に急行し、五月十五日には軍議をもっている。

それ以前、信長は馬防柵用の木材や紐のたぐいを大量に用意していたことから、彼の脳裏には、すでに対武田戦の構想が出来上がっていたのだろう。

ところが、勝頼はやって来る信長に、まったく注意を払っていなかった。

勝頼は双方が一大決戦になる、ということ自体を想定しなかったのである。

通史では織田・徳川連合軍三万八千に対して、甲州軍団は一万五千という。

すでに長篠城は、落城寸前に追いつめられていた。勝頼は自分たちに向かってくる織田・徳川連合軍を、どう蹴散らすかについては、考えていたものの、自らが敵方に攻めかかることを想定していなかったのだ。無理もない。普通なら、落城迫る城方を救出すべく、連合軍は武田方へすぐさま戦《いくさ》を仕掛けてしかるべきであったろう。

が、信長は城を包囲している勝頼を攻めようとしない。かわりに、長篠城から約三キロ離れた設楽原《したらがはら》に陣地を構えた。五月十八日のことである。

連子川《れんこかわ》(連吾川)の両側の丘陵部に空堀を掘って、土塁を築き、馬防柵を構えるとともに、その後方に「陣城《じんしろ》」(臨時の城)を築いた。もしこの作業を、信長以外の総大将がやらせた場合、どうであろう、麾下《きか》の将士はがまんできたであろうか。

筆者はかならずや抜け駆け、勝手に勝頼の軍へ飛びかかる者が出たと考える。

のちの大坂冬の陣で、真田丸を強襲した攻城方は、

「結果さえよければ、何をしても許される」

そう思っていた抜け駆け組であった。これは一面、この時代、大半の武士の本音であったろう。

そうした野心を抑えられるのは、一《いっ》に大将の貫禄、実績、威厳であった。織田・徳川連合軍は黙々と信長の指示に従った。この覇王が、こわかったからである。

信長はあくまでも、勝頼をこちらへおびきよせ、先方から突撃してくるようにしむけたかった。突くべきポイントは、前章でもみた。敵の欠点である。

勝頼に置きかえれば、自信満々な驕《おご》りであった。自分は父よりも強い、そう周囲に認めさせたい勝頼は、先手をとって攻撃を仕掛けることで、より一層、己れの強さを、甲州軍団の将士に認識させたかった。

彼が急いでいたことは、間違いない。対する信長に比べて、甲斐はすべての面で時代に取り残されていた。庄屋が百姓を従えて、戦場に村単位で出撃する——これでは「風林火山」の旗=孫子が泣く。専属家臣団制や城下町=部将たちが集まって暮らす体制、周囲の大名家ならば当然におこなわれていることを、常勝軍団であるがゆえに、武田家は改めることをしてこなかった。

人材の受け入れ態勢も、旧態依然のまま。いそがねば、信長の〝天下布武〟に呑込まれてしまう。その焦りに、信長はつけ込んだ。信長は甲州軍団を恐れて、城砦を構えている、とのうわさが、勝頼の耳に入るほどに流された。

信長が重臣・佐久間信盛《さくまのぶもり》を勝頼に内通させ、

「設楽原に武田軍が出てくれれば、裏切って信長を攻撃する」

と話を持ちかけさせたとも。

調略はむしろ、武田のお家芸のようなもの。このうまい話に、勝頼と昌幸がまんまと乗せられた、とは考えにくい。主従は裏をかく、つもりでいたのだろう。

五月十九日、一向に攻めかかってこない織田・徳川連合軍に業を煮やした武田方は、軍議を開き、主要な砦＝鳶《とび》ノ巣《す》山のみを残して、長篠城の囲みをとく。

そして、本陣とともに清井田《きよいだ》（現・愛知県新城市）まで、甲州軍団全軍を前進させる——この二つを決定した。

勝頼、長篠・設楽原に敗れる

双方の間者が、激しく往来していたであろう。そうした中、次の日の夜である。

家康の重臣・酒井忠次《さかいただつぐ》が、信長・家康へ鳶ノ巣山への奇襲を進言した。馬鹿なこと

を、と一度は信長に一蹴されたものの、後刻、改めて密かに呼びだされた忠次は、

「明朝、空がしらむとともに攻めおとせ」

との命令を、改めて信長・家康から受ける。

敵を欺《あざむ》くにはまず、味方から。信長はそれを地でいったわけだが、筆者はこの決断が勝頼・昌幸主従の作戦を、大きく変更させることにつながった、と考えてきた。忠次は四千の兵力をまわしてもらい、みごと鳶ノ巣城を攻め落とす。この一挙が、長篠・設楽原における、勝頼の敗戦を決定づけたのだが、実行者の忠次もそのことを、どれほど理解していたであろうか。

勝頼はどうしたことか、信長の馬防柵や「陣城」をまったく意識していない。これを世の〝歴史もの〟は、勝頼の驕り、信長をみくびってのもの、信長と家康は臆病風に吹かれた、と決めこんだ勝頼の失策と述べてきたが、果たして本当にそうであったのだろうか。

かりに勝頼がそうであったとしても、信玄の愛弟子・昌幸までが同じように織田・徳川連合軍をみていたのだろうか。前提として述べておくが、世にいう鉄砲三千挺による三段撃ち――弾を込め、火をつけ、撃つの三動作を、まんべんなく連続しておこなって、織田・徳川連合軍は武田の騎馬隊を制圧した、というのは『甫庵《ほあん》

信長記《しんちょうき》』以降の創り話である。『信長公記《しんちょうこうき》』には、その記述はなかった（なお同書では鉄砲は一千挺となっていた）。

テレビの歴史番組でも、この名場面を再現したものがあったが、鉄砲一挺の重さは約五キロであり、それを並べて、いっせいに火を放てば、銃口から白煙があがり、白煙は四方に充満して、すぐさま次の動作に移れるようなものではない。鉄砲の重さからも、横一列に並べて——は成り立たない。

鉄砲は一発撃てば、次の弾丸を撃つまで、どれほどの名人でも二十秒ぐらい、時間が必要であった。弓のように、鉄砲は連射ができなかったのである。

それだけではない。鉄砲の有効射程距離を、一般の方々は理解していないように思う。二十世紀のピストルではない。せいぜい届くのが、二百メートル。ところが、二百メートルの時点で、鎧兜に鉄砲玉を受けたとする。どの程度の殺傷能力があったか——鎧ならば、その表面がわずかにへこむ程度で、馬上を撃ち落とされるなどということはなかった。

もし、相手の殺傷を目的とするならば、百メートルまで敵に接近しなければならない。が、この百メートルは鉄砲足軽にとって、生死をこえた〝死所〟であった。

戦国史の研究がすすみ、騎馬武者が単独で突貫してくるなどという映画でみるようなシーンは、本当はなかったことが近年、明らかとなっている。戦国時代の馬(今ならポニー)は時速四キロしか出なかった。

しかし、二十秒あれば百メートルは一気に走れる。なぜ二十秒なのか。鉄砲撃ちの名人がいたとして、その人が弾込めから、実際に射撃にかかる時間が二十秒であった。もちろん、これは速い部類で、二十五秒、三十秒という撃ち手もいたであろう。

馬上であれ、白兵戦であれ、手に刀槍をもって突っ込んできた人間を、もし、一発で仕留め損ねれば、次の瞬間には鉄砲足軽の首が飛んでいた。

「三段式装顚法」ならば、この撃ち手の欠点をおぎなえたかもしれないが、これが創作となれば、鉄砲の優位性はかなり低下することになる。

勝頼も昌幸も、このように考えていたのではないか。

合戦当日は、前日まで降りつづいていた雨が、不意にやんだ。

天はまたも、信長に味方をしたかのごとく、鉄砲が使えるようになった信長の陣容は、延々と柵を結んで敵の前進をくい止め、それを突破してくる敵に鉄砲を撃ちかける新戦法を、ついに世に問うことになる。

これによって、甲州軍団は一万人が撃ち殺された。この数は、第四次の川中島の合戦の戦死者を上まわる数であり、関ヶ原の合戦を除いては、ついぞ戦国時代に出なかったワースト記録であった、といわれてきた。これは『信長公記』のあげた数字であったが、筆者は実質一千ほどに推量している。

それにしても先陣の山県三郎右兵衛尉昌景が、まっさきに戦死（四十六）。信虎—信玄—勝頼の三代に仕えた老将・馬場美濃守信春は自決（六十二）。武田信繁亡きあと、「ナンバー・ツー」とも目された、内藤修理亮昌豊は五十二歳で戦死。陣取りの名手・原隼人佑昌胤《はらはやとのすけまさたね》も壮絶な討死（四十五）。

信繁の次男で望月《もちづき》城主・望月遠江守信雅《とおとうみのかみのぶまさ》、虎泰の子甘利郷左衛門尉信康《ごうざえもんじょうのぶやす》、もと山内《やまのうち》上杉氏の臣であった安中左近大夫景繁《あんなかさこんだゆうかげしげ》。信玄が次代の人材として目をかけていた幸隆の嫡男・真田源太左衛門尉信綱、同次男・兵部丞《ひょうぶのじょう》昌輝、土屋右衛門《つちやうえもんの》尉昌次《じょうまさつぐ》。今川家から移籍して駿河先方衆支配の地位にあった土屋備前守直規《びぜんのかみなおのり》、足軽隊将の横田十郎兵衛康景なども、相次いで戦死を遂げた。

自殺に近い突貫だった、という人もある。

突撃に際して信綱は、昌幸に、

「お前は来るな、最後までお屋形さまのそばにいよ」

と厳命したとの伝承があるが、おそらくラインとスタッフの役職が分離していた武田家において、勝頼自身の突撃がないかぎり、昌幸の騎乗突撃は許されるものではなかったように思う。

それにしても信綱はなぜ、自らも突撃を敢行し、昌幸はそれを止めることができなかったのか。緒戦でこれはまずい、と考えれば、作戦変更してしかるべきだ、とも思うのだが……。筆者は設楽原の戦場を、甲州軍団は理解していなかったのではないか、これこそ大失敗だったと考えている。

無敵軍団の壊滅

馬防柵を幾重にもはりめぐらし、その柵越しに織田家の鉄砲隊は配置されていた。一発撃って、弾切れとなったものは後方へ下がり、装顚済みの鉄砲隊が入れかわった。この間、弓隊はその援護にまわっていたと考えられる。

武田方にすれば、馬防柵を破壊して前へ進もうとすると、まず鉄砲隊、弓隊の洗礼を受けなければならない。これを排除してくぐりぬけても、次の「馬防柵」が待っている。この馬防柵を馬力で引き倒して、前へ進む作業をしているところへも、次の新手の鉄砲隊がやってきた。織田・徳川連合軍にも、騎馬武者はいる。いるどころか、武田方よりも人数は多かった。それらが途中、割って入ってきた。

三千であるにせよ、一千にせよ、織田・徳川連合軍の鉄砲隊は、装顚できている組とそうでない組を、幾百組用意し、各々の鉄砲隊長に第一の持ち場、第二の持ち場、第三の持ち場を定めておいて、「陣城」に後退しつつ、武田の騎馬隊を誘導したに違いない。

後方からこれをみていると、敵は逃げながら鉄砲を撃っているようにみえる。

馬防柵さえ越えられれば、あとは他愛もない織田・徳川連合軍だ、との思い込みが、武田方には強すぎた。

しかし、合戦にはいずれも潮時というものがある。このあたりが限界だ、この一戦は負けた、勝利は次に託そうと考えるタイミングは存在した。

にもかかわらず、名将・智将の少なくない、無敵の軍団は、まるで催眠術にでもかけられたように、無意味にみえる、突貫をつづけている。なるほど、自殺行為にみえなくもない。しかし、そのすべての責任を、勝頼一人に負わせるのはいかがなものであろうか。

彼だけの責任とはいえない——昌幸をしても止められなかった理由がある、と筆者は考えてきた。甲州軍団が攻撃をやめたくともやめられなかったのは、前方攻撃しか彼らには、選択肢がなかったからではないか。

——鳶ノ巣城の、落城である。

これは武田方にとって、痛恨の極みであった。

つまり、長篠城の包囲を担当する最後の砦がなくなったわけである。当然、城兵は逆襲に転じてきてしかるべきであり、これに酒井忠次の四千が加わって、後方から甲州軍団に襲いかかってくることは、十二分に想定できた。

気がつけば武田方は、前後に敵を受ける形になっていたわけだ。故郷へ戻るためにも、脱出ルートを確保しなければならなかった。加えて漸次、兵力を投入していった勝頼は、前線の様子を細かくは知らなかったに違いない。

障害物＝馬防柵に邪魔されて、前進しにくくはあるが、敵は逃げながらの防戦一方でしかない。なに、そのうち、障害物を取り除いて、敵方に肉迫できるだろう。

突撃した諸将も本陣も、高《たか》を括《くく》っていた。

ここに来て、亡き信玄の最も恐れていたことが形となって出てしまう。前章でみた、信玄不変の合戦哲学「後途の勝」であった。

〝赤備え〟、甲州軍団のイメージ戦略も、これに大いに荷担したといってよい。

信玄その人は（幸隆も）、戦場での運否天賦《うんぷてんぷ》を嫌い、事前の外交政略・調略や策謀をもちいての内部攪乱をもっぱらとし、合戦をダメ押しのように考えてきた。いいかえれば、合戦の勝利はお膳立てされていたといえる。信玄や幸隆は、その実相を熟知していた。演出者なのだから、当然であろう。

だが、現場の指揮官たちはどうであったろうか。自分たちが本当に〝無敵〟だと、いつしか思うようになったとしてもおかしくはなかった。信玄はくり返し、勝ちすぎてはいけない、と軍団にくぎをさしている。六分、七分でいいのだ、と。

「九分、十分の勝利は、やがて味方の大敗を招くもととなる」

とも。もし、信玄が勝頼の立場ならば、自分よりはるかに巨大な領土と将兵をもつ織田信長と、まっこう一発勝負など、そもそも狙うはずもなかったろう。

臆病なまでに、信長と家康を隔離する調略、織田家の中から主君信長を裏切る部将を出すべく、懸命に〝五間〟を活用したであろう。

織田家をガタガタにしておいて——張り子《はこ》の虎のようにして——ようやく、その領土を順次、削りとっていく方法を考えてしかるべきであった。

併せて、信玄が信玄でなく、後継者の勝頼の立場であったならば、彼は迷うことなく上杉謙信との同盟を模索し、北条氏との関係もより密接にはかって、後顧の憂いのないようにしてから、家康、その先の信長にのぞんだに違いない。

「残された時間は、それほどなかったのではないか」

という、読者の声が聞こえてきそうだ。

その通りである。が、その残された時間をあせった時、そこに敵方に乗じられる隙《すき》ができる。あせりは広がり、結局は残り時間をさらに短くすることにつながってしまう。トップはこういう苦境、逆境のときこそ、自らの軽挙妄動を厳しくいましめ、針のむしろに坐《すわ》りつづけなければならない。歴史は雄弁にかたっている。こうした局面では、先に動いた方が敗ける。

勝頼は長篠城を包囲したまま、設楽原の信長を完全に無視するべきであった。いよいよ落城となれば、いやでも信長は攻めこまざるを得ない。彼がかりに、自らの作戦にこだわりつづけたとしても、盟友の家康はそうはいかない。ここで高天神城と同様に、長篠城を見殺しにしては、この先、武田家と国境を接する家康は、自らの領国経営ができなくなる。

筆者はそもそも勝頼も昌幸も、家康及び織田家さしむけの援軍が、長篠城救出に出てくると考えていたと思う。が、信長が本腰を入れて、この一戦で雌雄を決する如く、自らやってくるとまでは、読んでいなかったのではないか。

動員兵力をみるかぎり、勝頼・昌幸主従の目的は長篠城の陥落であって、信長を討つということでは本来、なかったはずだ。その当初の作戦にこそ、手段をしぼり、もちいるべきであった。そうしていれば、このわずか一戦が、武田家を滅亡に直結させるような、完敗にはならなかったであろう。

気がつけば多くの将兵を失い、勝頼はぬぐうことのできない大敗北を喫してしまった。いよいよ、土壇場《どたんば》である。首切りの刑場から転じて、切羽《せっぱ》詰まった場合をさす言葉として、土壇場はもちいられるようになった。

昌幸、真田家の当主となる

歴史の世界に、勝手な物語をもち込む小説の類では、作者は口を揃えていう。

もし、このとき信長が一気に甲斐へ侵攻したとしたら、武田勝頼の命運はすでにこのとき、潰《つい》えていただろう、と。

そんなことはあり得ない、と筆者は思う。短兵急に、調略ももちいずに、信長ほどの武将が力攻めで甲州侵攻をはかるわけはなかった。なぜならば、甲信地方での戦いは、これまで信長が得意としてきた大会戦が通用しなかったからだ。

数多い小天地の盆地に、天然の山谷を城砦として、武田方が手むかえば、信長は無用の時間と労力を失うことになったであろう。信玄の創り上げた「甲州共和国」は、こうなると、そうたやすくは瓦解《がかい》したりはしない。

「信長は自壊を待っている」

ということを、勝頼も昌幸も理解していたはずだ。

だからこそ、被《こうむ》った損失をうめるべく彼らは動いた。

倒産の危機がうわさされる企業を、救う手は一つしかない。外部からの新たな投資であり、まずは武田家の屋台骨を、応急処置しなければならない。

織田・徳川からの侵攻に備えて、国境線をかためるのは当然として、外資に頼らなければ、武田家は当面、にっちもさっちもいかない。天正五年（一五七七）、勝頼は北条氏政の妹を正室に迎えたが、この婚姻は正しい選択であったと思う。

のちに中央を制し、四国・九州を支配下においた豊臣秀吉も、天下統一の最後に北条攻めをもってきている。関東に初代・伊勢宗瑞（俗称・北条早雲）以来の伝統を築いてきた北条氏は、なかなかに手強い大名であった。武田家は北条家の後援を得て、まずは内政を再建する必要があった。

ピンチはチャンスだ——とよく耳にする。これまで勝頼は懸命に守護大名の武田家を、時勢にあった戦国大名家に作りかえようとやっきになってきたが、抵抗勢力が多すぎてなかなか思うにまかせなかった。だが、そうした人々は、長篠・設楽原の戦いで戦死して逝《ゆ》き、今やおもて立って勝頼のやり方に反対する者はいなくなっている。

北条氏との縁組も、敗軍の将・勝頼にとっては大きなプラスとなったであろう。

その演出に昌幸がかかわったとすれば、彼も設楽原の敗戦の、責任の一端はとったことになる。武藤喜兵衛昌幸は兄二人の戦死により、真田家へ戻って、家督をつぐこととなった。真田昌幸の、正式の誕生である。

天正三年十月十七日に、「真田昌幸」が河原隆正《かわらたかまさ》への年貢を安堵した史料が、初出とされている。昌幸は敗戦後も勝頼の側近として仕え、甲斐に所領を得ていたようだ。彼は遅まきながら、対織田・徳川連合軍を模索する。この場合の中心は、亡き主君信玄の好敵手・上杉謙信――ところが、当の謙信が天正六年三月十三日、四十九年の生涯を閉じてしまう。

この〝越後の龍〟が死んだことによって、日本地図がどのように変わるか。さぞや昌幸の顔も、こわばっていたに違いない。さらにそこへ、続報が届けられた。

その報告に接した昌幸は、愁眉《しゅうび》を開いたのではあるまいか。

なにしろ謙信は、遺言状を用意しないまま、逝ってしまったというのだ。跡に、後継者候補が二人残る形となった。謙信の姉の子で養子となっていた景勝《かげかつ》と、北条氏康の七男で謙信の養子となっていた景虎《かげとら》。

この時、進んで跡目相続の紛争＝開戦に踏み切ったのが、景勝側の側近・樋口兼続《ひぐちかねつぐ》（のちの直江《なおえ》兼続である）であった。このことは昌幸からみても、尋常の主張ではなかったろう。

名将・上杉謙信なればこそ、のちの石高にして二百数十万石ともいわれる、越後を本拠に関東・信濃・北陸にまたがる大版図《だいはんと》を領し得たものの、その地盤はいまだ確固不動のものとはいえず、諸将は各々に独立心が強く、周辺にはそれを助長《じょちょう》するような小田原北条氏、甲斐武田氏、そしていまや天下の覇者となりつつある織田信長が生き残り、虎視眈々《たんたん》と上杉領への侵攻の好機を狙っていた。

そうした中で謙信亡きあと、上杉家内部が二つに分裂する事態は、外敵に侵入を許す機会を作り、場合によっては上杉家そのものをも瓦解させることになりかねなかった。それを承知で、兼続はあえて景勝の義弟・景虎との妥協策＝話し合いによる挙国一致を退け、一つ間違えば内乱の長期化、他国に侵略を許す口実を与え、亡国ともなりかねない、危険このうえもない景虎討伐を決断する。

「当面の安泰よりも、この際は断固として戦い、将来に禍根《かこん》を残すべきではない」

兼続は冷徹なまでに、戦国の世情を見きわめていた。

やがて天下注視のなかで、景勝対景虎の上杉家内戦——世にいう〝御館《おたて》の乱〟が勃発するが、当初、景勝の旗色は圧倒的に悪かった。

なにしろ、景虎の実家の実力は絶大であり、一時期、追い詰められた景勝は、兼続を除いて家臣のなかに、信用できる者がいなくなるまでの窮状に陥っている。

兼続は懸命に、累卵《るいらん》の危機にある上杉家中の動揺をしずめる努力をする一方、起死回生の奇策を決断する。なんと、甲斐の武田勝頼に誼《よしみ》を通じ、北条氏を牽制してもらうべく、外交交渉を展開したのであった。

これには昌幸も、主君勝頼も首をひねった。

「おかしくなったのではないか、兼続は——」

景虎派の将が知れば、おそらく大口を開けて笑ったことであろう。

天正五年（一五七七）正月二十二日、勝頼は北条氏政の妹を、自らの室に迎えている。これは甲相同盟の証しであった。つまり勝頼は、景勝・兼続主従の敵である。その敵を味方に誘うなどということが、できるはずがない。景虎派は思っていたに違いない。

兼続はこれまでの謙信との因縁も踏まえ、武田家への接近をはかった。というより、北条氏との同盟の誼で、勝頼が景虎支持の立場で越後へ兵を出してきたのだ。

“御館の乱”と昌幸

もはや景勝・兼続主従は絶体絶命――もし、武田軍と交戦となれば、景虎の勝利は決定してしまう。

「之《こ》れを亡地《ぼうち》に投じて、然《しか》る後《のち》に存《そん》し、之れを死地《しち》に陥れて、然る後に生《い》く」（『孫子』九地篇）

もはや亡《ほろ》びるほかはない、というところまで追いつめられて、はじめて生き残る方策が生まれる、と孫子はいう。死よりほかに道がないところまで追いつめられて、はじめて生きる道が開けるというのだ。

「死中《しちゅう》に活《かつ》――」

今のわれらならやれる、兼続は腹をくくった。時間もない、武田家はこちらの状況は熟知している。ならば、と金一万両と東上野を譲るので、味方してはくれまいか、との条件を提示した。織田・徳川連合軍に敗れ、多くの有能な部将を失い、武田家の再建途上にあって、勝頼は何よりも軍資金を必要としていた。

景勝陣営は切羽詰まっている。この局面で嘘いつわりはあるまい、と思うと、勝頼は提示された条件に、つい、目が眩《くら》んでしまった。交渉を成立させるため、兼続は勝頼の側近・長坂光堅《ながさかみつかた》と跡部勝資《あとべかつすけ》の二人にも、五千両ずつの賄賂《わいろ》を贈ったという。

昌幸には贈ったという記録はないのだが、上杉の使者は雄弁に語ったであろう。
いまここで、景勝を助けて景虎を討てば、ゆくゆくは先代の信玄公でさえ成し得なかった、越後国の併合も可能となります、と。そうなれば精強無二の越後軍を加えて、今一度、無敵の甲州軍団を再建し、〝天下布武〟に迫る信長と、改めて一戦を交えることができるではありませぬか、と。

調略の基本は、相手に都合のよい未来を語りかけることにあった。なるほど、越後を併合できれば、勝頼の再起は成る。が、それより早く北条が、裏切りを怒って攻めかかってくる懸念は大きかったのだが、そこを悟らせないのが調略であった。

「あの死に身《み》では、約定を違《たが》えることもあるまい」

勝頼は決断した。

昌幸にも、止めだてする根拠はなかった。二万の大軍を率いて、勝頼は信濃から越後に侵入。妙高山麓の小出雪原《こいでせつげん》に進出しながら、ここで陣を敷いて動きを止めた。

跡部勝資より、越後の諸将十一将に充《あ》てた手紙には、

「不存寄候《ぞんじよらずそうろう》之《の》処《ところ》、再三珍翰《ちんかん》（思いもよらない書簡）快然《かいぜん》（ここちよく納得）候」

とあり、文面によれば、講和を承諾した、と勝頼はいい、その後、景勝からの誓詞を受け取っている。勝頼もまた同じく誓詞を提出、双方はここに甲越同盟を結んだことになる。

　もっとも、北条氏を裏切った勝頼にも、それを止められなかった昌幸にも、多少のいい分はあった。

「弟の景虎を助けるべく、北条氏政こそ、出兵してしかるべきではないか」

　この言い訳には、一理あった。

　北条の動きがにぶすぎた。が、これは先代に比べ、当主の器量が小さすぎたことによる。北条家自身もこのことを、やがて小田原評定のすえ、自家滅亡という形で思い知らされることになる。だが、その前に――。

　勝頼は同盟の証《あかし》として、妹の菊姫を景勝の婚約者としたが、越後の内乱はそう容易《たやす》く終息をみなかった。それよりも早く勝頼が手にしたものは、敵対する織田・徳川連合軍に加えて、これまで同盟国であった北条氏からの宣戦布告であった。

勝頼は結果として、死地に飛び込んでしまう。

もし、彼が我欲に走らず、あくまでも甲相同盟を基本政略として、徹底して景虎を支援していたとすれば、景勝は敗れ、兼続は生き残りをかけて、織田信長に助力を縋《すが》りに行かねばならなくなったかもしれない。そうなれば、氏政と勝頼、これに景虎を加えた甲相越同盟が一方に成立、この三国同盟軍と織田・徳川連合軍に景勝の残党勢力が荷担しての、一大決戦がおこなわれた可能性もある。武田家の滅亡は、食いとめられたかもしれない。

ところでこの頃、昌幸は何をしていたのか。彼は多忙を極めていた。

対上杉外交以上に、上野国への侵攻を武田家として担当していた形跡が大きかった。興味深いのは、天正六年（一五七八）五月二十三日の時点で、勝頼は原沢惣兵衛（真田幸隆の岩櫃攻略後、真田氏に属した部将）に、

「忠節をもって、在所退出の由に候間、沼田御本意の上」（『加沢記』）

と、八十貫の所領を与えるとの約束をしていた。同様の約定書状が、複数存在している。武田家は越後の内乱を幸いに、次の戦略として矛先を上野国——具体的には真田家因縁となる、沼田城——を手に入れようと画策していたようだ。

ところが、勝頼と昌幸の間には、どうやら不協和音が生じていた。六月二十九日

に、勝頼が昌幸に宛てた不思議な書状があった。

（前欠）人数候。景虎一途に御加勢のため、勝頼越府在陣候の処、貴殿（昌幸）沼田の儀に貪着《どんじゃく》（執着すること）候の様に分別あり、立腹の上、彼表引き払はられ、当口に至り出勢候。ときんば旁然《かたがたしか》るべからず候。この所、勘瓣《かんべん》（過ちを許すこと）にしくべからざるの旨、さのみ取り立てずように理《ことわり》を申され、籌《ちゅう》策《さく》（はかりごと）肝要に候。猶《なお》、備へ等毎事由（油）断あるべからず候。恐々謹言。

六月二十九日　勝頼（花押）
真田喜兵衛尉殿

（『思文閣古書資料目録』第二〇一一号）

主君の勝頼が懸命に、家来の昌幸をなだめている。時期から考えて、沼田攻略を武田家が決定したあととなる。すなわち、まさにこの頃、勝頼は景虎から景勝へ乗り換えたことを意味し、そのことを昌幸は当初、知らなかったのではあるまいか。文中に、「景虎一途に御加勢」とわざわざ勝頼は書いている。

あるいは、すでに万端調略の目処をつけ、沼田城をおとせると確信していた昌幸のところへ、景勝と話をつけた、と聞かされて、余計なことを、あるいは、

「おれは聞いていない」

と昌幸が立腹して、国境線から兵を引いたとも考えられなくはなかった。

いずれにせよ、これまで二人三脚のごとくやって来た勝頼・昌幸主従に、〝乱れ〟=意思疎通を欠くようになるのは、このあたりからである。

昌幸の立場が、大きくかわったことも忘れてはならない。スタッフからラインへ――真田家の当主となった昌幸は、父・幸隆以来の対北条氏の最前線、その国境をまかされることとなった。

武田家ナンバー・ツーになっていた昌幸

勝頼の甲越同盟決断は、昌幸の対北条戦開始を意味した。先の書状は、勝頼の復活を語るとともに、昌幸の地位が向上していたことをも如実に語っており、ことわりなしに兵を動かした昌幸に、主君の勝頼が詫びている。

景勝から、どうぞ沼田城を、と譲られた勝頼は、信濃先方衆の一・西条治部少輔

（清野信清）を城代に入れた。案の定というべきか、同盟を一方的に裏切った勝頼に対して、激怒した北条氏政は、鉢形城《はちがた》（現・埼玉県大里郡寄居町）の城主・北条氏邦《うじくに》に三万の兵を授け、一気に沼田城を占拠。城代に猪俣邦憲《いのまたくにのり》、上杉家からの降将・藤田信吉《のぶよし》、金子泰清《やすきよ》らを配置した。

これによって昌幸は、さらに忙殺されることとなる。兵力をそこなわず、城を奪わねばならない。しかも、できるだけ速やかに——。

昌幸は〝御館の乱〟に景勝が勝利したあとについて、何をどのように考えていたのだろうか。内乱で傷を広げた上杉家が、それこそ長篠・設楽原の戦いのあと、懸命に再建にとりくんだ武田家と同様、内政に目を向けている間に、武田家の領土を広げようと考えたことは当然であったろう。

この件に関して勝頼・昌幸主従に齟齬《そご》はなかった。また、そうならないように、昌幸は最前線を受けもちつつ、叔父の矢沢頼綱（幸隆の弟）に現場をまかせて、勝頼のもとへも出仕している。天正八年五月四日、沼田城代・藤田信吉が投降。ついに、沼田城は昌幸の手に落ちた。

上野国へ領土を広げようとする武田家の命運は、昌幸が握っていたといってよい。下野の戦国大名・宇都宮国綱《うつのみやくにつな》や常陸の戦国大名・佐竹義重《さたけよししげ》などへの挨拶も、もっぱら勝頼は昌幸に代行させている。

この頃、武田家の実質「ナンバー・ツー」は、昌幸となっていたのであろう。と同時に、沼田城を中心に、彼の独自な領域支配の様相を見せはじめていた。

復活を遂げた、と自負心をもつまでになった勝頼は、天正九年の正月、韮崎に新《しん》府《ぷ》城（現・山梨県韮崎市）を築くことを考える。

戦国大名としては当然のことであり、この築城の責任者も昌幸がつとめたようだ。武田家支配下の各家、十軒につき人足一人の割合とし、軍役衆（百姓の身分から分離されて軍役を負わされた者）には人足の食糧を負担させ、水役の人足も差し出すように。日数は一人三十日……こうした細かい割り振りが、昌幸にできたとすれば、彼の頭脳は極めて理数系であったことを物語っていた。

ところが翌月には、沼田城のもともとの城主・沼田顕泰《あきやす》の庶子・平八郎景義が北条氏の支援を受けて、沼田城奪還を企て、その準備をはじめたという。昌幸は景義の伯父・金子美濃守泰清を動かして、恩賞を与えるから甥を討つよう働きかけ、思い通りに事を運んでいる。

――このあたりから、勝頼の昌幸を見る目が少しずつ変わりはじめた。

これまでは全幅の信頼をおいていたのだが、側近にも昌幸の権勢が大きくなっていることを危惧し、諫言するものがいたのであろう。昌幸に代行させていた第三者への書状を、勝頼自ら書くようになり、真田一族への恩賞にも、いちいち自らが割って入って裁定した。

ただ、昌幸の存在はすでに武田家の命運を握っていた。勝頼とて、そのことは理解していたであろう。のちの大名に成り上がっていく昌幸の起点＝沼田領支配の条目を、六月七日、昌幸へ贈っている。内容は完全に、沼田の支配を昌幸にゆだねる、というものであった。昌幸はいそぎ条目にあった、

「沼田城普請仕置《しおき》以下、厳重に申し付けられるべし」

にそって、城の増改築に着手する。

歴史は残酷であった、この天正九年（一五八一）の翌年に、武田勝頼は滅亡することとなる。

――この間、一つの事件があった。

羽尾《はねお》郷（現・群馬県吾妻郡長野原町）を本拠としていた海野輝幸《うんのてるゆき》の嫡子・幸貞が、矢沢頼綱の娘と結婚し、沼田城の戦力の中心となっていたのだが、輝幸にすれば己れこそが海野氏の嫡流との思いが抜けなかったのであろう。兄である海野幸光《ゆきみつ》（岩櫃城将）と図って、昌幸を亡き者にしようと企てた。そのことを昌幸は、七人

の武士から聞いたというのだが、さて、いかがなものであろうか。

あえて、謀叛するようにしむけた、とも受け取れなくもないのだが……。

いずれにせよ、一族のことである。討つにも大義名分がいる。勝頼に海野兄弟誅罰命令を受けた形を踏まえ、昌幸は討手を編成して、信昌《のぶまさ》（のち信尹《のぶただ》・昌幸の弟）を大将に、幸光の館へ押し寄せた。十一月二十一日のことである。

幸光は自害し、海野輝幸＝幸貞父子は一族百五十人ばかりを連れて、沼田城を脱出したものの、信昌らに途中、追いつかれて、岡谷《おかのや》の鎌倉坂（現・群馬県沼田市高橋場町～岡谷町）あたりで双方斬り合いとなってしまう。

海野父子はここで、差し違えて最期を遂げた。父子は岡谷の海野塚に葬られたが、この一挙によって先代幸隆の出身＝海野氏の本系筋はことごとく滅亡した。以降、昌幸は自分こそが、名門海野氏の直系だ、と厚顔無恥にいうことができるようになる。しかし、この内訌がもう少し長引いていたならば、塚はそのまま真田塚となっていたかもしれない。これが、乱世の実相である。

武田家の滅亡が、ついそこまで迫っていた。

戦いであれ、ビジネスであれ、勝負を決するものは、常に強い方の意思であった。弱者には自決（自殺）権は認められていても、戦いにおける猶予を決めたり、待った、をする権利はなかった。

——すべての決定権は、信長が握っていた。

天正十年正月、信玄の娘を妻にもつ——つまりは勝頼とは義兄弟となる——木曾《きそ》義昌《よしまさ》が、信長にくだってきた。武田家を見限った、というのだ。いよいよ信長は、勝頼との決戦＝武田家の幕を引く決断をする。残念なことに、この時、武田家の中で、勝頼とともに戦おうとする部将は、ほとんどいなくなっていた。

くり返すようだが、すべての責任を勝頼に押しつけるのはいかがなものか。

一族一門からも見放された勝頼

信玄の生涯は、いってみれば階段をひたすら登る生き方であった。その頭上にはつねに前進を阻む敵があり、それを斬りはらい、はねのけつつ、一寸二寸の領土を両手にかかえるようにして、彼は階段を一段一段登っていった。そのおかげで、信玄の存命中、甲斐国は一度も、他国からの侵略をうけていない。

だが、信玄を失った甲州軍団は、今度は逆に、下から登ってくる敵と、戦わねばならないはめとなった。つまり、防衛戦である。彼らは一様に戸惑った。

もともと、外征しなければ成り立たない甲斐国であったはずだ。生来、攻撃することだけに、情熱を燃やしてきた軍団の面々は、おそらく下からあがってくる敵を、斬りはらう作業そのものに、情熱をもてなかったのではあるまいか。

かつ、質量的に勝利を望むべくもない状況においては、なおさらであったろう。防御への執着=武田家への愛着が去ったとき、甲州軍団は自壊した。

前人未到の甲斐国への進軍を、信長は正式に決断。二月九日、軍令十一ヵ条を発布し、三月五日に安土《あづち》城を出陣した。

すでに、長坂光堅や跡部勝資といった、小才の効いた勝頼の取り巻き連中の姿は、何処にもなかった。信玄の甥で、当主勝頼には妹婿にあたる穴山信君《あなやまのぶきみ》（梅雪《ばいせつ》）ですら、信長の盟友・徳川家康と内通している。勝頼の娘を息子にもらっていた武田信豊も、軍議にすら出てこないで、信濃国へ走ってしまった。勝頼の叔父・信廉（逍遙軒）も逃亡したというから、勝頼はかつて無敵を誇った軍団はおろか、一族一門からも完全に見放されたことになる。

まず、伊那高遠城を死守していた、勝頼の異母弟・仁科盛信《にしなもりのぶ》が戦死。浮き足だった勝頼に、重臣の小山田信茂《のぶしげ》は取り急ぎ、自分の岩殿山《いわどのやま》城に退去すべし、と進言する。

勝頼の嫡子・信勝は、弱冠十六歳でありながら、ただ一人、徹底抗戦を主張したが、容《い》れられなかった。

――この局面である。

「吾妻（上州）へ御籠城なさるように」

と昌幸がいった、と『甲陽軍鑑』は述べている。

すると、すでに行方をくらましていたかもしれない長坂光堅（長閑斎《ちょうかんさい》）が、

「真田は三代（信綱を入れて）召し使われた侍大将ですが、御譜代・小山田兵衛尉（信茂）の方が頼りになります。籠城するなら、岩殿が然《しか》るべきかと思います」

と諫めたことになっている。

誰がいったのでもなく、勝頼は甲州を離れたくなかったのではないか。ふと、筆者は思った。彼も諏訪を支配したことのある人間であったが、今は武田家の当主である。それが信濃でもない上野国へ身を移すということに、彼は最後まで抵抗があったように思われる。意地、面子《メンツ》、こだわりといい替えてもよい。

あるいは、昌幸への個人的な感情がわざわいしていたのかもしれない。

昌幸に助けられるということに、最後の最後、己れのプライドがそれを許さなかったとも思われる。『加沢記』では諏訪における評議で、昌幸は勝頼に、

「諸方が敵になったので、甲州帰陣は覚束ない」

と前振りし、岩櫃城への入城を勧めている。

近くの箕輪の城には内藤大和（昌月《まさあき》）があり、隣接の信州小諸の城には武田左衛門（信豊）がいる。上田の城には嫡子・源三郎（信幸）と叔父・矢沢薩摩守（頼綱）が入っていた。上州沼田の城には、弟の真田隠岐守（信尹）が——。

「自分は岩櫃城に旗本とともに詰めて、忠信を尽くし、今一度、運を試そうと思います。なに、三千ばかりの人数を、三、四年賄《まかな》えるだけの準備はしてありますから、安心してください」

という意味のことを述べている。

一度はこの線にそって軍議は決したものの、昌幸が準備のため天正十年（一五八二）二月二十八日早朝に先触れ出立すると、その後、譜代の親族でもある小山田信茂が改めて自説を展開。一転、勝頼は二十八日、甲斐へ向かったという。

「本当に昌幸は、勝頼を自領に誘ったのか——」

疑問視する研究者は、少なくない。第一、のちのような上田城がその頃、まだ完成していないどころか、影も形もなかったことを指摘し、評議そのものの席に、昌幸は列していなかった、と主張する者もある。なるほど歴史は、歳月を重ねるごとに、わずかばかりの感情の起伏が大きくなっていく。

昌幸の子・信繁の大坂の陣における活躍が、クローズアップされればされるほど、その父も……、との思いが増し、江戸時代中期に世に出た『真田三代記』では、折衷案となって、物語は展開する。

諏訪の軍議で、昌幸の述べたことをうけ、勝頼は、

「その兵糧を用意するために」

一度、上田に戻ろうとする。

ところが武田軍はその途中で惨敗を重ね、三月二日に仁科盛信の高遠城が落城し、翌日には敵の総大将たる織田信忠《のぶただ》（信長の嫡男）が高島城（現・長野県諏訪市）を落とす。重ねて、深志《ふかし》城（現・長野県松本市＝松本城の前名）を守っていた馬場昌房《まさふさ》が降参するにいたった。

勝頼はこの流れに抗しきれず、新築間もない新府城に火をかけ、敵兵と一戦も交えることなく、周囲のすすめるまま東へ向かった、というのだ。

にもかかわらず、途中で信じていた信茂の裏切りにあってしまう。

織田家の軍勢＝滝川一益《たきがわかずます》（いちます、とも、詳しくは後述）の先陣が、すぐそこまで迫っていた。城を出たときの五、六百騎は、いつしか百騎余となっていた。

「さては、小山田に謀《はか》られたか――」

勝頼は悔やんだものの、すべては後の祭りだった。

笹子峠の入口で、信茂の軍勢に進軍を阻止された勝頼一行は、やむなく天目山《てんもくざん》に敗走した。うしろには大菩薩嶺《だいぼさつれい》がひかえている。天嶮《てんけん》の地ではあったが、勝頼にはそもそも備えが何もなかった。彼は最後の一戦を前に、天目山麓の田野《たの》で別宴を張り、夫人を実家の北条氏のもとへ逃がそうとする。宴に列した者は、僧侶二名を加えて四十三名に減っていた。寵臣・跡部勝資は逃げようとして、殺されたとも。

だが、夫人はあくまでも、夫とともに死出の旅に立つことを望む。


もし、勝頼が昌幸のもとに身を寄せていたら

三月十一日、最後の一戦が行われている最中、夫人は西方浄土に向かって念仏を唱え、みずから守り刀を口に含んで地に伏し、自害して果てた。三月十一日の最期の日、彼女はまだ十七歳でしかなかった。

勝頼一行は女子供を刺殺し、武士は討って出て討死をとげた。勝頼は刀で、信勝は槍で戦い、力尽きて切腹した。勝頼はいつしか、三十七歳になっていた。息子の信勝は十六歳である。

首級は信長の首実検に供《きょう》され、そのあと京都に送られ、六条河原にさらされた。

信玄の弟・刑部少輔信廉（信綱《のぶつな》）、上野介信友、信玄の次男・海野二郎信親《のぶちか》（海野氏の名跡をつぐ。盲目でのちに僧籍に入り、龍芳《りゅうほう》と号した）、六男・葛山《かずらやま》六郎（十郎とも）信貞《のぶさだ》（駿河の名族・葛山氏に養子入りし家督をつぐ）などは織田信忠によって処刑された。ひとり信玄の七男・安田三郎信清《やすださぶろうのぶきよ》（甲斐源氏の旧族・安田氏の名跡をつぐ）は、上杉景勝に仕えて生きのびたという。

それにしても、と思う。

確かに長篠・設楽原の戦いは、〝二十四将〟の多くをはじめ、甲州軍団に多大な損害を出した。が、それでも目を信長から家康に移してみれば、徳川氏との対比では、勝頼は敗れてなお武田家の方がまだ、国力は上であったのだ。

先にみた三方ヶ原の戦いと、この度の長篠・設楽原の戦い――これで一勝一敗と考えればよい。その証左に、長篠・設楽原の敗戦から二ヵ月後、家康は遠江小山《こやま》城を攻めたが、勝頼は二万の大軍を集めて、見事に家康の動きを阻止している。

と同時に、家康は遠江に侵攻していた武田勢力を駆逐すべく、高天神城を落とそうと躍起になるが、実現したのは六年後のことであった。家康にはことここにいたっても、甲州軍団に単独で主力決戦を挑み、勝てるとの確信がなかったのである。

「家康は最後まで、武田家には勝てなかった」

この思いは、昌幸に強く残ったであろう。

一方、勝頼の領国経営は、昌幸や勝頼が実の兄のように尊敬していた穴山玄蕃頭《げんばのかみ》信君の助言もあって、再興・発展し、大敗の痛手も薄れて、国力は大いに回復しつつあった。昌幸の勝頼への発言が、種々疑われているが、ちなみに穴山信君はどうであったか。〝二十四将〟の一員でありながら、後世〝裏切り者〟として糾弾されることとなったが、彼には彼なりに、最悪の場合、武田家をどのようにして存続させるか、との使命があったことを忘れてはならない。

昌幸と信君では、立場が大いに異なっていた。

信君は武田氏の親族筆頭であったが、そもそも甲斐源氏の一門の出であった。

武田信義《のぶよし》から七代くだった信武《のぶたけ》の五男義武《よしたけ》が、穴山氏の始祖と伝えられている。甲斐守護職を一時、代行した先祖（陸奥守信元《むつのかみのぶもと》）もいた。信玄の父・信虎は、長女を今川義元の妻に、次女を穴山信友《のぶとも》の妻とした。その子が信君（号して梅雪）であり、信君は信玄の甥にあたる。また、信玄の次女を妻にしたことからいえば、義父子の間柄でもあった。

信君は二十一歳で家督をつぎ、三十二歳で西上作戦に参画。自ら穴山隊を率いたが、武田家の中で最も鉄砲を重視し、数を揃えていたのも彼であった。

その信君は、長篠・設楽原の戦いにおいては、最後まで突撃をためらい、ついにそのまま撤退に転じた。

「臆病風に吹かれおって――」

と、老将たちに陰口を叩かれたのも、事実であった。

卑怯未練な意気地なしのふるまい、と甲州軍団の大半では思われたことであろう。が、鉄砲の威力を改めて思い知るとともに、このあたりから信君の行動は不透明さを帯《お》びていく。

「七里岩《しちりいわ》の天然の要害を利用し、城を築いて、織田・徳川連合軍を迎え撃つべし」

と勝頼に進言、新府城の築城工事は始まった。

しかもこの間に、正しくは二月中旬、信君＝梅雪は家康を通じて信長に、助命嘆願の裏工作を進めていた。黄金二千枚を贈って（のちにはさらに三千枚）――。

武田家一門の中で唯一、生き残った梅雪であったが、家康とともに上洛し、京都見物ののちに、堺で本能寺の変に遭遇する。梅雪は世上、家康を心底では信じられず、独自の脱出路を選択したが失敗したと伝えられている。が、実は彼は、持病の痔になやまされており、これが原因で山城国に入ったところで、家康と別れてしまったのである。痔痛のおさまるのを待って、枚方を出発。現在の京都府京田辺市飯岡で野盗の襲撃を受け、殺されてしまった。四十二歳である。

甲斐武田家の惣領と認められて、わずか八十余日の短い栄光であったが、彼の行動をどう受けとめるか、難しいところである。とにかく、その義父が大きすぎたのだ。

「贈従三位大膳太夫甲斐国守護兼信濃国守護大僧正法性院機山信玄大居士徳栄軒武田晴信」

筆者は、梅雪が生きていれば、彼と昌幸との組み合わせは、この先、大いにあり得たと考えている。なによりも、昌幸が信長への臣下の礼をとるのが、もう少し早かったように思われてならない。

併せて筆者は、昌幸は勝頼を決して見捨てなかった、と信じてきた。

その方が、この策謀家にはふさわしい、と考えたからだ。調略の基本は、可能性であった。勝頼にはまだ、頭上に頂く価値があった。もちろん、昌幸が最初から信長への降参を考えていたならば、この推論はあてはまらない。

だが、この時の昌幸の実力は、いまだ独立した小大名クラスであり、とてもその後、独立した勢力を信長にまかされるほどには大きくなかった。

もし、主君勝頼が昌幸を頼っていたなら、昌幸のその後はどうなったであろうか。筆者は、武田家の復権が可能であったと信じている。

おそらく主従のよる岩櫃城には、信長の嫡子信忠の軍勢が、はりきって攻めかかってくるであろう。が、この城は山岳地帯に設けられた難攻不落の山城であった。信玄の命を受けた昌幸の父・幸隆が、調略によってどうにか、陥落させた城である。しかも今、この城を守っているのは昌幸である。のちに、上田城において二度までも、徳川の大軍を退けた名将――。

多分、一気にこの城を抜くのは困難であったに相違ない。考えてみれば、落城した武田方の高天神城、二俣城、岩村城はことごとく、攻め落とされたのではない。兵糧が欠乏して、開城にいたったものであった。〝二十四将〟の一・秋山信友《あきやまのぶとも》の岩村城は、長篠・設楽原の武田家大敗後も、三万に及ぶ信忠の軍勢に攻められながら、それでも半年間、もちこたえている（降伏ののち、長良川原で磔となる）。

岩櫃城には、かなりの兵糧が蓄えられていた。

攻めあぐねた信忠は、城を包囲して一定数の将兵を残し、兵糧攻めにして、自身は一度、安土にひきあげたに違いない。

問題は、この年にあった。天正十年六月二日、織田信長は本能寺の変で横死する。籠城は、三ヵ月余もてばよい計算になる。

そうすれば、織田家は侵攻を停止。勝頼はそのタイミングで、甲斐と信濃を回復することは、決して難しいことではなかったろう。

第三章　「表裏比興の者」の正体

四面楚歌の昌幸

しかし、史実の昌幸は孤児のごとく、上州の一角に、いわば見捨てられた。師ともいうべき武田信玄の編み出した武田流、父が生命《いのち》懸けで体得した真田流――この二つの軍略・兵法をもって、昌幸は戦国乱世に生き残りを図らなければならなかった。

しかも気がつけば、彼はとんでもない強国間に四方を封じられていた。北に越後の上杉景勝、東に関東の覇者である小田原の北条氏政―氏直父子、西に〝天下布武〟に王手をかける織田信長、南に宿敵・徳川家康――いわば、大国四つのバランスシートの上に、乗っているようなもの。この実に不安定であやうい中で、自らが手にした上田・沼田領を守ることが、昌幸に課せられた使命となった。

彼は素早く動く。天正十年（一五八二）三月十五日に高遠城に入った信長に、すでに昌幸は出仕している。勝頼の死後、四日後のことであった。情にひたっていては、領地も家臣、領民も守れない。筆者はこの変わり身の早さを受けて、昌幸は勝頼を岩櫃城に招こうとは考えていなかった、との論に与《くみ》するつもりはない。

軍略・兵法の基本は、最善の方法、次善の策、それでもだめなら第三・第四の策と、間断《かんだん》なく策謀が泉のごとくにわき出てくることだと思う。

招いて来なかった主君を嘆いたり、愚痴ったところで、現実の厳しさは変わらない。事前工作は早期であればあるほど、それにこしたことはなかった。

「兵は拙速《せっそく》を聞く、未《いま》だ巧《たく》みの久しきを睹《み》ず」（『孫子』作戦篇）

である。

戦い——調略や策略も——は、たとえ拙劣でも速いにこしたことはなく、いかに戦巧者でも、だらだらゆっくり長く戦って、成功したためしはない、との意。

それが功を奏したかどうか、三月二十三日の時点で、信長は上野及び信濃佐久・小県の二郡を滝川一益に与え、一益をして織田家関東方面軍司令官とし、関東の北条氏への備えとした。弱小勢力は悲しい。自らの意志とは関係なく、昌幸は領地とともに、一益の配下に組み込まれてしまう。拒絶するのは昌幸の勝手であったが、それはそのまま、一族皆殺しにされることを意味していた。

手段を、正当化してはならない。もちろん、いいわけの道具にも——。

手段は手段であり、結果＝目的のための手段である。昌幸にとっては、自分と一族が要は生き残れるかどうか、が第一義であった。

四月三日、昌幸は別府若狭《べっぷわかさ》、加沢与七郎《かざわよしちろう》に対して、小県郡室賀家を味方に誘う工作に成功した論功を賞していた。できるだけ、一益に自らの発言力を大きくみせなければならない。その工作の一方で、昌幸は一益のさらなる頭上に君臨する信長に、大好きな馬を贈ることも忘れていない。その四月八日付の、礼状をも手にしている。

織田家の滝川一益は、尾張（現・愛知県西部）以外からの登用、牢人《ろうにん》の境涯《きょうがい》から最初に信長に拾われ、立身した人物であった。明智光秀、羽柴秀吉の先輩にあたる。一説に近江甲賀（現・滋賀県甲賀市）出身といわれる一益は、諸国を巡る山伏《やまぶし》であったとも、甲賀＝忍びであったともいわれている。

人を斬って故郷を逐電し、筆頭家老勝家の推挙で織田家に随臣したという。

ともあれ、信長は一益の出自を問わず、召し抱えるや、わずかな期間に登用・抜擢をくり返した。このあたりが、幸隆―昌幸の仕えた武田家とは、家風が大いに異なっていたのだが、それにしても一益のなにが、信長の眼鏡にかなったのか。まず一益は、こまごまとした諜報活動が巧みであった。

甲賀や伊賀の忍びを多く部下にもち、得がたい他国の情報を仕入れては、信長を喜ばせ、己れの担当する戦局にも大いに活用した。

第二に、一益の性格は前線の指揮官としても勇猛であり、謀略の狡智《こうち》さにも長《た》けていた。そのため、先鋒としても期待され、引きぎわの殿軍《しんがり》においては、さらに手ぎわがよく、味方は安心して退却することができたという。

第三に、一益は根っからの働き好きであったことがあげられる。戦場から戦場へ、休む暇もなく信長にこき使われたが、一益はそうした働きに、己れの器量と名誉を喜々として賭け、半面、結果としての利益を求めなかった。

それゆえにこそ、人事考課に厳しい信長のもとで、最高幹部にまで生き残り、厩橋《うまやばし》（前橋）城主となった。

関東管領――つまり一益は、信長に東国経営を委《ゆだ》ねられたわけである。

昌幸はこの一益の手前もあり、上州侵攻の調略に着手したが、その肝心な信長が本能寺で横死してしまう。人間、ここ一番のときに本性が出た。主君信長あっての一益は、慌てて上洛すべく信濃に出、そのため上州には支配者不在の情況が生まれてしまう。

猫に、魚の番をさせるようなものである。昌幸が何もしないで、じっとしているはずはなかった。もし、彼がそれほどのお人好しならば、ここまで生き残ることもなく、武田家と心中していたか、他の野心家に喰われていたであろう。

おそらく昌幸は、その生涯で最も自由に——主人をいただいていないということで——この時期、自己勢力の拡大をはかったに違いない。

——やり口は徹頭徹尾、亡き信玄をまねている。

この師が生前、よくもちいた「知行宛《ちぎょうあて》がい」——自分の思う通りになったならば、所領を与える、という約束手形を発給して、国人・土豪を支配下に吸収していった。その手伝いにかり出されたのが、昌幸の長男・信幸であった。

永禄九年（一五六六）生まれの信幸は、父が武田家にさし出した人質として甲斐におくられ、勝頼に近侍した。父が信玄のもとでたどった、同じようなコースを歩んだわけだ。さらに、父の威勢が増したこともあり、勝頼の嫡男・信勝が元服すると、信幸も同時に元服を許され、一説には信勝の一字を賜わって「信幸」と名乗ったという。

一見順調にみえた甲府での生活ではあったが、武田氏の滅亡前夜、信幸は父のもとへ逃れて戻っている。真田父子は懸命に味方をつのるが、上州のみならず、旧武田領は信長の死によって、四方の大名の、いわば草刈場と化してしまう。昌幸はとても、上杉・北条・徳川と五分にわたりあえる分限ではない。いずれと組むか、がそのまま大名となれるか、国人領主でうもれるか、まさに生涯の正念場になった。

忍びのルーツと里

甲賀ものの滝川一益が出たついでに、少し、脱線をゆるされたい。

第一章の幸隆の亡命のところでは、伊勢神宮の御師、六十六部廻国の修行者が登場した。併せて、〝忍び〟のルーツについてふれておきたい。

俗に、〝甲伊一国〟と称された地域があった。近江国甲賀郡（現・滋賀県南東部）と伊賀国（現・三重県西部）である。ともに今日なお、忍者の里としてのイメージが強い。『武家名目抄《ぶけみょうもくしょう》』（塙保己一《はなわほきいち》らが編纂した江戸後期の武家故実書）などには、「忍者」について、「間者《かんじゃ》、諜者ともいい、敵中に潜行して形勢を探り、間隙《かんげき》を縫って敵城に火を放ったり、ときには刺客《しかく》となって人も殺す」とある。

また、彼らは鉱物・植物・動物の知識をもち、歌舞や音曲にもすぐれ、火薬を扱い、薬を調合することもあったとも。

煙とともに人が消えるという、奇異の忍法は別として、忍者＝忍びのキーワードは、これまでもみてきた如く〝情報〟の取り扱いにつきた。

正確で詳細な情報をすばやく収集し、伝達する。今日風にいえば、まさにＩＴ

（情報技術）の聖地であったわけだ。幸隆を生み出した長野も同断である。長野県などは現在も、精密機械の聖地といわれている。

では、全国の中でなぜ、甲賀と伊賀が、とくに、名指しされるまでになったのか。実はこの二つの地域は、御斎峠《おとぎ》をはさんで隣接していた。奈良、京都といった都に近接する要衝に位置し、似かよった風土をもっていた点があげられる。

まず、彼らの先祖——たとえば、戦国末期の忍び・服部半蔵《はっとりはんぞう》（詳細は後述）で有名な服部氏には、呉服部《くれはとり》、漢服部《あやはとり》の渡来にはじまる伝承があり、それによれば秦《はた》氏、漢氏の末裔《まつえい》であったこの一族は、機織《はたお》りの技術と採鉱の技法をたずさえて、日本へ渡って来たという。古代においてこれらの技術は、ともに最先端のハイテクノロジーであったろう。

それがはからずも、飛鳥、近江大津、飛鳥浄御原《きよみはら》、藤原宮などとも近い地域に土着した。伝承したとされる火薬、唐の時代には「伏火硫黄《ふくかりゅうおう》ノ法」といわれた調合は、当然のことながら材料を求めて深山の奥へ分け入ることにもつながった。深山幽谷での採掘作業を可能とするためには、自らの身体を鍛練し、精神力を強固にする必要もあったはずだ。

そう考えてこの地域の地図を見直すと、吉野、大峰、熊野、鈴鹿といった山岳修験の本山やその他、神秘の山々に〝甲伊〟が取り囲まれていることに気がつく。

これらのことは、同一条件をもつ地域を考えるうえでも、きわめて重要であったといえる。彼らも、地域的特徴の延長線上に存在していたからだ。

甲賀・伊賀に住む人々は、頻繁に都を往来する人物や物資、情報に接しつつ、〝歴史〟を生きてきた。機織と採鉱の専門知識と、それから派生した火薬や薬の調合——。

地域上、真言・天台の二大密教ともつながりをもち、山岳宗教にも影響され、そうしたことが彼らの生業《なりわい》を少しずつ変貌させていった。土地を受け継ぐ長男は別として、次男坊以下の若者は、他業へ転出せざるを得ず、甲賀ではそれが里山伏《さとやまぶし》の姿となり、修験の薬を売って諸国を巡り、あるいは多賀社、祇園社、熊野社、稲荷社などの社僧に仕えて坊《ぼう》（僧のように頭をそった人）となって、護符の販売に歩くことにつながった。無論、関連のある加持祈禱、占い、助産などの術を身につけて他郷に出、各地の信者や一般の人々を相手に稼ぐ者も輩出している。

伊賀でも、基本条件はかわらなかった（信州でも同じであったろう）。

多少、加味するところがあるとすれば、伊賀は平城京の時代以降、東大寺荘園の杣《そま》（木こり）として寺院建立・修繕の用材を供給したことから、そうした杣人《そまびと》の仕事の合間に、都へ出て働く者が少なからずいた点であろうか。地方と都をつなぐ山峡の地＝甲賀と伊賀は、それだけに世相や時勢には敏感であったといえる。

彼らは数十人単位で徒党を組み、その小集団をもって「甲賀郡中惣《ちゅうそう》」「伊賀惣国《そうこく》一揆」などの共和制を敷き、守護や地頭に抵抗を試みたのも、この地方の特色といってよい。

ちょうど、信濃で分裂していた土豪の規模に匹敵している。周囲の大勢力——たとえば甲斐の武田家、信濃の小笠原家——に楯を突いた歴史とも酷似していた。

余国は皆、守護あつて其国民相順《したが》い居《お》ると雖《いえど》も、伊賀・甲賀の者どもは守護あることなく、各々我れ持にして面々に知行の地に山城をかまへ居て、我意を専《もっぱ》らとす。(『万川集海《ばんせんしゅうかい》』忍術問答より)

そのためであろう、彼らは「悪党」と呼ばれ、ときに山賊まがいの稼業をなし、放火、強盗、年貢の強奪、労役放棄などを性懲《しょうこ》りもなく繰り返した。もとより、そうした自儘《じまま》が許されつづける道理はない。

甲賀・伊賀の小天地を揺るがす、ときの権力者による大征伐戦がおこなわれたこともあった。甲賀においての戦いを、後世「長享《ちょうきょう》の乱」と史書は記録した。長享元年（一四八七）のことである。

服部半蔵の正体

「世上あまねく甲賀・伊賀をそのまま忍びと総称するのは、足利将軍のとき、神変奇異の働きをして、天下の大軍を押しかえしたからだ。以来、名が高い」

『近江輿地志略《おうみよちしりゃく》』をはじめ、いくつかの史料にある。皮肉なことに、この長享の乱が彼らを一躍、天下に知らしめることになった。

ことの発端は、甲賀の共和制にあったといってよい。

「江《ごう》ノ甲賀郡ハ豪侠《ごうきょう》ノ聚《あつま》ル所」（『天陰語録』）

独自の文化に胸を張り、談合組織をもって矜持・蟠踞して、室町体制のいわば埒《らち》外《がい》にあった甲賀へ、近江の守護・六角高頼《ろっかくたかより》が亡命してきた。高頼は室町幕府の功臣・佐々木道《どう》（導）誉《よ》（高氏《たかうじ》）を先祖とする佐々木氏の嫡流。ところが支流の京極氏に下剋上され、そのため高頼は一念奮起し、近江国内の叡山や幕臣の領地を掠《かす》め取って「押妨《おうぼう》」した。

そのことが、ときの将軍・足利義尚《よしひさ》（日野富子の子）の逆鱗に触れてしまう。すぐさま動員令が発せられ、兵一万数千が高頼の居城・観音寺《かんのんじ》城へ迫った。

しかたなく高頼は、居城を焼き、甲賀の山中へ逃げ込む。

おそらく甲賀と高頼の間に、相互救済のような盟約があったに違いない。甲賀の共和制は高頼保護を決議し、栗太《くりた》郡鈎《まがり》ノ里《さと》に意気揚々と本営を移した将軍義尚の軍勢に、果敢なゲリラ戦を仕掛けた。夜襲と奇襲がくり返され、流言飛語が飛び交い、この種の戦いに馴れていなかった幕軍はたちまち内部分裂をひきおこし、ついには義尚の陣没をまねくことになる。

将軍義尚の死は、それまでの不摂生がたたってのものであったが、これすらが甲賀の手にかかると〝密殺〟となった。〝神変奇異〟――この鈎ノ陣で一躍、甲賀の忍びの名声はあがった。とくに、功績のあった人々が、

「甲賀五十三家」

と称されるようになる。

甲賀が北近江の六角氏と長年にわたり離合集散するなかで、峠一つを隔てた伊賀も、それらの騒乱に巻き込まれた。

加えて、伊賀では東大寺荘園や大和守護、土豪との抗争もあり、それまで狭い地

域で小豪族がひしめき、各々小さな抗争の中で育み、少しずつ形づくられてきた〝忍術〟は、共和制を存続させるためにも、よりその生存と戦闘、謀略、諜報の技術を、高度に磨かねばならない必須の、生き残り条件となった。その成果が、一説にいう忍び流派四十九の成立であったともいえようか。

長い戦国の世にあって、甲賀・伊賀の忍びは小集団単位で諸国に雇われていき、一方、地元では共和制を貫きつづけた。が、これに止《とど》めを刺す者が現れる。織田信長であった。甲賀は六角氏の衰退後、信長の傘下に入ることで生き残りをはかった。のち、秀吉―家康と時勢を読みながら生き抜き、幕藩体制の中では「甲賀組」として残った。

悲惨であったのは、伊賀である。信長によっておこなわれた〝天正伊賀の乱〟は、伊賀の小天地を瞬時にして完膚《かんぷ》なきまでに討ち滅ぼしてしまう。

もし、この直後の天正十年（一五八二）六月、本能寺の変に際して、

「御生涯御艱難《かんなん》の第一」（『徳川実紀』）

といわれた徳川家康の危機を、伊賀の忍びが救い、困難で険しい伊賀越えを成功させ、三河へと脱出させる功績がなければ、この時点でかれらの系譜は絶えていたかもしれない。

一般に家康と忍び、わけても伊賀者とのかかわりは、この〝伊賀越えの危機〟がその発端とされがちだが、事実はさらに古く、家康はそれ以前から、三河・岡崎に五十名を超える伊賀者を召し抱えていた。

巷間、徳川家の忍び集団の頭領として、名を馳せる服部半蔵正成《まさなり》は、天文十一年、岡崎の松平清康《まつだいらきよやす》―広忠《ひろただ》父子に仕えていた伊賀者・服部石見守保長《いわみのかみやすなが》（半三）の第五子として生まれていた。先祖は伊賀国阿拝《あへ》郡服部郷を領した、服部氏の一族であったという。

弘治三年（一五五七）、「三河西郡宇土城夜討ちのとき、半蔵は十六歳にして、伊賀の忍びの者を六、七十人指揮して忍び込み戦功を顕《あらわ》した」（『寛政重修諸家譜《かんせいちょうしゅうしょかふ》』）といわれているが、この時期、領主の広忠は没しており（天文十八年）、半蔵と同じ年の家康は駿河で人質生活をおくっていた。この話は、にわかに信じ難い。あるいは、半蔵ははじめ今川氏に仕え、家康の独立後、三河家臣団に帰参したとも伝えられるから、存外、この辺りに謎を解く鍵があるのかもしれない。

伊賀越えの翌年、家康はそれまでの三河、遠江、駿河の三ヵ国に、甲斐、信濃をあわせ五ヵ国を領する大名となったが、天正十八年、小田原の役が終わると関東へ入府を余儀なくされる。

ここにいたって家康は伊賀・甲賀者を、伊賀越えの危機を救った功により二百名を召し出し、これが後の徳川家における忍びの集団＝伊賀同心の端緒となった。

二百名の伊賀・甲賀者は、やがて与力三十騎とともに半蔵の支配下となり、ここに徳川家の忍び集団の頭領・服部半蔵が名実ともに誕生することとなった。

以降、半蔵は伊賀同心を率いて数々の合戦を歴戦。戦功を重ねて「鬼半蔵」と称され、八千石を領し〝徳川十六大将〟の一に列するまでになる。

忍びの集団を率いたことから、半蔵はややもすれば派手に、恰好《かっこう》よく扱われてきたが、その事績は情報探索、敵側の内部攪乱《かくらん》などの実行が主務であり、半面は合戦にいたれば陣頭に立って奮戦している。また、平時には特技をいかして土木、測量、架橋や道路の敷設などにも活躍、治世に大きく貢献したのも史実であった。

半蔵の遺功は、代々の伊賀同心によって受け継がれ、江戸城から直接つながる唯一の街道＝甲州街道の守護、通過門の警備を命じられた。

家康は万一、江戸城が攻められたならば、甲州路を伊賀（甲賀も含む）の忍びに守られながら、甲府城へ落ちる手筈《てはず》をととのえていた形跡があった。

天正壬午《じんご》の乱

さて、昌幸である。彼はまず、天正十年（一五八二）七月十三日の時点で、信濃国衆である高坂・塩田ら十三人の主だったものと、次なる主君・北条氏直に出仕した。これは自領を一番最初に攻めてくる可能性の高い相手、地政学的見地からの判断であったろう。

しかし、北条氏も当然のことながら、昌幸の力をできるかぎり割こうとする。昌幸はそれをきらって今度は、上杉景勝に属させてほしい、と持ちかけた。

この直後、前述の滝川一益が北条氏直と戦って敗れ、西へ去るという事件が起きる。そのため、北条氏の力が信濃をおおった。

「信州作《さく》（佐久）郡の面々、いよいよ忠信《ちゅうしん》を存言《ぞんずること》、重ねて証人（人質）を進《しん》じ候か。これより真田（昌幸）へ集まり候人衆《ひとしゅう》も、引き散る由専一《よしせんいつ》に候」

これは十月十一日付の、北条氏政が氏邦《うじくに》（氏康の四男〈三男とも〉で氏政の弟）に出した書状の一部だが、もともと上州攻防戦をくりひろげてきた北条氏にとっては、昌幸は不倶戴天の敵といってもよかったろう。

北条氏と真正面からぶつかって、万に一つの勝ち目もない昌幸は、越後から南下するのに時間を要する上杉氏では、いざという時、援軍に間に合わない、と判断。そして、徳川家康に鞍替えする。九月の下旬には、すでに徳川方として動いていた。なんという変わり身の速さであろうか。

十月になれば、北条・上杉両氏も自分たちに対する真田氏の裏切りを知る。怒りに燃えた氏邦は、十月二十七日、沼田城を襲撃した。矢沢頼綱と沼田の国人・土豪が懸命に防戦し、三日間の戦いを、どうにか真田氏は凌《しの》いだ。

ところが、この必死の攻防戦に前後して、肝心の家康と氏直が和睦してしまう。

「まさか、そのようなことが……」

さしもの昌幸も、顔色を変えたに違いない。彼は何を計算間違いしたのであろうか。おそらくは、北条氏の実体についての、分析が甘かったのではないか。

北条氏は始祖・伊勢宗瑞（俗称・北条早雲）にはじまり、五代・九十年を数えた大国であり、信長の横死によって混乱する織田家を別にすると、その所領は、日本最大規模であったといえる。相模・伊豆・武蔵・上総《かずさ》・安房《あわ》・上野の六ヵ国を完全に支配下におき、常陸《ひたち》・下野《しもつけ》・駿河の一部にもその勢威は及んでいた。

後の石高制に換算して、約二百八十万石はあったであろう。かたや和解したとされる徳川家康の身代は、五ヵ国（実質は四ヵ国半）で、百万石程度。

北条氏は甲信二国に武田家が存続している間は、織田・徳川連合軍の同盟者であったが、武田氏が滅亡するや信長の態度は露骨に反転。織田家の方面軍司令官として滝川一益を厩橋（前橋）まで進出せしめ、北条氏切り崩しの画策を開始した。

当時の信長とすれば、天下平定後の構想もあって、直轄領をできるだけ拾い集めておきたかったのであろう。関東と中国地方、四国の大半は直轄領にする予定であったように思われる。が、本能寺の変で事態は一変した。

北条氏は信長の死を、関東における自領再建の好機ととらえる。当然の如く甲州と信州を狙ったものの、家康に一歩を先んじられてしまった。

遅れた理由《わけ》を一言でいえば、北条氏の当主氏直が暗愚であったことに尽きよう。

この家は五代のうち、宗瑞（長氏）―氏綱―氏康と、三代つづいて名将を出した。とくに三代目の氏康は、性格が地味ではあったものの、今川義元、武田信玄、上杉謙信といった強豪を相手に、一歩も退かず、巧みに外交と軍事のバランスをとって、俗に〝関八州〟といわれた支配圏を守り抜いた。

元亀二年（一五七一）十月三日、氏康は五十七歳の生涯を閉じるが、その直前、嫡子の氏政に遺言を残している。

「これまでの上杉家との同盟を破棄し、これからは信玄と同盟せよ。そして汝は関東の平和にのみ専念するように」

遺言をみるかぎり、氏康はわが子の氏政をあまり高く評価していなかった様子がうかがえる。この父子には、有名なエピソードがあった。

氏康が氏政と食事をともにしたおりのこと、氏政は飯に味噌汁をかけてかきこんだ。それ自体は別段、下品でもなんでもない。戦国時代の一般的な食事の形態であった。ところが、二口三口食べた氏政は、改めてもう一度、汁をかけ足して食ったのだ。これが、氏康の目に留まった。父は溜息しつつ、つぶやく。

「北条の家も、私の代で終わるか……」

すなわち、食事は毎日しているにもかかわらず、一飯にかける汁の量の見積もりすらできぬようでは、自分のあとを継いでも、先の見とおしが立てられるわけがない。北条氏の命運は、次代で尽きるだろう、との論法であった。

氏政は、先代以来の老臣たちに補佐され、どうにか家を保った。だが、この大国はすでに老い、戦国を生き抜く活力に欠けていた。

比較してみると、わかりやすい。家康が背後にあった甲州では、織田家の部将・河尻秀隆《かわじりひでたか》は討たれたが、北条氏の絶大な影響下にあった関東では、滝川一益は逃げおおせている。この二人の織田家の部将の命運を分けたのは、相手の初動の速さ鈍さ、小国（徳川）の必死さと大国（北条）ならではの大仰《おおぎょう》さにその差があった。

そのことに、昌幸は今一つ、深い理解がなかったようだ。

信濃を狙った家康に対して、老大国の北条氏が珍しく機敏な反応を示した。軍議を催し、五万の大軍を上州経由で信州へ向ける。

家康の現有兵力は、一万にも満たない。正面から戦えば、北条勢の勝利は動かしがたい。にもかかわらずこの時、北条氏の思惑は大いに異なっていた。

「交戦以前に、どうせ家康は和議を請《こ》うてくるであろう」

と憶測していたのである。ところが、家康は受けて立った。

大国は往々にして思慮深く、用心第一をとる。それに加えて、氏直個人は戦を億劫《おっくう》がった。彼にすれば、無理はない。なにしろ、勝利してもさほどの名誉にもならず、万にひとつでも敗れれば、父祖五代にわたる栄光に傷がついた。なろうことなら、矛すら交えたくなかったのが本音であったろう。

第一次上田合戦はじまる

ときに氏直の叔父・伊豆韮山《にらやま》城主の北条氏規《うじのり》は、かつて今川家において、家康と人質生活をともにした北条氏の連枝であった。氏直はこの叔父に、家康との講和の準備をさせることを思いつく。

これがもし、氏直の祖父・氏康であれば、講和をすすめるにしても、一戦交えたうえで、相手の強弱や意思を推しはかり、余裕をもって和議に臨んだであろうが、今の北条氏にはそうした段取りを踏もうという、重臣もいなかった。面倒くさいのであろう。それでいて、態度だけは尊大であった。

結局、北条氏は講和を申し入れておきながら、自ら足を運ぶことすらしようとせず、家康に再び、戦書を叩きつけられるありさま。

北条氏の迂闊さは、ひとたび講和と決まったことで、すでに肩の力を抜き、全身で帰国準備をしていたところにも、明らかであった。家康の厳しい口調に北条方は閉口して狼狽《ろうばい》し、あわてて詫びを入れ、両国の軍事同盟が成立した。

家康はこの一戦で、武将としての名声を大いに高めたが、北条氏は逆に、面目丸潰れとなってしまう。もっとも昌幸は、それどころではなくなった。

四方が互いに牽制し合い、争っていてくれるからこそ、彼は弱小の自領を守って、飛びまわることができたのだが、そのうちの大国二つが、ふいに動きを止めてしまうと、バランスのたもてない昌幸は、そういつまでも空に浮いてはいられない。

まして天正十年（一五八二）十月二十九日に、徳川領の沼田と北条氏の領する信濃の佐久郡、甲斐の都留郡を交換し、家康の娘を氏直に嫁がせる約束が成立してしまう。家康も氏直も、織田家の相続争いのあとを、互いに懸念していたのである。そのための同盟政略では、真田氏のような弱小勢力の思惑など、斟酌してはいられなかった。勝手に自らの土地を北条氏にやられても、昌幸は条件反射のように、家康とぶつかったりはしない。できない、というのが本音である。明けて天正十一年正月には、昌幸は自らの母を家康のもとへ人質に送っている。

と同時に、この男は兵力を懸命に掻き集めていた。

さらには、昌幸は三月に入ってから、厩橋城（現・群馬県前橋市）の北条《きたじょう》高広《たかひろ》（元・上杉謙信の家臣で、越後北条《きたじょう》氏の出。小田原北条氏と関係はない）を通じて、越後上杉家の家宰、ナンバー・ツーの直江兼続にあてて、北条氏政と関係を断ったことを伝える書状を出している。そうしながら四月には、かつての武田家の敵、小笠原貞慶《さだよし》（小笠原長時の三男）、保科正直《ほしなまさなお》（信濃国衆の一《いつ》・元武田家の先方衆）とともに、家康のもとに自ら出仕した。

無茶苦茶である。一見、自棄糞《やけくそ》のようにも思われる——昌幸は何を考えていたのであろうか。答えは、上田城である。海士《あま》（尼）ヶ淵《ふち》城とも。

北条氏から徳川氏へ寝返ったおり、昌幸は上州の所領を北条氏に攻められ往生《おうじょう》した。何とか防ぎきったものの、防禦に優れた城を持たなければ、とてもこの先、あぶない橋は渡れない。そう考えた昌幸は、上田城完成までの時間稼ぎに躍起となっていたのだ。

昌幸は上杉方が、徳川氏に寝返ったことを知らないまま、後詰めにまわってくれることを期待し、当面の小競り合いは自らの力で凌ぎきろう、と考えていたようだ。こうした薄氷《はくひょう》を踏むような状況が、一年つづく。

天正十三年に入ると、いよいよ徳川氏と北条氏の領地分割が具体化される。家康が改めて昌幸に、沼田領を北条氏へ明け渡すように、と命じてきた。素直に応じるか、と思った昌幸は、

「沼田領はわが父祖伝来の土地であり、そもそも徳川家の領地ではありませぬ」

きっぱりと、明け渡しを拒否し、家康の命に背いた。

父祖伝来の土地ではあるまい、武田家滅亡のおりに、手に入れたものであったが、昌幸にとっては、手放すことのできないものであったのは事実。

家康の人となりは、それこそ信玄の近習「武藤喜兵衛」の時代から、知り尽くしている。家康がカッとなってキレやすいことも、昌幸は承知していた。

「いよいよ、来るな」

内心、慌てふためきながら、顔にはその狼狽ぶりを少しも出さず、次男弁丸（信繁）を上杉家の人質として、春日山城へ参府させ、後詰めをとにかく頼みます、と厚かましくも願い出た。

上杉氏は、これに応じている。なにしろ沼田は、先代謙信以来、攻防をくり返してきた土地である。加えて、もし、ここで昌幸の願いを入れなければ、これから先、上杉氏を頼ってくる信濃や上野の国人・土豪はいなくなってしまう。大名は頼りがいのあることが、第一の条件となっていた。実利に結びつかなくとも、戦略に意味がなくとも、兵は動かさねばならなかった。ただし、自らの兵を実戦の中に、投入する必要はない。そこまでの、義理はなかったろう。昌幸が城を守れず、いよいよ落城が迫ったなら、それを救出するなり、多少の小競り合いをやってから帰国すれば、出張《でば》ってきた名目は立った。

が、家康は違う。最初からはなはだ不忠な昌幸のような人間を、そもそも認めていない。あくまでも、その息の根をとめるつもりで軍勢をくり出した。閏八月二

第一次上田合戦

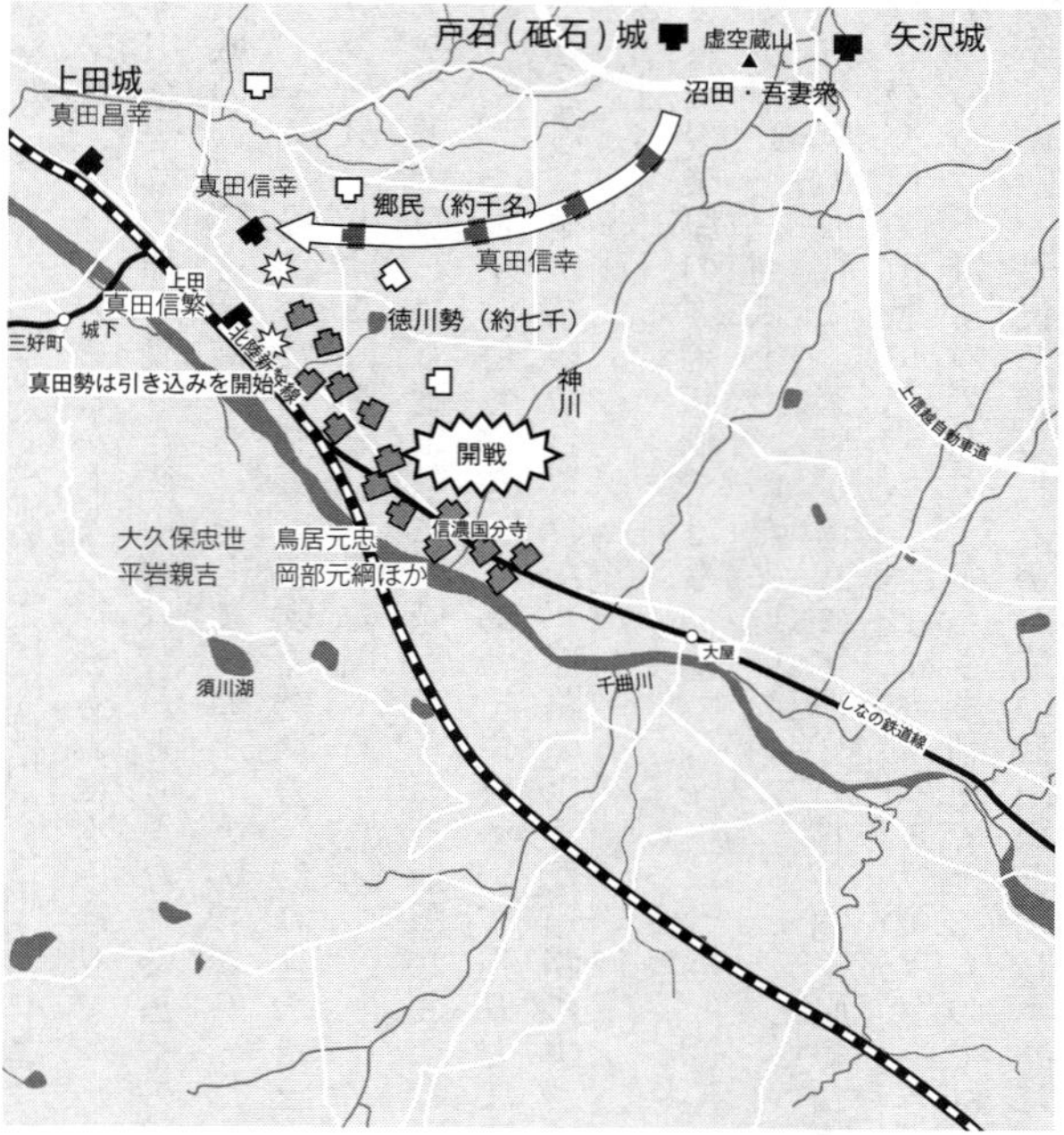

日、北国街道から押し寄せた鳥居元《もと》忠《ただ》・大久保忠世《ただよ》・平岩親吉《ちかよし》といった、家康麾下の著名な部将を主力とする徳川勢七千（八千とも）は、一気に攻めかかった。

　一方の昌幸は、これを二千（三千とも）ばかりの兵力で、迎え討つ。騎馬二百余騎、雑兵千五百余人と

『加沢記』はいう。取るべき手だては、徳川勢を相手にしての籠城策であった。

「上田城、何ほどのことがあろう。一もみにもみ崩せ」

神川《かんがわ》を一気に押し渡った徳川勢は、おとりとなった昌幸の嫡男信幸の軍を追い、上田城の大手門を突破する。そして、城下三方の口から、ついには城の惣構《そうがま》えの中まで、一気に殺到した。怒髪天《どはつてん》を衝く勢いの、怒り狂った三河武士たちは気がつかなかったが、実はこれこそが昌幸の罠であった。

城壁の下でひしめく徳川勢に、城内から一斉射撃がおこなわれ、諸方から伏兵が現われた。まさかの待ちぶせに、あわてふためいて退却しようとした徳川勢は、いたるところに柵が結いつけられた、迷路のような道路によって、各所で新たな死傷者を出してしまう。

「これは設楽原の、馬防柵ではないか」

気がついた三河武士も、いたに違いない。

三方ヶ原の敗戦に、家康が信玄に学び、のちに関ヶ原で西軍を釣出《つりだ》したように、長篠・設楽原の敗戦に昌幸も、信長に学んでいたのだ。

勢いのついた将兵の突進を、すぐさま制止できるものではない、ということを。

四方から鉄砲・弓矢で襲われ、かつての武田勢と同じように、徳川勢は将兵の数を

郵便はがき

料金受取人払郵便

小石川局承認

1572

差出有効期間
平成29年3月
19日まで

112-8731

東京都文京区音羽二丁目
十二番二十一号

講談社 第一事業局

講談社+α文庫係 行

今度の出版企画の参考にいたしたく存じます。ご記入のうえご投函くださいますようお願いいたします（平成29年3月19日までは切手不要です）。

ご住所 〒□□□-□□□□

お名前《ふりがな》

年齢（　　）歳

性別 1男性 2女性

★今後、講談社からの各種案内がご希望の方は、□内に✓をご記入ください。 □希望します。

TY 000012-1504

本のタイトルを
お書きください

a　本書をどこでお知りになりましたか。

1 新聞広告(朝、読、毎、日経、産経、他)　2 書店で実物を見て
3 雑誌(雑誌名　　　　　　　　　　　　　　)　4 人にすすめられて
5 ＤＭ　6 その他(　　　　　　　　　　　　　　　　　　)

b　ほぼ毎号読んでいる雑誌をお教えください。いくつでも。

c　ほぼ毎日読んでいる新聞をお教えください。いくつでも。

1 朝日　2 読売　3 毎日　4 日経　5 産経
6 その他(新聞名　　　　　　　　　　　　　　　　　)

d　この文庫についてお気づきの点、ご感想などをお教えください。

e　ノンフィクション・実用系で、よく読む文庫は？(○をつけてください。複数回答可)

1 小学館文庫　2 だいわ文庫　3 三笠 知的生き方文庫
4 三笠 王様文庫　5 光文社 知恵の森文庫　6 ＰＨＰ文庫
7 祥伝社 黄金文庫　8 河出夢文庫　9 日経ビジネス人文庫

減らしていく。さらに城から脱出できても、神川まで追いかけられた徳川勢は、おりからの増水で川を渡り切れず、溺死する者も多数出る。

この日の昌幸の采配こそが、信玄・幸隆双方の軍略・兵法の、完成形であったといえようか。昌幸は城下に火を放ち、前後左右から鉄砲の雨を降らせ、徳川勢を散々に打ち破った。その後、徳川勢は八重原《やえはら》(現・長野県東御《とうみ》市八重原)に滞陣したが、方針を変えて真田の支城・丸子《まるこ》城(現・長野県上田市)を攻めたものの、ここでも完全に裏をかかれ、再びの敗北を喫する。

第一次上田合戦の、勝利の真因

この一戦で徳川方は千三百余を討ち取られ、一方の真田方の損害は四十余人を失ったのみであった。真田家の、圧倒的勝利といってよい。

だが、小が大を制することのできるのは、ほんの一局面の戦役だけである。長引けば、最後は物量がものをいう。大国は強く、小国は弱い。

まして家康には、北条氏という大国の同盟ができた。頼みの綱の上杉家ですら、徳川氏と北条氏の二大国を敵に回して、勝てることはなかったろう。

その家康の同盟・北条氏直が、九月に入ると、今度は沼田城に襲いかかった。真田氏は上杉氏へ援軍を要請して防戦につとめ、どうにかこの一戦での落城を持ちこたえることができた。が、正直なところ、このあたりが昌幸の限界であったろう。

家康は性格的に、自分のはじめたことを、途中で投げ出して、うやむやにするような人物ではなかった。徳川家の面子にかけても、次は真田一族の息の根を止めにくるであろう。北条氏に上杉氏を牽制させて、自らが陣頭指揮をとる——それが家康だ。

もしそうなれば、昌幸はどうしたであろうか。身一つで上杉氏に逃亡をはかることに、あるいはなったかもしれない。

歴史は面白い——偶発的に起きる出来事が、実は多くの人々に直接・間接に影響を及ぼし、知らないところで人々の、人生を大きく歪めてしまうものらしい。

内心、先代幸隆と戦った智将・村上義清のごとく、越後への亡命も想定していたであろう昌幸にとって、不可解な事態がおとずれた。来ないのである。いくら待っても、徳川家康が攻めてこないのだ。

しかも理由は、たった一人の家臣に、逃げられたことであった。

天正十三年十一月、徳川家の重臣・石川数正《いしかわかずまさ》が出奔した。

この人物の生年は定かではないが、その年齢は家康よりも少しは年長ではなかったろうか。若い頃から合戦での駆け引きに巧みで、指揮能力では明らかに家康を上回っていた。すでにみた三方ヶ原の戦い、長篠・設楽原の合戦――いずれの戦場においても、数正は抜群の軍功を挙げている。家康が織田信雄（信長の次男）と組んで秀吉と戦った小牧・長久手の戦いでは、家康が留守にした野戦陣地を、ごく少数の手勢で守り抜いてもいた。

かつて長篠・設楽原の戦いで、鳶ノ巣城を攻略した酒井忠次と比較しても、人柄は温厚、才智に秀でていたため、〝両家老〟と称される中でも、家康は明白に忠次より数正を頼りにしていたといえる。それは、家康が苦手とする外交面において、信長との同盟以後、一貫して数正を起用してきたことにも現われていた。

その数正の祖父は、美濃から三河へ流れてきた人物とも伝えられている。あるいは、そうした他国の血が、内向的で外交感覚に乏しい三河者の中にあって、際立った外交手腕を顕わす、原点であったのかもしれない。

閉鎖的な三河の地に生まれながら、世間が見え過ぎたところに、数正の不運のはじまりがあった。織田家を見た眼で徳川家を見回すと、数正にはどうにも、その田舎臭さがやり切れなかったようだ。時代は信長を中心に、大きく動いている。数正は、ことあるごとに、三河武士の固陋《ころう》さに業を煮やし、同輩や部下を叱咤激励した。が、多くの家臣はその道理が分からぬままに、反発。己れの料簡の狭さを棚に上げ、数正の陰口を利き、憎悪と侮蔑の態度をとった。

信長の死後、めまぐるしく展開された織田家の遺産相続争いでも、数正は家康に的確な助言をおこない、秀吉が勝者となるや、以前に信長から家康がもらった名物「初花《はつはな》」の茶入れを携え、上洛してもいる。数正はここで秀吉という、次代を創る人物と改めて対面した。

秀吉はいかにも、〝大気者〟らしい応接をする。自身で玄関まで数正を出迎え、親しく言葉をかけると、遠路の旅の労をねぎらった。数正が感激したのは、いうまでもない。彼は鍛え抜かれた外交官としての確かな目で、次なる天下人は秀吉であると確信する。

小牧・長久手の戦いにおいて、家康を頼っておきながら、織田信雄が秀吉との単独講和を受けたおり、秀吉には家康の名代として数正が、やってくることが予測できていた。案に違《たが》わず数正が現われると、その席で取り決められたのが、家康の次男・於義丸《おぎまる》（十一歳・のちの秀康《ひでやす》）を秀吉の養子とする話であった。

これが、数正を出奔させる直接の引き金となる。

徳川家中の諸将は、数正を裏切り者と指弾。陰湿きわまる空気の中で、数正は孤立無援の人となり、徳川家に絶望し、ついには徳川圏西方の要《かなめ》である岡崎城代の地位と「三備」（徳川軍の三分の二）の大将たる身分を捨て、妻子とわずかな家臣をともなって、武装逃亡を企ててしまった。相前後して、三河刈谷城主の水野忠重が家康に背き、信州松本城主の小笠原貞慶も秀吉側へ寝返った。

数正の逐電を浜松で知った家康は、周囲に家臣がいなければ、卒倒ぐらいはしたかもしれない。徳川家臣団の動揺もはなはだしく、相互に疑心暗鬼となり、反目し合って家中は騒然となった。

とても、上田合戦の決着をつけられる状態ではなかったろう。

この失意の中で家康は、つとめて己れの感情を、全身から消し去るように心掛けた。これは昌幸も得意の〝素知らぬ体《てい》〟である。そして怨恨や憎悪、猜疑といった感情を一切捨て去り、残る家臣たちを心から信じ抜こうと努めた。

併せて、この年の十二月一日、彼は武田家の国法および軍法に関する調査を、自らの支配地とした甲斐国中に触れた。武田家遺臣のうち、武川《むかわ》衆を采配する折井次《おりいつぐ》昌《まさ》からは、信玄旗本大番六備の軍令書を、同・米倉忠継《よねくらただつぐ》からは、甲斐分国の政務掟書と信玄および実弟・武田信繁による九ヵ条の定書を、各々提出させている。

家康はこれらをもとに、徳川家のそれまでの軍事組織をことごとく、信玄流儀に改めた。〃両家老〃の一人に裏切られた痛手は、軍の新たな編制にも及び、〃大番六備〃の誕生となった。

筆者はときに、昌幸と家康がひどく似かよった存在に見えるときがある。この二人は、失敗や敗北からも、かならず何事かを学び取り、わが身に吸収した。

「表裏比興の者」はなぜ、潰されなかったのか

多くの史書によれば、軍略・兵法には裏のまた裏がある、とし、

「数正の逐電には、事前に家康の策略があったのではないか」

というわさが流れた。それを疑った秀吉は、一転して数正を冷たくあしらうようになり、のちに信州深志城（松本城）八万石に封じたのみで、彼を厚遇することもなく、天正二十年（一五九二）三月、朝鮮の役に際して肥前国名護屋に出陣、同所で数正は失意の中、没したとある。

が、秀吉が数正を冷遇したというのは、いかがなものであろうか。八万石の石高を、どう捉えるか——このあと北条征伐を挟んで、家康は関東に入封するが、徳川

家において家臣の家禄の最高は、上野箕輪に入った井伊直政の十二万石であった。譜代の部将は平均して、五万石にも満たなかったことから考えても、数正の八万石は決して小さなものではなかったように思われる。

また、秀吉のもとへ人質としてあがった数正の嗣子・康長《やすなが》は、父の死後、その遺領を継承したものの、関ヶ原の合戦では家康方について参戦している。十三年ののち、領地隠匿《いんとく》を理由に改易となっているが、このおり、兄の康長に連座した次男の康勝《やすかつ》は、翌年、大坂城に入城。慶長二十年（一六一五年・元和改元は七月）の夏の陣で、豊臣秀頼とともに大坂城で敗死している。

もし、いわれるように秀吉が数正をつり上げておいて、そのあとに冷遇したのであれば、子の康勝とて己れの最期を、秀吉の遺児・秀頼とともにしようとは考えなかったのではあるまいか。

ただ、秀吉がみせた数正へのやり方は、昌幸にももちいられたものであった。

天正十三年十月十七日、秀吉は昌幸に書状を送っている（以下、読み下す）。

未だ申し遣《つか》はさず候の処、道茂（徳法軒・秀吉側近の祐筆）所への書状、披見候。委細の段聞こし召し届けられ候。その方（昌幸）進退の儀、何れの道にも迷惑せざる様に申し付くべく候の間、心易かるべく候。（下略）（『真田家文書』）

これは性懲りもなく、今度は秀吉に降参した昌幸に対して、秀吉はいずれにも迷惑のかからないようにしてやる、と述べたもの。徳川、北条、そして上杉――秀吉はこの三者をなにがなんでも屈服させ、臣下の礼をとらさねばならなかった。

この時期だからこそ、昌幸は生かされた、と筆者は思っている。

年が明ければ天正十四年六月、上杉景勝は大坂で秀吉と会い、その政権に参加することになる。十月には家康が、大坂城において秀吉に臣下の礼をとった。そして十二月には、惣無事令《そうぶじれい》――関東・奥羽の諸大名に、戦闘行為の停止を、秀吉は厳命する。

もし、天正十三年十月以前に、右の三大名がことごとく秀吉に降参していたとすれば、当然、昌幸への扱いも大きく変わり、彼のために実質天下人の秀吉が、何事かをしてくれる、などということはあり得なかったであろう。

実は天正十四年（一五八六）五月の時点で、秀吉は妹の旭姫《あさひひめ》を家康の正室に送り込み、形式的な婚儀を執りおこなっている。家康はこれを両者の手打ちと考え、七月十七日、昌幸を再び討つべく駿府まで出陣し、十九日には甲府まで進んでいた。

が、八月七日、秀吉の斡旋——というより圧力——により、上田攻めを延期としている。次にあげたのは、増田長盛《ましたながもり》、石田三成（二人とも、のち五奉行）による連署であったが、この中で昌幸のことが触れられていた。

真田の事、先度《せんど》この方において仰せ出し候如く、表裏比興《ひょうりひきょう》の者に候の間、成敗《せいばい》を加へらるべき旨仰せ出され候間、定めて家康人数相動く候条、その方より一切に見継《みつぎ》（助勢すること）等これあるまじき由に候。（『上田家記』）

ついに、「表裏比興の者」との表現が出た。秀吉は昌幸を、外面と内面の異なる言動に、裏表のある者、卑怯者との印象を抱

豊臣秀吉

いていたようだ。

ただ、それでいて殺さず生かしておいたことを考えれば、この昌幸の〝比興〟には、誰もがうかがいしれない、スケールの大きな、真似することのできない、「そこまでするのか」という驚き、呆れ、畏敬の念がこもっていたようにも感じとれるのだが、いかがなものであろうか。

真田昌幸の存在は、戦国日本史において、きわめて特異なものであったことは間違いない。なにしろ、織田信長の登場によって、戦国の大名のせめぎ合いはピークを迎え、かつての名門三国軍事同盟のうち、今川家・武田家の二家がすでに滅んでいた（このあと北条氏も）。

そうした中で、滅んだ家の被官、支配下から出て、独立したのが徳川家康であったが、彼は良くも悪くも織田信長という隣人同盟者に振り回された。それ以外で、亡国の臣から生き残り、しかも独立した勢力を保持しながら、最終的には大名家に成り上がった家と人物が、どれほどいたであろうか。

筆者には九州の鍋島直茂《なべしまなおしげ》、立花宗茂《たちばなむねしげ》以外、真田家しか思い浮かばない。

なぜ、昌幸は生き残れたのか。なまじ通史の流れを知っている後世の筆者《わたし》にすれば、この生き残りが奇跡にも思われた。おそらく最大のピンチは、この「表裏比興の者」という言葉が登場した、まさにこの時であったろう。秀吉は昌幸を、征伐する許可を家康に与えていた。が、九月十五日に秀吉が景勝に出した書状では、「真田の事、先書に仰せ遣《つか》はされ候如く、表裏者に候間、家康も仰せ出され候と雖《いえど》も、この度の儀、先づもつて相止め候」(『上杉家文書』)

と、なにかしら奥歯にもののはさまったような言い方を、秀吉はしている。

筆者はこの秀吉の返答に、「表裏比興の者」が潰されなかった理由を読む。

家康がまだ、完全に秀吉に対して臣下の礼をとっていなかった現状というべきか。この疑念が大きかった、とみている。秀吉は景勝の面子を立てて、昌幸を殺すのを思いとどまっている、という意味のことを越後へいい送っているが、この時点で秀吉は、家康が北条氏政と組んでの大どんでん返し――自分へ刃向かってくる可能性を、まだ捨て切ってはいなかったのではないか。

もし、二人が組んで向かってくれば、関東の後方を昌幸と景勝に担当させる腹であったのだろう。捨ててもいい駒だが、しばらく置いておいても不都合はない、というのが秀吉の昌幸に対する本音であった。

はじめて真田幸隆に目通りを許した、信玄の心情と同じであった。

「表裏比興の者」の反撃

その証左に、家康が秀吉に完全に屈服するや否や、真田昌幸、小笠原貞慶、木曾義昌といった、かつての家康からすれば裏切り者たちを、秀吉はその所領ごと、家康に引き渡している。実《げ》に恐ろしきは、〝政治〟であった。

天下人に王手のかかっている秀吉にすれば、大きく所領を動かして混乱が生じることのないよう、穏便な処置をしたのだから、上首尾であったろうが、家康の下に突然、下げ渡された昌幸はたまったものではあるまい。

天正十五年三月十八日、昌幸は小笠原貞慶ともども、かつての敵に頭を下げるべく、駿河に赴いている。家康はここで、昌幸を取り込む工夫をするべきであったが、どうもあえてそれをしなかったように思う。否、家康にその気はあっても昌幸が、またここでも、しつこく食い下がったに違いない。

その後、秀吉は北条氏政の上洛をうながすため、昌幸の所領の一つ・沼田城を北条氏に与えた。だが、昌幸はここでも食い下がり、沼田城の西北約六キロの名胡桃《なぐるみ》城だけは手渡せません、といい張った。

「名胡桃は、わが墳墓の地にござれば――」

と、政治的譲渡の対象から逃れるべく、巧妙な手を打った。

この時代、墳墓の地は墓に埋められている者が占有してしかるべし、という宗教的な解釈が、一般になされていた。そのため政治的な駆け引きから、墳墓の地は除外されたのである。結果、沼田領の三分の二は北条領にもっていかれたものの、三分の一を死守することとなった。凄まじい昌幸の執念といってよい。

家康にとっては、どこまでもいやな男であったろう。

昌幸は手放した三分の二の代替地として、信濃箕輪領を得た。この地も彼の父にとっては、思い出深いものであった（第一章参照）。が、昌幸はこれで納得していたのだろうか。

筆者はこの時、すでに「表裏比興の者」の一世一代の反撃が開始されていたように思う。いつ使い捨てにされてもおかしくないような昌幸は、このあと不意に、「豊臣」の姓まで許されている。この厚遇、変化はさて、何によってもたらされたものであったのだろうか。

筆者の見解を述べる前に、見落としてはならない、小さな出来事にふれておきたい。

この年＝天正十七年、真田家では昌幸が四十三歳、信幸が二十四歳、信繁が二十三歳となっていたが、この中の嫡子信幸が家康のもとへ出仕することとなった。家康はその人物を高く評価して、〝四天王〟の一人・本多忠勝の娘・稲姫《いなひめ》（於小《おね》亥《い》・のち小松姫）を自らの養女としてまで、信幸に娶らせている。『甲陽軍鑑』は天正十四年としているが、これも明らかな誤りである。

それにしてもこの時期、なぜ、信幸が家康のもとへ出仕したのか。筆者は以前から疑惑を抱いていた。家康は徹頭徹尾、昌幸を嫌っている。その心情を無論、秀吉も知っていたはずだ。なのに、なぜ……。

不可解はつづいた。この直後、何が起きたか。日本史は、とんでもない事件に遭遇していた。歴史を検証してみるとよい。この年の十一月三日、北条氏邦の家臣で沼田城代に任じられていた猪俣邦憲が、どうしたわけか突然、真田領の名胡桃城を攻略するという、道理にはずれた珍事を引き起こしていた。この一挙が、北条征伐の直接的な引き金となる。

事件そのものは、実に単純なものであった。真田家の家臣で名胡桃城の城代をつとめる鈴木主水《もんど》──その部下である中山九郎兵衛を、北条家の猪俣邦憲がそそのかして、主水をいつわって上田城へ呼び出し、城を留守にさせたすきに、北条勢が九郎兵衛の手引きで城内へ、そのまま城を乗っ取ったのであるが、すでにみた超老大国となっていた北条氏が、この一件に関してのみ、どうしたことか、似つかわしくないほどにスピーディーな動きを示していた。

問題はこの事件、額面通りに受け取っていいものかどうか、である。筆者は、昌幸が秀吉に売り込んで、北条方に手を出させるように、謀略をしかけたのではないか、と疑っている。

ズバリ、秀吉が北条氏を討つための、大義名分作りであった——。

憐れであったのは、主水である。彼は何も知らず、九郎兵衛にだまされて上田城へ向かい、その途中、立ち寄った岩櫃城で城将・矢沢頼綱に謀叛を注進される。主水は慌てて引き返したものの、城はすでに北条氏の手に落ちたあと。万事は休す。主水は正覚寺《しょうがくじ》（現・群馬県沼田市鍛冶町）に入って、腹を切って果てた。

この一件が、そのまま北条征伐の引き金となったのは、「惣無事」——大名間の領土紛争を、私戦と断じた秀吉の法令——に、北条氏が違犯したことが、その理由とされたからだ。

秀吉はすぐさま、昌幸や小笠原貞政《さだまさ》（秀政《ひでまさ》）、上杉景勝に対して、北条氏が押し寄せてきたら、その方たちでまずは食いとめておけ、自分自身も出馬するといい切っている。

「抜公事表裏《ぬけくじ》」（『真田家文書』）

北条氏のやったことは、許すことのできない天下の大罪である、と秀吉は決めつけているのだ。が、どうにもこの流れは怪しい。事前謀議の臭《におい》がプンプンする。

とくに、昌幸と並んで出てきた小笠原氏が臭《くさ》いのである。

筆者にはこの家が、真田氏と生き写しの、それこそ同じ「表裏比興」の家＝三代に思われてならないのだが。読者諸氏はいかがであろうか。

もう一人の「表裏比興の者」と信繁の初陣

——少しだけ、脱線を許していただきたい。

昌幸とともに、北条氏の防波堤になるように、と秀吉に命じられた小笠原貞政の家は、清和源氏の後裔であり、甲斐小笠原に住んで、南北朝時代に足利尊氏に従い、信濃守護となった名門である。

第一章でみた武田信玄と争い、敗れて没落し、越後の上杉謙信を頼った小笠原長時は、この貞政の祖父にあたる。つまり、真田家にあてはめれば幸隆であった（長時は幸隆より一歳年下)。

長時は越後から、どういうわけか摂津芥川城(現・大阪府高槻市)に出て、再起をはかろうとしたものの、今度は織田信長に敗れてしまう。

しかたなく長時は、再び上杉氏を頼り、五百貫の知行を受けることとなった。

謙信の死後は会津の蘆名《あしな》氏に寄寓し、同地で長時は天正十一年(一五八三)に死去している。

さて、息子の貞慶である。彼は長時の三男、昌幸と同じ境遇であった(昌幸より一歳の年上)。貞慶は父が蘆名氏を頼ったおりに、小笠原の家督を相続していた。

その後、貞慶は徳川家康の計らいで父の旧領へ戻ることとなった。

にもかかわらず、こちらの「表裏比興の者」も主君家康一筋とはいかず、石川数正が家康を裏切って出奔したおり、数正と行動をともにして、一緒に秀吉のもとへ走って、臣下の礼をとった。そして、北条攻め=小田原の役となる。

ついでながら先のことを述べれば、小田原攻めを昌幸とともに前田利家の先鋒としてつとめた貞慶は、奮戦して讃岐半国を与えられる。

ところが九州征伐のおり、秀吉に追放された尾藤《びとう》甚右衛門《じんえもん》知宣《とものぶ》——秀吉の軍師をつとめた竹中半兵衛が、死去したときに、後事を託すべし、と遺言した人物——を庇護したことが発覚して、秀吉の怒りを買い、改易となった。

その後、貞慶は性懲りもなく、再び家康に仕え、長男の貞政を徳川家に人質に出し、貞政が天正十八年に下総古河《こが》城三万石の城主となると、それにしたがってかの地に移り、ここで文禄四年（一五九五）に亡くなった（貞政は信幸より三歳年下）。息子の貞政は、これまた昌幸の長男・信幸と実によく似ていた。貞政は家康の長男・松平信康の娘を妻にしていた。この妻の母は、信長の長女・徳姫（五徳）である。

その内助の功もあり、貞政は松本城に返り咲き六万石を拝領（かつての石川数正が八万石で居城）。ようやく安定したかと思うと、大坂夏の陣で貞政は、その子・信濃守忠脩《ただなか》とともに戦死してしまう（第四章参照）。

そういえば貞政も、信幸と同じように主《あるじ》から一字をもらい、名を「秀政」と改めていた。

筆者には昌幸と貞慶が、小田原の役のきっかけ作りに蠢《うごめ》いたのではないか、と推測している。何一つ証拠を残さない、この完璧なまでの仕事ぶりは、そうそう他の人々に真似のできるものではあるまい。やはり、「表裏比興の者」の仕業であったろう。

――話を、小田原征伐へ戻す。

貞慶―貞政父子とともに、昌幸―信幸父子も関東案内者として先陣を命ぜられ、北陸道の大将・前田利家、上杉景勝の軍に合流する。

このおり真田家の次男坊・信繁も参陣していた。彼は上杉家に人質となって遣わされていたのだが、上杉景勝が秀吉に臣下の礼をとった前後に、豊臣家の人質となっている。真田父子は、上野と武蔵の国境《くにざかい》に放火をしたり、北条氏側の城砦を撃砕したりと、それなりの活躍をしていた。信幸にいたっては、松井田《まついだ》城（現・群馬県安中《あんなか》市）を自ら落としている。

ちなみに、この松井田城攻めが、兄と参加した信繁の初陣という。

この信繁は、永禄十年（一五六七）に甲府で生まれた、とされている。母は山之手殿《やまのてどの》（宇田《うだ》氏とも・松代藩士・竹内軌定《のりさだ》の編纂による松代藩歴代の史書『真武内伝《しんぶないでん》』）というが、どうであろうか。遠山氏（江戸の元禄年間に成立したと伝えられる史書『沼田記』、木村穀斎高敦《こくさいたかあつ》著『続武家閑談』）ともいい、はては堂上公家の菊亭《きくてい》（今出川《いまでがわ》）大納言の娘というのもあった（『先公実録』、『滋野世記《しげのせいき》』）。

右の信繁の生年も、「永禄十年丁卯誕生。〈中略〉元和元年乙卯五月七日、摂州大坂天王寺表《おもて》に於《おい》て戦歿《せんぼつ》。年四十九」（『左衛門佐君伝記稿《さえもんのすけくんでんきこう》』）を受けたものである。この記録は真田家の重臣・河原綱徳《かわらつなのり》が中心となって編纂したものであった（成立は天保十四年＝一八四三である）。

史料によっては四十六歳で戦死、とした『長国寺過去帳』などもあるから、そうなれば生年は永禄十三年となる。ただ、この過去帳はだいぶあとになってから書かれたもので、信憑性はきわめて低い。

信繁の幼名は弁丸、元服後に源次郎を称した。

兄・信幸の通称が源三郎であったが、真田家では昌幸が源五郎、その弟の信尹が源次郎であったから、かならずしも出生順で漢数字がふられたわけではなかった。

信幸・信繁兄弟には、上に長姉の村松殿がいた（のち小山田茂誠《しげまさ》の室）。

年子の信繁の下には、信尹の長子・真田長兵衛幸政に嫁いだ妹が、その下には家臣・鎌原重春《かんばらしげはる》に嫁いだ妹が、さらにその下には高遠城主・保科正光《まさみつ》の室となった妹、石田三成の猶子《ゆうし》（養子）＝石田刑部少輔（宇田河内守頼次の実子・信繁の従兄弟？）の正室となった妹がいた。彼女はその後、昌幸とは因縁浅からぬ滝川一益の、孫にあたる徳川旗本・滝川一積《かずあつ》の妻となっている。

女子四人がつづいたあと、信勝（左馬助）、昌親（内匠）と男子が二人つづき、その下に美濃土岐氏の庶流である妻木頼照《つまきよりてる》の妻となった妹、一番下が於楽と伝えられている。蛇足ながら、右の保科正光の継母は家康の異父妹であり、わずかながら家康と真田氏は姻戚関係にもあったことになる。

天正十三年、第一次上田合戦を前に、弁丸こと信繁は人質として海津城へおもむいたようで、城将・須田満親《すだみつちか》が昌幸の将・矢沢綱頼（頼綱のこと・諱については諸説ある）に送った八月二十九日付の手紙が現存している。

「今度御証人（人質）として、御幼若の方越し申され、済み入り存じ候」

このとき、矢沢頼綱もわが子・三十郎頼幸《よりゆき》（頼康《よりやす》とも）を差し出していた。頼幸は軍代として信繁の傍らにあり、百騎の上田勢もこの時、春日山城に勤仕していた。九月には上杉家の内戦＝新発田攻めに、頼幸は信繁の代理として参陣、見事に武功をあげている。

ついでながら、大坂の陣での弟・信繁の華々しい活躍の陰に隠れて、いささか影の薄いのが兄の信幸だが、筆者は史上二年間だけ歴史の舞台に登場し、大活躍を演じて彗星のごとく消えていった信繁に比べ、この兄は九十三歳まで生きており、その人生の行路は厳しくつらく、緊張を強いられつづけた一生であったように、思われてならない。

その言動は、おいおいふれていきたいと思う。

朝鮮出兵から関ヶ原へ

結局、七月五日、北条氏直が豊臣秀次（秀吉の甥）の内衆《ないしゅ》（奉公人）である滝川雄利《かつとし》の陣所に駆け込み、降参を願い出て、北条征伐は終了する。都合、八十日間余の籠城戦であった。

北条氏政と氏照（氏政の弟）は自害、当主氏直は家康の婿ということで助命され、高野山へ（のち天正十九年に死去、享年三十）。七月十三日、秀吉はこれまでの胸のつかえをはき出すように、家康の旧領ことごとくを取りあげ、代わりに北条氏の遺領を与えた（これは小田原の役がはじまる前からの、公示ではあったが）。

このおり、先にみた石川康正《やすまさ》（数正の変名）は、安曇郡と筑摩郡を与えられ、松本城八万石を与えられる。筆者が首をひねりたくなるのは、このあとだ――。

なんと沼田領が、そっくりそのまま昌幸に戻っているのである。秀吉はその承諾を家康にとるべく、直筆の書状まで送っていた。なぜ、秀吉はこのような特別扱いを、昌幸にしたのであろうか。「表裏比興の者」と罵倒していたのではないのか。

筆者は北条氏征伐のきっかけを作った、秀吉と昌幸の事前謀議――その論功行賞であったろう、と推測している。

それにしても昌幸にすれば、己れの目的＝自領の安堵を得たわけだから、大したものである。家康もこの件、うすうす気がついていたのではあるまいか。

再び沼田を安堵された昌幸は、自らは本拠地の上田に移り、小県支配に専念。沼田領の経営は、家康を刺激することをさけて信幸に任せている。

その後、昌幸―信幸・信繁父子は、秀吉の奥州征伐にも参画。信繁はこの間、兄にかわって上野支配の実務を担当していたようだ。

秀吉の天下統一は、ついに成った。天正十八年（一五九〇）八月のことである。

これは日本史上、初の快挙といってよい。これまでも鎌倉・室町と幕府は出現したが、天皇領をはじめ寺社領など、武家の手の出せない領域が存在した。

ところが関白となった秀吉は、それらすべてを自儘に動かすことができる立場にたった。

この秀吉のもとで、「表裏比興の者」＝昌幸は諸大夫《しょだいぶ》（四位・五位まで昇進した地下人）に推挙され、真田安房守昌幸となる。息子の信幸は「豊臣」姓と従五位下に叙せられ、伊豆守に任じられる。のちに信繁も左衛門佐《さえもんのすけ》の官名を与えられる。

つまり真田家は、豊臣氏の譜代に準ずる位置づけに直ったわけだ。

文禄四年（一五九五）七月、秀吉の養子となり「関白」を譲られた秀次が、謀叛の嫌疑をかけられて、一族ことごとくが誅殺されるという、惨《むご》たらしい疑獄事件が起きた。お拾《ひろい》（のちの豊臣秀頼）が生まれたことが原因とされ、わが子・お拾の行く末を案じた秀吉が、無理やり秀次を自殺に追い込み、その妻妾や子供たちを三条河原で斬殺したとされている。

この年、信幸には長男の信吉《のぶよし》が生まれている。のちの沼田城主だが、母は真田信綱の娘ともいうが、詳しくはわからない。

ここで内政の充実、乱世から泰平への転換をはかるべく、政治・外交を展開したならば、豊臣政権は盤石となったであろうが、歴史はそれほど単純ではなかった。〝下剋上〟のエネルギーは、容易に止まらない。よりよい生活を求めて、真田二代が戦ってきたように、いずこの大名家でも次の戦《いくさ》を求めて、余剰の人員をかかえていた。より大きな武功をあげ、身代を大きくするために――。

加えて、天下人秀吉は天正十五年六月、バテレン追放令を出した。キリスト教と、表裏一体の関係にあった南蛮貿易は停滞。ならば下剋上のエネルギー処理も兼ねて、と打ち出されたのが朝鮮出兵＝文禄・慶長の役であった。

文禄元年（一五九二）から慶長三年（一五九八）まで、一度の休戦を挟んでくり広げられた外征は、結局、日本軍の敗戦。秀吉の死とともに、撤退となった。
慶長四年（一五九九）二月二十日、二年前よりも激しく浅間山が鳴動した。閏三月三日、豊臣政権を家康とともに支えてきた大老・前田利家が病没（享年六十二）。

利家が重病となって以来、秀吉の遺約をことごとく破り、政権内の武断派大名——福島正則《ふくしままさのり》・加藤清正・黒田長政・浅野幸長《よしなが》・細川忠興《ただおき》・藤堂高虎《とうどうたかとら》らに接近をつづける家康に対して、政権内文治派の石田三成・前田玄以《げんい》、増田長盛、小西行長らは危機感を募らせていく。

家康は武断派のみならず、有力大名との縁組み——伊達政宗や福島正則、蜂須賀《はちすか》家政《いえまさ》らと勝手に縁つづきとなり、多数派工作を開始。金銭的に困った大名にも救いの手を差し伸べ、自派へ吸収する下地をつくっている。これらの行為は、秀吉が生前、厳しく禁じた掟《おきて》を破ることであった。また、秀吉が死の直前に急拵《きゅうごしらえ》した〝五大老〟〝五奉行〟による集団指導体制を有名無実化し、大老筆頭としての家康の、独裁色を際立たせるものでもあった。これらによって家康は、反対派の怒りを膨《ふく》らませ、できることなら先方から決起させようと目論む。

巨大な豊臣氏の権力をつぶし、政権を奪取《だっしゅ》するには、大きな戦《いくさ》を仕掛けねばならない、と家康は決意を固めた。五十八歳という己れの年齢を考えると、政権が棚ぼたに落ちてくるのを、気長に待つ余裕はなくなっていた。

しかし、秀吉の遺児・秀頼をかつぐ豊臣恩顧の大名を、すべて敵に回しては勝利など覚束《おぼつか》ない。そこで家康が目をつけたのが、豊臣政権の内紛であった。朝鮮出兵以来、不協和音が大きくなってきた、武断派と文治派の対立——これに便乗した家康はまず、亡き前田利家の嫡男・利長《としなが》にいちゃもんをつけ、加賀征伐をぶちあげる。前田家中は開戦と講和の二派にわかれて、大評定となった。が、亡き利家の正室・芳春院《ほうしゅんいん》が息子の利長をなだめ、自らが江戸に人質にいくことで、事態を収拾した。

開戦と真田家の去就

ならば、と家康が次に標的としたのが、昌幸とは因縁浅からぬ、自分と同じく五大老の一《いっ》・会津に移封したばかりの上杉景勝であった。

家康は景勝に謀叛の疑いをかけ、慶長五年六月、豊臣家の大老として、主君秀頼の代理として出陣する体裁をとり、討伐軍を東へ進めることとなる。

しかも、軍資金として黄金二万両と米二万石を秀頼よりせしめている。自らが大坂を離れれば、〝五奉行〟の石田三成が起《た》つと家康は確信していた。予想通り、三成は家康の挑発にのるように挙兵に踏み切る。

ところがここで、家康の予測を上まわる事態＝三成が多数派工作を成功させる――が起きる。

家康は当初、上杉征伐にひきつれた兵力約五万五千（参謀本部編『日本戦史』によれば合計六万九千三百余）を二分して、上杉氏と三成の双方を同時に討とうと考えていたのだが、三成――実際に考えたのは大谷吉継――は、中国地方の雄にして、家康に次ぐ大老・毛利輝元《もうりてるもと》を西軍の総大将に擁立《ようりつ》。三成は総参謀に位置づけて、家康の秀吉遺命違反を列記。諸大名に廻状し、反家康陣容を結成し、軍勢を美濃方面に集結させた。

「西軍の実数は、十万に迫る勢いにて――」

下野小山《おやま》（現・栃木県小山市）でこのことを知り、家康は全身をふるわせる。

「まさか、これほど集めるとは……」

家康は絶句した。七月二十五日のことである。

三成にできる限り多くの味方――せいぜい一万五千程度――を集めさせ、一度にこれを討てば政権奪取は早くすむ、ぐらいに考えていたのだがとんでもないことになった。こうなっては、率いてきた上杉征伐軍の中からも、離反者が出る可能性が高くなる。この時、家康は五十九歳、昌幸は五十四歳、信幸は三十五歳、信繁は三十四歳であった。

去る六月十六日、大坂から一度、江戸へ戻った家康の動きを、昌幸の嫡子信幸は翌十七日に、家康の後継者・徳川秀忠から聞いたようで、上杉征伐の作戦の賛否を秀忠に問われ、同調した信幸は、秀忠を大いに満足させたという。

無論、このときはまだ、西軍は微動だにしていない。家康は七月二日より二十一日まで江戸に在城し、二十一日に小山に向けて出発。七月二十四日に現地に到着した家康は、なんとここに八月四日まで在陣することとなる。

一方、昌幸のもとへは、七月十七日付の長束正家《なつかまさいえ》・増田長盛・前田玄以から五奉行の書状「内府（家康）御違ひの条々」を添えた、手紙が届けられた。

この書状は、家康が秀頼を見捨てて出馬した事実を非難・攻撃し、秀吉の恩を忘れていないのであれば、秀頼への忠節を尽くすため、家康と戦うべきである、と昌幸の決心を促している。

三奉行の連署状が真田昌幸のところにもたらされたのは、慶長五年（一六〇〇）七月二十一日、一行が下野の犬伏《いぬぶし》（現・栃木県佐野市）に到着したときであった。

昌幸―信幸・信繁父子はここで、はじめて三成の西軍挙兵を知る。

それをうけて、父子三人は真田家の去就を話し合うこととなった。

昌幸は父・幸隆が重ねた苦労、その父が参加していた滋野一族（海野氏も含む）の末路、仕えた武田家の滅亡、覇王・織田信長の横死と〝天下布武〟の終焉など、〝家〟が潰れることの悲惨さを、これまで嫌というほどみてきた現実を語った。

信幸の妻・小松殿の父・本多忠勝

信幸・信繁にも、沼田領の存亡を賭けての、父・昌幸の苦闘は理解できた。なにしろ十五年前のことでしかなかったのだから。

家族が一丸となって、家を残すにはどうすればいいか。今回のような東西決戦では、博奕《ばくち》は五分五分――ならば、真田家を二つに分けるしか方法はなかった。

一方が残れば、真田家としてはそれでよい。昌幸は息子二人に説いたであろう。

いつからか、三成と真田昌幸は、かなり密接な関係で結ばれていた（詳しくは後述）。したがって、昌幸にいわせれば、なぜ、事前に相談がなかったのか、という思いは強かったようだ。おそらく三成は、挙兵の実務に追われていたのだろう。彼はそれでいて、最初から昌幸を当《あ》てにしていた。

一方の昌幸の嫡子信幸は、本多忠勝の娘を、しかも家康を養父として、妻に娶っている。主君と仰ぐ家康に、父・昌幸が抱きつづけてきたような、感情的もつれはない。誰が考えても東軍であろう。彼は去っていく父と弟と別れ、自分の決意のほど、父と弟の動向について、すぐさま家康に注進している。こういうことは、タイミングが重大であった。まだ、どの大名が味方で、どの大名が敵なのか、さすがの家康も判然としていない。心中はさぞ、不安で一杯であったろう。

そこへ私は残ります、という信幸の言である。家康はその手を押しいただかんばかりに感謝し、「奇特千万に候」とまで信幸をほめそやし、七月二十七日には、なにがあっても、父の領土も含め、そなたに与える、といい切っている。

また他方で、昌幸が三成についたのも当然であったろう。昌幸の妻と三成の妻はともに宇多（田）頼忠《よりただ》の娘＝姉妹との説があった。

この宇多氏は本来、真田家と同じ信濃の土豪の出で、「尾藤」を姓として小笠原長時に仕えていたが、長時が敗れて越後へ逃亡すると、頼忠はそれにしたがったものか、いずれにせよ空白期間を経て、長篠・設楽原の合戦後には近江に出没。主取りの運に恵まれた頼忠は、新興の羽柴秀長（秀吉の実弟）に仕えて、その縁から次女を三成に嫁がせた。

それ以前に信濃時代に、長女を昌幸に嫁がせたともいわれるのだが、いささか年齢があわないことから、否定する研究者も少なくない。が、三成との縁から頼忠の子・頼次は、すでにみたように三成の猶子となっていた。この頼次の正室は、昌幸の五女であることは間違いなかった。

また、次男信繁の妻は、三成の盟友であり、事実上の関ヶ原の戦いを設計した大谷吉継の娘である（のちに、九度山《くどやま》に信繁と同行することになる）。

加えて、筆者が一番、昌幸の西軍荷担に大きく作用したと思うのは、亡き秀吉の打ち込んだ楔《くさび》であった。何らかの約定により秀吉の譜代となるべき道を選んだ昌幸である。この男はどう転んでも、家康支持とはならなかったように思われてならない。

信繁の義姉は、義父・真田昌幸を追い返した

下野の犬伏において、西軍＝石田三成への荷担を決めた昌幸―信繁父子は、家康に叛旗をひるがえした手前、できるかぎり素早く、上杉征伐の陣所を離れねばならなかった。追撃される可能性があったからだ。

真田氏の支城・沼田城は犬伏から約二十里（八十キロ）の道のり。赤城山をへだてた北方にあり、父子は強行軍で日暮れには、沼田城にたどりついていた。

沼田城は西に利根川、北に薄根川をひかえた断崖の上にあり、東と南は岡つづきであったが、いくつも掘られた深堀は、要害堅固といってよかった。

今、この城の主・信幸は家康のもとにあった。その留守は彼の妻で、〝徳川四天王〟＝武辺の将たる本多平八郎忠勝の娘が預っていた。大変な美人であったといい、小松殿《こまつどの》（小松姫）と人々は呼んでいたようだ。

沼田城に到着した昌幸は、門番に開門を命じたが、門はぴくりとも動かない。昌幸に従っていた真田家の家臣たちが大いに怒り、

「大殿のご帰還なのに、なぜ門を開けぬのか。この上は破って押し通るぞ」

とわめいた。

するとそこへ甲冑を帯し、薙刀を小脇にかかえた、小松殿が門際に現われる。

「門を開けよとは、そも何者ぞ。殿はご出陣中。その留守をねらっての狼籍であれば、一人残らず討ち捕えよ」

と叫んだ。

このとき小松殿は、幼い子供たちとともに留守を守っていたのだが、閉口した昌幸はこの嫁のもとへ使者を遣わし、

「わしは亡き太閤殿下に一方ならぬ恩義がある。また、徳川殿に抗《あらが》った石田三成は縁戚でもあり、これに味方することになった。これより上田に立ち帰るが、戦《いくさ》が始まれば、明日の生命《いのち》も計りがたい。ついては、そなたと孫どもの顔を、今生《こんじょう》の別れに今一度見たいのだが……」

と、口上を述べさせた。

「わかりました」

と、答えるかと思われた小松殿は、普段のたおやかさはどこへやら、

「せっかくのご希望ながら、わが殿は家康様の陣中にあり、たとえ父君、弟君とは申せ、今は敵となったあなたさま方を、城内へお入れするわけには参りませぬ」

と、きっぱり断ってしまった。

しかたなく、昌幸―信繁父子の一行は城下の正覚寺に入り、休息をとったが、その間も城方の監視は厳しくつづいた。

一方、城中では、小松殿がわずかばかりの将兵を叱咤激励《しったげきれい》していた。彼女は義父が権謀術数の人であることを知っており、少しの油断がとんでもない事態を引き起こしかねないことを、戦国の女として肝に銘じていたようだ。

たとえ義父にその気がなくとも、徳川方への聞こえの問題もあった。

城の臨戦態勢を整えていた小松殿のもとへ、

「ぜひとも孫に逢いたい」

と、重ねて昌幸の使者が来た。

「ならば」と小松殿は子供たちを連れて正覚寺に赴《おもむ》き、ついに昌幸と信繁を城へは入れなかった。

八歳の孫六郎（のちの河内守信吉）、四歳の内記（のちの松代藩二代藩主となる信政《のぶまさ》）と会えた昌幸は大いに喜んだという（『真武内伝』『慶長記』）。

帰っていく小松殿や孫の後ろ姿を見送りながら、さしもの昌幸が涙を流して家臣たちに語った。

「さてもさても、さすがは名将・本多忠勝の娘だけのことはある。弓矢取るものの妻は、こうでなければならぬ。われらがこののち、武運つたなく討死しようとも、あの嫁のいる限り真田の家は安泰であろうよ」

こののち、関ヶ原の戦いで敗れた昌幸―信繁父子は、家康によって殺されるところであったが、信之（信幸改め）の陳情、その義父・本多忠勝のとりなしで、高野山麓の九度山に蟄居《ちっきょ》させられることになる。この交渉の裏にも、小松殿の活躍があったとされ、彼女はその後も何くれとなく物品を、密かに高野山へ送りつづけた。

元和六年（一六二〇）二月二十四日、小松殿は江戸から草津温泉（現・群馬県吾妻郡草津町《あがつまぐんくさつまち》）へ湯治に向かう途中、武蔵国鴻巣《こうのす》（現・埼玉県鴻巣市）でこの世を去っている。享年四十八。夫を出世させた、〝内助の功〟――この妻の死に際して、信之は、

「我が家の灯火は消え失《う》せたり」

と洩らしたという。

のみならず、元和七年二月二十四日、信之は亡妻の一周忌にあたり、上田の芳泉寺《ほうせんじ》に墓碑を建立している（のちに松代へ）。また三回忌には、妻のための寺（のちの大英寺《だいえいじ》〈現・長野市〉）を創建しようとして、これを自分の最後の普請だ、と重

臣に語っていた。

昌幸の地政学的な価値

昌幸は、三成が事前に相談もせずに、いきなり三奉行の連署状で〝秀頼への忠節〟を訴えたことに、少なからず不満をもっていたことは、すでにふれた。それは連署状を受け取った昌幸が、同日付で三成宛ての返書の中で記していたようで、返書を受け取った三成が、七月晦日付の昌幸宛ての書状の中で、謝罪していることからもうかがえる。

すなわち、この三成書状では、昌幸の返書が二十七日に、佐和山に到着した旨を述べ、次に、

一、まづ以《もっ》て今度の意趣、かねてお知らせ申さざる儀、御立腹余儀なく候。しかれども、内府(家康)在大坂中、諸侍の心いかにも計りがたきについて、言発の儀遠慮つかまつり畢《おわんぬ》、就中《なかんずく》、貴殿の御事とて公儀御疎略無き御身上に候間、世間かくのごとき上は、いかでかとどこほりこれ在るべけん哉《や》。いづれも

隠密の節も申し入れ候ても、世上成り立たざるに付ては、御一人御心得候ても、専（詮）なき儀と存じ思慮す。但し今は後悔し候、御存分余儀なく候。しかれども、その段ももはや入らざることに候。千言万句申し候ても、太閤さま御懇意忘れ思し食《め》されず、只今の御奉公　希《こいねが》ふところに候事。

と記している。文中に「御立腹云々」とあるから、昌幸が三成に不満を述べたことは間違いない。それには三成も、「今は後悔し候」と、事前に相談しなかったことに、素直に遺憾の意を表明している。

——ここで、少し付け加えておかねばならないことがある。

真田昌幸は、石高わずかに三万八千石の小大名に過ぎない。それでいて三成は、上記のような理由・親しい間柄にあったとはいえ、昌幸に連日のように書状をおくった形跡があり、家康との戦いに勝利した暁には、甲斐・信濃・上野の三ヵ国を恩賞としてつかわす、といった約束まで交していた可能性があった。

昌幸、上田へ着《ちゃく》して、家老共・士大将・物頭《ものがしら》、何《いず》れも残らず相寄せ、此の度、秀頼公へ御味方申すに於《お》いては、甲信上三ヵ国を給ふべしとの証文を、右の者共に見せ、家老禰《ね》津《づ》長右衛門（信光《のぶみつ》、昌綱《まさつな》とも）には小室（諸）の城に六万石を添へて与ふ。矢沢但馬（頼幸〈頼康〉）には、矢沢の城付の知行共に与ふ。小山田壱岐（茂誠・元武田家の家臣・真田昌幸の長女を妻としていた）には松本七万石、其の外家老共に、或は伊奈高遠、所々の城付所領ども宛《あて》行《が》ふべき旨申し渡し、丸子《まるこ》三右衛門（信濃丸子城主で諱は不詳、のち海野氏を称す）は諏訪三万石、安房守末子《ばっし》宮内《くない》（宮内介高勝《くないのすけたかかつ》、昌幸の弟といわれ、のち金井《かない》高勝と称す）、左馬介《さまのすけ》（左馬助信勝《のぶかつ》、昌幸の三男）両人にも、信州の内にゐて差図して知行を分くる。其の外の士大将《さむらいだいしょう》には、只今持懸りの知行を倍して加増をあたへ、

「此の上にも手柄次第、思ひの外に加増すべし。先づ馬上之者の儀は申すに及ばず、歩行の者、又は侍・足軽・小者・百姓・町人に至る迄、此の度の働に付いては、敵の首一つに知行百石宛与ふべし。偽り有るべからず」

と申し渡し候に付、侍分は申すに及ばず、足軽・中間・小者・町人・在々所々の者迄も、勇む事限りなし。依つて城内の普請等、思ふままに拵へ、城下の外町筋をば焼き払ふ。

（「長国寺殿御事蹟稿」『真田史料集』所収）

三成はなぜ、ここまでして、真田家の抱き込みにやっきとなったのであろうか。

確かに、信州上田城主・真田昌幸は、無類の戦《いくさ》巧者として世に知られていた。ときに五十四歳で、脂ののりきった年齢である。

とりわけ、すでに東海の覇王となっていた徳川家康の軍勢を向こうにまわして、徹頭徹尾、少人数のゲリラ戦でもって抵抗、跳ね返した第一次上田合戦は、もはや戦《いくさ》というより、芸術の域に達していたといっていい巧緻な軍配であった。徳川方にとっては、家史に残る潰滅的な打撃を受けた敗戦であったろう。

秀吉にとって家康が、最後まで遠慮と畏怖のすてきれぬ〝天敵〟であったとすれば、家康にとってこの信州の小豪族こそが、まさに大の〝天敵〟であったといえる。

とはいえ、三成はこの武辺絶妙の、昌幸の手腕だけがほしくて、連日にわたる書簡攻勢をかけたのではなかった。

狙いとするところは、その立地＝地勢にあったようだ。すでに会津に向かった家康軍＝東軍は、東海道にひしめいており、この街道から会津との連絡をとるのは不可能に近かった。上田城はもう一方の街道・中山道における、上方と会津を結ぶ連絡中継地にあたる。戦略上、ぜひとも確保しておかねばならない要所であった。

昌幸の次男信繁は、かつては上杉家に人質として預けられていたこともある。信繁の妻が大谷吉継の娘であったのも、三成にとっては好都合な会津＝上杉景勝への中継者＝真田家を意味していた。

俗説がいうような、事前の密約こそなかったものの、家康打倒に立ち上がった三成にとって、かねてから昵懇《じっこん》の上杉家の家宰・直江兼続は、同じ目標――武士の教養・道徳を築かねばならない、という思い――をもつ同志であり、これから動き出す豊臣軍＝西軍と会津上杉軍は、先々は連合軍となるのは必定。三成は挙兵の以前から、この中山道ルートの確保、上杉氏との連合を細々《こまごま》と考えていたのであった。

家康はもう少し、三成なる人物をよく観察すべきであったかも知れない。

先にあげた三成の七月晦日付書状には、次のような事項も記されてあった。

此方より三人使者を遣《つか》はし候、右の内一人は貴老（昌幸）返事次第案内者を添へられ、此方へ返し下さるべく候。残る二人は会津への書状共遣はし候条、其方より慥《たしか》なる者御そへ候て、ぬまた（沼田）越に会津へ遣はされ候て給ふべく候。

三成の用意周到な計画《プラン》

三成の挙兵計画は、その立ち上がりにおいて完璧ともいえる成果を挙げていた。さすがにこの人らしい、スケールの壮大さ、それでいての手堅さが感じられる。これまで三成に関しては、関ヶ原の戦い以前における、種々の家康暗殺未遂が取り沙汰されてきたが、この人物が秀吉の薫陶を受けて成長し、しかるべき豊臣政権の長期ビジョンをもっていたところから考えても、三成は決してその種の陰湿な、企てを謀議したとは思えない。

むしろ正義派の三成は、同じ家康を討つならば正々堂々と旗鼓をすすめ、天下にその非を鳴らし、古今にみない大合戦絵巻をくりひろげるべきだ、と家康との戦いを想定していたはずだ。

三成にとって関ヶ原の戦いは、単なる私怨の合戦ではなかった。義は必ず勝利し、不義は滅びることを、天下の人心に身をもって示し、無明の乱世に道理の灯をともすことにこそ、意義があったのである。

彼はまた、小手先の武力で天下の変わらぬことを知っていた。十八年ばかり前、主君信長を本能寺に封殺した叛臣・明智光秀は、〝三日天下〟（実質十一日間）で潰え去っている。このことは、人々の記憶にあたらしい。

だが、世の中は正々堂々と戦えば、かならず勝利できるというものでもなかった。現に家康のもとへは、自らが家康糾弾に名をつらねた人々までが、丁半博奕を嫌ってか、わが身の保身のためか、三成の動きを逐一、伝えていた。非難はすまい。形をかえた真田家の生き残りと、少しもかわらない。人々は必死でわが家の存続のみを考えていたのだろう。本当に、勝負の行方はわからなかった。

確かに、家康が三成を誘った。問題は、誘導されたはずの三成であったろう。慶長五年（一六〇〇）九月十二日というから、関ヶ原の戦いの、三日前に、三成が増田長盛に宛てた書状によれば、

金・銀・米・銭遣《ぜにつか》はさるべき儀も、此《こ》の節に候。拙子《せっし》なども似合ひに、早、手の内ありたけ（ありったけ、あるだけ）、此の中出し申し候。人をも求め候故《ゆえ》、手前の逼迫《ひっぱく》、御推量ある可く候。

とある。三成は十九万四千石の知行を傾け、全財産を投げうって挙兵の準備をほぼ終えていた。『多聞院日記』によれば、三成は近江に三十万石の知行を与えられていたともある。これは父・石田隠岐守正継の所領三万石や、兄の石田木工頭正澄《もくのかみまさずみ》の所領二万五千石を加え、そのほか、三成が代官をつとめる豊臣家の采配地をも含

めていたのであろう。

三成は多分、これらの収入をことごとく、この度の一挙に投入したはずである。彼の最大の持ち味は、壮大な構想力とその計画・立案の確かさ、実務の迅速さにあった。三成はかつて、亡き秀吉と家康が戦った小牧・長久手の戦いを、秀吉の側近、幕僚として経験している。つづく朝鮮出兵の動員計画では、ほぼ独力でこれを立案し、出陣の諸侯に部署を割り当て、全軍を有効に渡海させた実績も蓄積していた。合戦の準備をさせれば（撤退ももちろん）、三成は決して家康に劣らなかった。否、動員規模では上回っていたといっていい。

上杉家、真田家と連絡し、中山道を押さえて東西挙兵の態勢を整え、西軍の編制を完了した三成は、このとき、すでに両軍の予定戦域をもほぼ確定しつつあった。

西軍挙兵を知った家康は、これにどう対処するべきか。とるべき方法は、三つしかなかった。まずは、とりあえず会津征伐という既定の方針にのっとる。次に、即座に江戸へ戻って守備に徹する。第三は、反転して西上する、であった。

三成はこの中でも、会津攻めの続行はほとんどないとみていた。正面の敵・上杉家に加え、信州に真田昌幸、常陸には三成の盟友・佐竹義宣《さたけよしのぶ》がいる。会津征伐が長期化すれば、東軍は、東下する西軍に挟まれて、哀れ奥州の地に壊滅するであろう。歴戦の将たる家康が、そうした愚策を撰ぶはずがない。

では、江戸防御か、反転西上か——この二者択一のなかでも、江戸に引き揚げて防衛を専らとしてくれれば、三成にとってはこれ以上の喜びはなかったろう。

家康が江戸に閉塞すれば、その間に天下諸侯の動揺を鎮め、武断派を粛清し、家康方の枝葉を刈りとって、秀吉の小田原攻めのように、時間をかけて江戸に攻め下ればよかった。やがて秀頼が成人すれば、豊臣政権は遺漏なく継承され、世人にも認められるであろう。

「わしが家康であれば、取って返し、西上して一大決戦を挑むであろう」

そういったのは三成か、大谷吉継であったろうか。

三成の真田昌幸への書状には、

内府、会津・佐竹を敵に仕《つかま》つられ、僅《わず》かに三万、四万の人数を持ち、分国十五の城を抱き、廿日路上《はつかみちのぼ》らる事、成る物に候や。〈中略〉主の人数一万、上方勢二万ばかり語らい上り候とも、尾・三の間にて討ち取るべき儀、誠に天の与へに候。然《しか》れば、会津・佐竹・貴殿は関東へ袴《はかま》着けて乱入あるべしと存じ候。

「尾・三の間」とは、尾張と三河の国境《くにさかい》、あるいはその周辺を指す。すなわち、かつての小牧・長久手の戦域を、三成は明らかに意識していた。また、彼が佐竹義宣に宛てた書簡にも、

「家康うろたへ上り候はば、尾州三州之間にて討ち果たすべくの儀、案中に候」

とあり、三成ははやくから、この作戦を繰り返し練っていたものと思われる。

「尾・三の間」で討ち取る前提として、畿内に残る家康方の拠点を各個撃破し、次いで伊勢、美濃、北陸の三方面から尾張に進攻するべく作戦を立案しつつ、三成は家康勢を迎え討つ、最終的な要塞構築を開始していた。

これについては、後述に譲りたい。

家康の誤算と巻き返し策

――さて、下野小山の家康である。

七月二十四日、小山に着くまで彼は、周りの諸将にたいして微笑を絶やしていない。下膨れした分厚い顔面に、終始、にこやかに笑みを湛えていた。このことは、この人物にかぎり、きわめて奇異な現象といえる。

信長や秀吉は終生、己れの感情に素直であり、嬉しければ大いにはしゃぎ、怒ればそれこそ雷を落とす勢いを示した。表面上、昌幸も同様であった。だからこそ、こうしたタイプのトップは、鮮烈な印象を周囲に与え、華やいだ雰囲気をもかもし出したといえるのだが、家康は生まれてこのかた、感情の平衡を保つことを、己れに課してきたような生き方をしてきた。そうしたせいか、ややもすればくすんだ色合いが、いつしかこの人物の顔色となってしまう。普段は、激することもないが、微笑だにしない——それが家康であった。

その男が、笑みを絶やさずに進軍している。この機嫌がよかった理由は、二つ考えられた。一つは己れが従えて北上する、諸侯への気配りである。これから合戦に臨むというのに、鎧冑も着けず、ゆったりと輿に乗る様は、諸侯をして、

「さすがは、内府どの」

との心象を、大きく増幅する演出的効果を意味していた。

いま一つは、天下を手中にする日が、いよいよ迫ったことへの予感であったろう。空想することや夢見ることから、ほど遠いこの苦労人にも、ようやくいま、天下が目前に迫っていたのであろう。家康は懸命に、こうした己れの浮《うわ》ついた気持ちを抑えようとしてはいたのだろうが、隠しても出るのが色というものである。

ところが、小山にいたって家康は、一瞬にして笑みを消す。

三成挙兵の兆しに関しては、五奉行の一・増田長盛からも、すでに密書が届いていた。一説には、長束正家、前田玄以からも同様の知らせがあったといい、蜂須賀家政、生駒一正《いこまかずまさ》からも、二十三日に下総古河《こが》へ書状がもたらされていた。

が、それらの通牒は、いずれも具体性に欠けており、小山に届いた忠臣・鳥居彦右衛門（元忠）の手紙によって、家康ははじめて西軍の具体的な動向、全貌を摑んだのであった。

去る七月十八日、大坂城の西軍総大将・毛利輝元の名で、伏見城明け渡しを命じる使者が彦右衛門の許を訪れたが、この三河武士は開城を拒否。翌十九日から、西軍の伏見城攻撃が開始される。問題は、その兵力であった。

西軍兵力を、最高でも三万と見積もっていた家康の思案を超え、伏見城攻めだけでも四万を超える将兵が動員されていたのである。急転西上、乾坤一擲《けんこんいってき》の決戦に及び、それで一切の決着を狙った家康の目算には、明らかに狂いが生じる。

なお、あわよくば伏見騒擾《そうじょう》中に西上し、城方とともに挟撃を目論んでいた家康だったが、それも二十九日、近江佐和山から伏見に到着した三成によって、いともあっさりと破綻させられてしまう。三成は緒戦の、西軍勝利にこだわっていた。

その意を受けた長束正家が、矢文をもって城内の甲賀衆に、

「内応し、城内に放火をせずば、汝らの妻子たちを磔《はりつけ》に処する――」

と裏切りを迫った結果、八月一日早暁（午前零時）、城内に火の手が上がった。

この日、午後三時頃にはついに伏見城は落ちた。西軍の緒戦における、輝かしい一勝であった。もっとも、鳥居彦右衛門が家康に書状を発送したのは、開戦前夜――この結果はまだ伝わっていなかったものの、慧《さと》い家康は、西軍の動向を判断し、伏見落城を見越した。

（――下手をすれば、虻蜂《あぶはち》取らずになるやも知れぬ）

家康は爪を嚙みながら、必死の面持ちで策をめぐらすが、妙案は浮かばない。

すぐさま、徳川家の将士だけが召集され、軍議が開かれた。

急ぎ江戸へ戻り、関八州を固めて、その後に西軍を迎えて、箱根の険《けん》で一挙に殲滅すべし、という本多正信に対して、井伊直政は、

「ものごとには、勢いというものがある。いま、この勢いに乗って怒濤のごとく西上すれば、われらは決して敗れはしない」

と主張。ややあって家康は、直政の言葉を容れた。

しかし、この度の遠征の名分は会津討伐であり、豊臣家に仇なす会津上杉家を、

豊家《ほうけ》の大老筆頭である家康が、秀頼に代わって討つことにあった。遠征が中止となれば、諸侯が小山に滞留する根拠は失せてしまう。

さらには、敵軍＝西軍は豊臣秀頼を擁し、大坂城を本営としている。この幼児は諸侯にとって主《あるじ》である。その家臣たる諸侯を利と感情でもって誘い、各々の自己保全の本能に訴えて、いわば徳川の私兵にしてしまわなければならなかった。

家康は、武断派の中で最も単純で激烈、それでいて諸将に影響力をもつ福島正則に注目した。なにしろ彼の母は、秀吉の母（大政所）の妹であり、正則は秀吉と従弟関係になる。最も豊臣家に近い部将であり、しかも三成を嫌う武断派の首領株であった。

家康は以前から親密な黒田長政の手をかり、正則を取り込んで軍議をリードし、上杉征伐軍を解散しつつ、そのまま軍勢の大半を西進させることに成功する。

そのあと一度江戸に戻った家康は、東西決戦をできるかぎり有利に運ぶべく、外交政略を展開。関東・奥州のみならず、全国の大名に書状をつかわし、重臣たちにも書かせ、九月一日、ようやく江戸を出陣した。

〝天下分け目〟の決戦は、九月十五日に関ヶ原でおこなわれたが、これについて筆者には、別に述べたものがある。本書は目を、第二次上田合戦に向けたい。

誤解されつづける二代将軍・秀忠

西軍勝利の暁には、甲信二国に上野を加え、三ヵ国を昌幸の仕置に任せる、とまで三成はいった。亡き信玄が大大名となる、そもそものスタートが甲信二国の併合であった。三ヵ国併せれば、百十三万一千余石の大名である(甲斐国二十二万七千余石、信濃国四十万八千余石、上野国四十九万六千余石)。

昌幸は得意の、信用手形の乱発を重ねながら、西軍が勝てば――と国人・土豪層を中心に近隣大名の内部からの切り崩しにあたった。調略戦こそ、彼の十八番《オハコ》ではないか。しかも、攻めてくるのは徳川の正規軍三万八千である。相手にとって、不足はない。この度の城方は三千(五千とも)である。真田家の主力は、信幸が率いて東軍側にいた。

第一次のおりは、七千(八千とも)の軍勢を二千(三千とも)で破っている。唯一心外なのは、またしても敵の大将が、家康本人ではないということだ。

家康は別働隊三万を率いて、九月一日に江戸を出発。中山道を押してくるのは、その息子・秀忠であった。このとき、二十二歳。のちの二代将軍であるが、筆者はこの人物ほど、歴史に誤解された将軍はいないのではないか、と常に残念に思ってきた。

天正十一年（一五八三）、『徳川実紀《とくがわじっき》』には、この正月元旦に、三河・遠江・駿河・甲斐・信濃の五ヵ国の国人、土豪たちから、父・家康とともに秀忠が、浜松城で拝賀の礼を受けたことが述べられていた。

ついでながら、秀忠の生母・西郷局《さいごうのつぼね》は、遠江国西郷（現・静岡県掛川市）の土豪の娘＝お愛《あい》の方で、家康の家臣・西郷義勝《よしかつ》に嫁いで一男一女を産むが、のちに夫を戦場で失い、家康の側室となった女性である。温和で誠実な人柄で、正室の築山《つきやま》殿と不仲になった家康の寵愛を受け、秀忠と四男の忠吉《ただよし》（二十八歳で病没）を産んでいた。なお、築山殿は武田家との内通を疑われ、処刑されている。

のちに、秀吉の妹・旭姫が正室となった。

お愛の方は天正十七年、若くして病死しており、十一歳で生母を失った秀忠は、もと今川家の家臣の妻であった「大姥局《おおうばのつぼね》」という、謀臣・本多正信をもやり込めるほどの猛烈な乳母《うば》に育てられ、元服してからは、徳川家の武功派の代表たる大久保忠世が「補佐の臣」をつとめた。ついで、忠世の子で文武に秀でた忠隣《ただちか》が付けられ、このあたりから家康の秀忠に対する〝帝王学〟教育がスタートする。

家康は自らの性格もあったのであろう、秀忠の呑み込み具合を見ながら、徐々に江戸↓関東↓東日本↓全国と、秀忠に任せる統治の領域を広げていった。

ここで重要なのは、そうした家康の配慮に、反発することなく秀忠が懸命に応え、しかも誠実で勤勉な答案を書きつづけたところにある。当然ながら、形式だけとはいえこのあと、二代将軍となる秀忠の周りには、次代を担う優れた徳川家の家臣が集《つど》っていた。その筆頭が、秀忠の誕生まもなく付けられた土井利勝《どいとしかつ》であったろう。彼ら取り巻きは、「大御所」と称して隠然《いんぜん》たる力を発揮する駿府の家康に反発して、政令を江戸城から発することを望み、なにかと駿府の家臣団と対立した。

もし、この争いを許せば、政令二途が生じる愚となってしまう。将軍となった秀忠は、自らの人気が下がることを承知で、自身の家臣団を抑え、父を立てつづけた。

が、この行為が、秀忠の評価をあやまらせることにつながってしまう。

いわく、弱気で消極的な二代目——これに加えて、正室・お江《ごう》（小督《おごう》とも）が六歳年上の妻であり、しかも彼女は三度目の結婚。出自は戦国武将・浅井長政と信長の愛妹・お市の方の間に生まれていた。つまり、豊臣秀吉の愛妾《あいしょう》・淀殿《よどどの》の妹であり、秀忠が頭のあがらなかったことも、世間の評価には災いしたように思われる。

余談ながら、秀忠は妻のお江に気がねして、側室をもたなかったという話が一般に伝えられ、心配した家康が、駿府に二ヵ月余滞在した秀忠の許へ、夜伽《よとぎ》の女性を送ったものの、何もしないでそのまま帰したとのエピソードが、人口《じんこう》に膾炙《かいしゃ》している。これは『徳川実紀』にもある挿話で、菓子をもってやってきた美女に、秀忠は裃《かみしも》をつけて威儀を正して会い、そのまま手もふれずに、家康のもとへ帰したという。

報告を聞いた家康は、

「あきれたものだ。わしなどは梯子《はしご》を掛けても、将軍家（秀忠）の生真面目さにはとても及ばない」

と苦笑したという。

秀忠の謹厳実直のイメージを広めた挿話だが、これは史実とはいえなかった。たてつづけに三人の娘を産んだお江にたいして、二歳で夭折《ようせつ》した最初の男子・長丸の母は「家女《かじょ》」とされている。また、慶長九年（一六〇四）にお江が、のちの三代将軍となる家光、同十一年に忠長《ただなが》を産んだのち、同十六年に生まれた男子＝のちの〝名宰相〟保科正之《まさゆき》の母は、「お静《しず》の方」と記録にあった（詳しくは後述）。

ついでながら、お江は和子《かずこ》を慶長十二年に産んでいる。のちに後水尾《ごみずのお》天皇（第百八代）の女御《にょうご》として入内《じゅだい》した東福門院《とうふくもんいん》である（和子《まさこ》と改称・生母には別説あり）。

話は前後するが、慶長三年八月に秀吉が亡くなったおり、諸大名へ十一ヵ条からなる「覚《おぼえ》」が示された。興味深いのは第一条は家康宛、第二条は前田利家宛であったが、なんと第三条は秀忠に宛てたものであった（第四条は利家の後継者・前田利長宛）。

すでにこの時点で、秀忠の次兄・秀康は下総の戦国大名・結城晴朝《ゆうきはるとも》の養子に出されており、十万一千石の大名になっていた。秀忠の徳川家の家督相続は、誰の目にも明らかであったろう。

保科正之は真田家の一員?!

前述の保科正之と真田氏の、知られざる因縁についてふれておきたい。

のち、会津藩主となり肥後守を称する保科正之は、慶長十六年（一六一一）五月七日、江戸は白金に産声をあげている。が、そこは意外にも竹村助兵衛という人の狭い家屋であり、その出生は世に祝福されたものではなかった。

夜のうちに町奉行・米津勘兵衛に届けられるや、ただちに老中・土井利勝に報告されている。それを聞いた利勝は、さぞ困惑したに違いない。なにしろ、幼名・幸松（あるいは幸松丸）の父は、ときの将軍（二代）徳川秀忠であるというのだ。

利勝が質すと、将軍秀忠は「覚えがある」とあっさり認めた。手ずから葵の紋付の小袖を利勝に遣わし、わが子へ与えてくれと頼む。しかし秀忠はその生前、ついにわが子幸松とは親子の対面をしなかった。お江が怖《こわ》かったのだという。

確かに、この夫より六歳年長の妻は、一面、嫉妬心の強い女性であったと伝えられ、夫には側室を置くことを許さなかったとも。

ところが、秀忠の乳母付きとして大奥に奉公へあがっていた、元北条家の家臣・神尾伊与の娘・お静に、秀忠はつい手を出してしまった。お静は秀忠のお手つきとなったものの、お江の権勢を恐れて一度はわが子を中絶している。幸松＝正之は二度目に懐妊したおりの子で、本来ならば再び闇から闇へ葬られるべきところを、お静の身内に生命《いのち》懸けで匿《かくま》われ、どうにか出産に漕ぎつけ得たのであった。

ちなみに、竹村助兵衛の妻はお静の実姉にあたる。

生まれはしたが、幸松はいわば日陰者のように、その存在を世に知らされることなく育てられた。おそらく秀忠は、将軍家の血筋が忽然《こつぜん》と現われることによる、世の動揺を慮って対面の決断ができなかったのであろう。

幸松を後見してくれた見性院《けんしょういん》・信松院《しんしょういん》姉妹は、いずれも武田信玄の娘であり、二人のはからいで幸松は、信州高遠二万五千石の藩主・保科正光の養子に入ることになった。幸松、数えで七歳のときのこと。戦国の名門・武田家が滅亡してから、徳川家に召しかかえられた遺臣は少なくなかったが、正光もそうした一人であった。しかも、正光の父・正直《まさなお》の継室には、家康の異父同母の妹が入っていた。このことが、多少は養子入り決定に作用したかもしれない。

が、ここでふれたかったのは、保科正光の正室は信幸・信繁兄弟の妹であった、ということである。正光を介して徳川と真田の両家は交差していた。

併せて、保科正之を守り育てた人々は、その多くが今は亡き武田家ゆかりの人々でもあった、ということである。

正光は当然のことながら、将軍秀忠の許しを得て、幸松を引き取った。秀忠は養育料として、五千石の加増をおこなっている。寛永八年（一六三一）十月、養父の正光は死去。元服して名を正之と改めた幸松は、養父の遺領を相続した。その翌年、今度は秀忠が薨《こう》ずる。

名実ともに、正之の異母兄・三代将軍家光の治世となった。

家光は生まれて以来、長く正之の存在を知らされていなかったが、父の死の直前、人伝《ひとづて》に正之のことを聞かされ、寛永十一年三月に兄弟の対面をおこなっている。家光は、あくまで高遠藩主としての分を越えない正之の謙虚な言動を好ましく思ったようだ。寛永十三年七月、正之は出羽山形二十万石へと移封を命じられる。大抜擢といってよい。将軍家光の実弟・正之への信任は、なおもつづいた。

正之は幕政への参与を命じられ、寛永二十年七月には会津二十三万石、預り領五万石をもって、実質二十八万石の大名に移封される。この石高については、〃御三家〃の水戸徳川家が二十五万石であった点に配慮しての処置であったかと思われる。正之はこの時、〃御三家〃同等の地位と名誉を得たわけだ。

慶安四年（一六五一）四月、家光は四十八歳で病死。十一歳の世子・家綱《いえつな》が、四代将軍に就任することとなった。

将軍家綱の元服に際して、烏帽子《えぼし》親は正之がつとめている。

家光は生前、正之をとくに枕もとに呼び、幼将軍の補導を依頼していた。

幕閣のメンバーは順次、入れかわっていくが、そんな中にあって正之は、一貫して将軍家綱の後見として幕閣に参画しつづけた。明暦の大火の跡始末にあたり、江戸城天守閣再建を断念する英断も正之が下したとされている。

寛文九年（一六六九）四月、正之は隠居を許され、ようやく幕政の一線を退いた。足掛け二十三年、正之は江戸にありつづけたことになる。一代の名君正之は寛文十二年十二月十八日、この世を去った。享年六十二と伝えられている。

第二次上田合戦

さて、問題の関ヶ原の戦い——八月十三日付の仙石秀久《せんごくひでひさ》への書状で、家康は

いよいよ真田安房守（昌幸）敵対申す由、中納言（秀忠）追々進発せしめ候。その方（秀久）、落ち度無き様、取り合《あ》ひの儀、頼み入り候。もし大敵《たいてき》に及び候はば、この方へ注進これあるべく候。出馬、即時に踏みつぶし申すべく候。

（『改撰仙石家譜』）

昌幸を討つ、と述べている。家康のもとへは、信濃口・会津口の国境を厳重にいたしました、との沼田城からの、信幸の伝言も届けられていた。

八月二十三日、秀忠は徳川の正規軍を率いて進軍しつつ、明日、下野宇都宮を出

第二次上田合戦

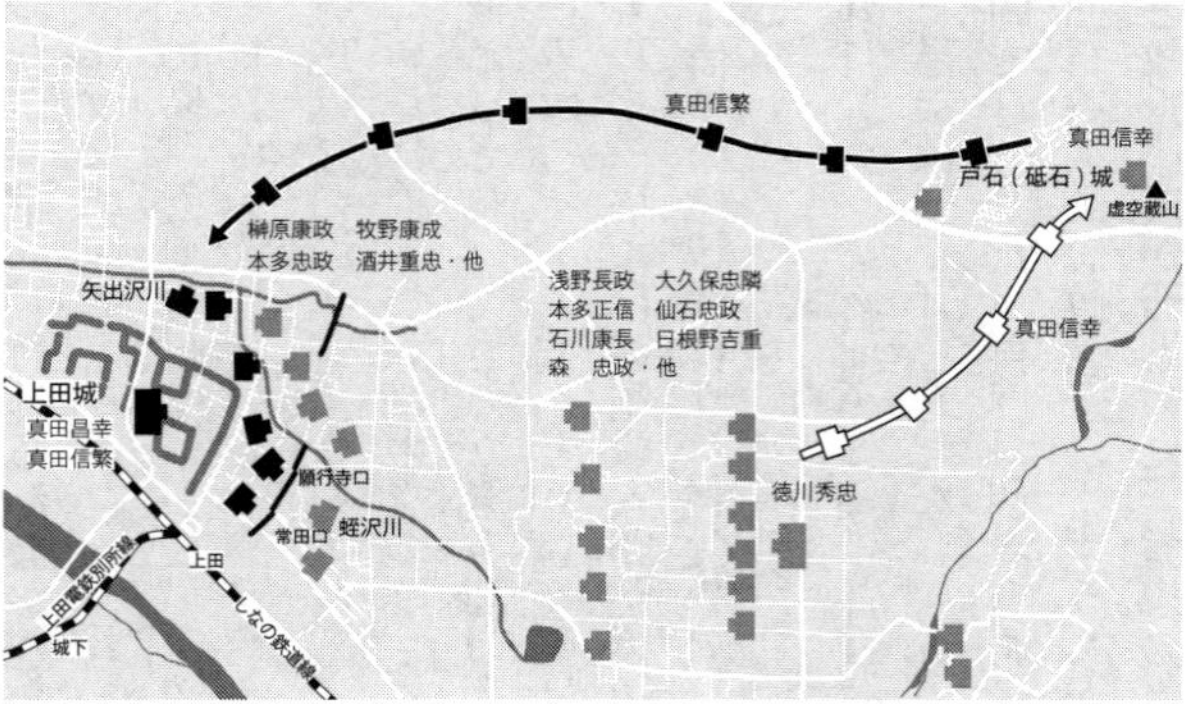

立して小県へ向かうので、あなたも上田へ参陣するように、との命令を信幸に下していた。九月一日、中山道を進む秀忠は、軽井沢にいたっている。仙石秀久の出迎えで、小諸城へ。途々、昌幸―信繁父子に帰順勧告をおこなっている。

また、秀忠は信幸と本多忠政《ただまさ》（忠勝の長男）を昌幸のもとへやり、直接、面談の降伏勧告も試みた。それに対して信幸より、

「父が頭を剃って、降参すると申しております。一命のみは助けていただけないでしょうか」

との請願がもたらされた。

秀忠は寛容にこれを許したが、相手は「表裏比興」の札つきである。昌幸は籠城準備のための時間稼ぎをしただけで、九月三日まで

待ったが、結局、埒《らち》はあかなかった。ほれみたことか、と四日から怒気を含んだ徳川軍は攻撃準備に入る。

この時、秀忠は信幸に戸石城を攻めさせている。すると五日、弟の信繁が兵を率いて上田城へ撤退したため、信幸は無血で戸石城を収めることができた。

秀忠はこの城へ、信幸を入れる。おそらくこうなることを、昌幸は最初から見越していたに違いない。中立の許されない決戦において、敵味方に別れた一族間を戦わせることは、できるかぎり避けねばならない。危険である。真剣に合戦をやらないのみならず、双方がどういう駆け引きをするか知れたものではなかった。

もし、一挙に自軍側の人間が裏切れば、それで局面は一変してしまう。秀忠にすれば信幸の忠誠は買うが、父や弟と戦う戦場からは離したい、というのが本音であったろう。

九月五日、最終通告を秀忠は発した。利害損得を説いて、開城を説得したのだが、昌幸は聞く耳をもたない。このタイムラグはすなわち、攻城側のさらなる準備時間でもあった。再度の使者もダメ。ならば、と開戦にいたった。

仙石秀久―忠政父子がまずうちかかり、左右の脇備えは徳川四天王の一・榊原康政と牧野康成《やすなり》がつとめた。秀忠の本陣は、太平寺《たいへいじ》村（現・長野県東御市本海野《もとうんの》）である。

徳川の正規軍は、上田城の東方へ大きく陣を展開。南方には、松本の石川三長《みつなが》（康長）、西方には川中島より森忠政《もりただまさ》が布陣している。忠政は信濃国内に十三万七千五百石を領していた。北は険しい山々が、敵味方の別なく立ち入りを阻んでいた。

上田城は昌幸―信繁父子を中心に一族の真田源吾・小山田壱岐（茂誠）・海野宮内。家臣では矢沢頼綱、矢沢頼康、祢津（禰津）伊予、大熊伯耆、木村土佐（綱《つな》茂《しげ》）、池田長門（綱重）、日置五右衛門、原半兵衛（正貞）、石井彦左衛門、春原（須野原）若狭・惣左衛門の兄弟、室賀文左衛門、小泉庄左衛門、丸子（海野）喜兵衛、高梨備後、常田図書、出浦対馬（盛清）、同内記といった面々が、攻めてくる徳川軍を待ち構えている。

昌幸の籠城戦は、第一次のときとまったくかわらず、徳川方＝攻城軍の心理を的確に読み、実に巧妙で繊細な仕掛けを施してあった。さらにはフェイント、虚実の使いわけに、テンポの強弱がついていた。

たとえば、仙石父子や榊原康政、牧野康成らが、警戒しつつも先陣を進む。彼らはそもそも偵察のつもりでいたのだが、そこへ昌幸がいきなり兵四、五十騎をつれて、ふいに現われる。敵は驚くとともに、偵察目的を忘れて、釣られるように攻撃に移る。が、昌幸はそれに応じず、むしろ無視するかのように——さっさと城内へ引きあげていく。

もちろん、彼のやることである。それ以前に神川の上流を堰き止めて、水勢を減らしていた。また、伏兵も要所要所に配置している。地の利は、攻城方に百倍していた。だが、カッとなった攻城方は、本来の戦《いくさ》のセオリーを忘れてしまう。誘導されているのも気づかず、城内へ。前衛が動けば当然、釣られて後陣もつづく。諸将が川を渡って、いよいよ城に迫ってくると、昌幸はまず伝令を使い、川の堰を切り落として水勢を増し、徳川軍の将兵を後戻りできないように仕向ける。

「たかが三千の城ではないか」

彼らは三万八千という味方の軍勢の数におごり、第一次の雪辱に燃えていた。思慮分別を失ったまま、われ先にと突っ込んでいく。するとそこへ、伏兵が襲いかかってきた。と同時に、タイミングをあわせて城門が開く。

ふいに四方から攻めたてられ、退路を断たれた徳川軍は浮き足立ち、今度は兵数の大きさや自分たちの強さを忘れ、ここで大混乱となる。そして、恐慌《パニック》に——。

兵力に余裕・自信のある者は、攻撃は自分たちが仕掛けるもの、籠城戦の敵は、震えながら城に籠って防戦するもの、との思い込みが強い。その心の隙を、昌幸は容赦なく突く。一度、恐慌に陥ると、将兵は集団の中でより恐怖を大きくしてしまう。そうなると、現時点・現状での立ち直りは不可能となる。全軍を一時、後方へ撤退させ、頭に上った血を冷やさねばならないのだが、昌幸はここでも手を緩めず、追いうちをかけ、敵の被害を広げていく。

そして、あるところ以上まで追撃すれば、それより前へは進まず、敵軍との距離を保った。水かさを増した神川に、流されて溺れ死ねばそれはそれでよし。

だが、逃げられぬといよいよ観念して、〝背水の陣〟よろしく決死の覚悟で引き返してくる敵は手強い。侮れば、戦局はすぐさま一変してしまう。

なにしろ兵力は、圧倒的に先方が多く、準備万端整えたうえでの、不意討ち＝奇襲戦だからこそ、こちらに勝機が生まれたのであった。取って返す敵とは戦わず、さっさと城内へ。あるいは事前に予定していた、脱出路をとるか。

こうして、第二次上田合戦の緒戦も、昌幸の圧倒的勝利となった。

あまりの惨敗ぶりに、秀忠軍では軍令違反が厳しく追及され、部将・大久保忠隣の旗奉行・杉文勝《すぎふみかつ》が自害。牧野康成の旗奉行・贄掃部《にえかもん》は切腹を命じられながら逃亡する、といった事態も生じていた。

秀忠、関ヶ原へ遅参

一度、痛い目にあうと、敵はそうそうこちらの思う壺には嵌《はま》ってくれない。逆につけいられる隙の生じないように味方をいましめ、挑発をくり返すもの。攻城方と籠城方のにらみ合いは二日つづいたが、秀忠は九月八日、松代に森忠政を置いたまま、葛尾城と虚空蔵山に囲みの兵を残して、自らは西進を決断する。父・家康から、合流をせかせる書状が届いたからだ。

昌幸はどうしたか、秀忠が去って攻撃命令の出なくなった守備軍に目を移し、ならばと九月十八日、葛尾城に夜打ちを仕かけ、二ノ丸まで攻め込み、二十三日にも早朝に再び来襲。あと少しのところまで攻め込んだものの、兵力が足りず葛尾城を陥落させることができなかった。

それでも昌幸は善戦し、ついに上田城を守りきったといえる。またしても徳川軍の攻撃を、彼は一歩も退かずにしのいだのだ。

九月十五日におこなわれた〝天下分け目〟の戦いにも、結局、徳川の正規軍三万八千は間に合わなかった。さすがに、三成が期待した人物だけのことはある。

昌幸の戦略は、来たるべき東西決戦が、大会戦になった場合を想定して組み立てられていた。もし、秀忠率いる徳川正規軍三万八千を信州に釘づけにすることができれば、主戦場での勝敗はその分だけ、明らかに兵力数が上になる西軍が有利となろう。この着眼に、誤りはなかった。

事実、関ヶ原の合戦当日の兵力は、西軍が東軍を上廻り、歴戦の強者《つわもの》・徳川家康がなかなか勝機を見出せず、東軍は予想外の苦戦を強いられている。もしも、西軍主力の小早川秀秋が寝返ることがなければ、東軍敗北の可能性は高かった。

ところが、世の中には独特の見解をもつ人がいて、

「それでも、東軍は勝ったではないか」（三万八千の徳川正規軍を、上田城で足止めにした意味はなかったではないか）

という論調を、これまでも幾度か耳にした。

これこそが、歴史学のいましめる結果論による思考である。読者諸氏に問いたい。誰が関ヶ原の戦いを、半日で決着のつくもの、と事前に考えたであろうか。戦国時代の幕明けを告げた、応仁・文明の乱は十年に及んでいる。

石田三成は、関ヶ原の戦いを計画した時点で、

「敵陣二十日のうちに敗り候わん」

と、増田長盛に宛てた密書で述べている。

二十日間かけて東西両軍を膠着状態にして、そこへ西軍の総大将・毛利輝元に守られた豊臣秀頼が現われる——これが三成の勝利のシナリオであった。

九州にいた黒田官兵衛（長政の父）は、東西双方の長対陣により、一方が崩れたならば、残った勝者と雌雄を決する腹でいた、とか。

同様のことはおそらく、昌幸―信幸・信繁父子も考えていたに違いない。

実戦経験の乏《とぼ》しい秀忠のために、武断派の大久保忠隣、謀臣の本多正信がつきしたがい、〝徳川四天王〟の榊原康政までもが加わっての、錚々《そうそう》たる顔ぶれが、徳川正規軍に参加し、この二代目を補佐していたにもかかわらず、重臣間の軋轢《あつれき》から負けるはずのない戦《いくさ》に連敗してしまった……。

——通史と結果論は、どこまでも面白くできていた。

「このままではまずい」

と考えた秀忠は、信濃に所領をもつ東軍諸将たちを上田の押さえとして残して、自身は急ぎ中山道を進軍したものの、例年に比べて雨量が多く、水かさの増した木《き》曽川《そがわ》を渡るのに難渋し、ようやく妻籠宿《つまごじゅく》に到着したのは九月十七日のことであった。この日、秀忠は父・家康が関ヶ原で石田三成ら西軍に完勝したことを知る。

「大《おお》いにおどろかせられ――」（『徳川実紀』所収の「台徳院殿御実紀《だいとくいんどのごじっき》」）

通史は、関ヶ原に勝った家康が、つづく三成の佐和山城を攻め落とし、大坂城を目指して九月十九日に草津、翌日に大津へと進んだところで、ようやく秀忠が追いついた、と述べている。

しかし家康は、この不肖の息子に会おうとはせず、間に入る者――本多正純（正信の長男）、榊原康政など――により、ようやく拝謁を許したものの、この直後、家康は重臣を集めて、己れの家督を誰に譲るべきかを、改めて相談したという。

このおり、懸命に秀忠を薦したのが大久保忠隣であった、とも。

――もっとも、これらの挿話はことごとく史実ではない。

重臣各々に後継者を選ばせれば、ここに派閥抗争が起きるのは必定《ひつじょう》。家康ほど思慮深い男が、そのような愚を自らするとは考えられない。これは筆者の見解だが、秀忠の関ヶ原遅参は家康と秀忠が、父子で企んだものではなかったろうか。歴史を結果から見ずに、立ち止まって考えてみるとよい。

もし、東西両軍の戦いが、応仁・文明の乱のように膠着《こうちゃく》状態となり、さらには西軍総大将・毛利輝元が、豊臣秀頼をいただいて関ヶ原に姿を現わしたとすれば、戦局はどうなったであろうか。

東軍の中から裏切り者が出ることも考えられ、家康は勢力のバランスを欠いて、ついには潰走する事態に陥った可能性もある。仮に、西軍が三成の思惑どおりに勝利した場合、東軍側から裏切り者が出た場合、敗れた家康は関東へ逃走するにも、東海道を使えなくなる。東軍の主力は、東海道沿いの大名たちであった。関東と関ヶ原を繋《つな》ぐ残された街道はもう一つ、中山道だけであった。

ここに、無傷の三万八千が待っていたとすれば、引き返して第二次関ヶ原の戦いもやれたであろうし、場合によれば彼ら正規軍に守られて、家康は江戸へ逃げ帰ることもできたはずだ。そうなれば関東絶対防衛圏は、維持できたであろう。

家康の吝《しわ》い（けちな）性格を考え、その戦いぶりを検証していくと、関ヶ原は豊臣家を二つにわった武断派と文治派の争いであったことが知れる。家康は一方に、便乗しただけではなかったのか。加えて、秀忠の朝廷における官位を改めて見ていくと、他の男兄弟とはかけ離れて、彼だけが昇進している様子が明らかとなる。

慶長六年三月、秀忠は中納言から権大納言に昇進した。二年後の二月十二日、父・家康に征夷大将軍へ補任するとの宣旨が出される。秀忠自身が征夷大将軍となるのは、その二年後の慶長十年のことであった。

第四章　信繁と大坂の陣

昌幸が迎えた晩年

関ヶ原の戦いが半日余で決着のついたあと、ふと思ったのだが、昌幸には上田城へ籠城をつづける、という選択肢はなかったろうか。

南北朝時代の、楠木正成の千早《ちはや》城のように――。

上田は、会津上杉家と大坂城をつなぐ真中にある。が、それこそ、いかに忍びが優秀で、多量にいたとしても、上田城での孤軍奮闘は不可能であったに違いない。

昌幸―信繁父子は降参し、慶長五年（一六〇〇）十二月十三日、上田城を明け渡して、ともに高野山へ流刑となった。

二人がいよいよ高野山へ赴くとき、信之が対面したとの挿話が『真田御武功記』に載っている。昌幸はよほど、己れへの処分が悔しかったのであろう。怖ろしげな眼をして、涙をはらはら流しながら、

「さてもさても、口惜しい事かな。内府（家康）こそ、このようにしてやろうと思っていたものを――」

と語ったという。

昌幸には池田長門以下、十六人の家来が随行し、信繁には妻子も同行している。父子二人は、本来ならば切腹か斬首であったろうが、信幸が懸命に、自らの関ヶ原における戦功にかえて、父弟の生命《いのち》乞いをした結果、死一等は減ぜられた、と伝えられている。昌幸の死にこだわる家康に対して、信幸の義父・本多忠勝が重ねての寛刑を訴えたのも、このときといわれている。

信幸は西軍についた父と縁を切るとの思いから、自らの諱の「幸」を改め、信之と称することとなる。そうしながら水面下で信之は、なおも諦めずに、ひきつづき父と弟の赦免を懸命に働きかけていた。

その窓口として頼ったのが、本多忠朝《ただとも》（忠勝の次男・信之の義弟）と四天王の一《いっ》・井伊直政であった。つぎにあげた書状の一部は、直政が信之に宛てたもの。直政は関ヶ原の戦いにおける東軍先鋒の軍監をつとめた人物であり、家康が最も信頼していた家臣としても知られていた。

〈前略〉然《しか》らば仰せ越さるるの儀、さてさて忝《かたじけな》く存じ候。御理《おんことわり》申し候分、少しも偽りにて御座無く候。やがて罷り上るべく候条、卒度《そつど》内証を得《え》申し候て、是非とも首尾相違仕り候はぬ様に申し談ずべく候〈下略〉。

文面には、具体的に述べられていないが、ここにいう「首尾」とはあきらかに、昌幸の赦免嘆願であったかと思われる。だが、頼りの直政はこの手紙の二年後、慶長七年二月一日、関ヶ原での戦傷がもとで、この世を去ってしまう。享年四十二。

信之は義父・忠勝にも当然働きかけたであろうが、彼もまた慶長十五年十月十八日に六十三歳で、この世を去ってしまった。

実は昌幸自身も、高野山につれていかなかった妻を使って、独自に、家康の謀臣・本多正信へ、己れの赦免を働きかけていた。さすがに、この男は食えない。

にもかかわらず家康は、頑強に昌幸を許さなかった。なぜか、関ヶ原で敗れた大名たちとのつり合いもあったろうが、本音はおそらく、許すつもりがなかったのだろう。なにしろ結果として、真田家は一方が残り、徳川家は一度ならず二度も敗れた、という不名誉は消せなかったのだから。

「すべて、あの者（昌幸）の思惑通りではないか」

家康がそう考えたとすれば、せめて、昌幸には生き恥をさらさせてやろう、と底意地悪く考えたとしても、決しておかしくはなかった。

一度、薩摩の島津義弘に匿《かくま》われた、西軍参加の五大老の一・宇喜多秀家《うきたひでいえ》も、関ヶ原での敗戦後、徳川方の追及を逃げ切ったものの、慶長八年、改めて家康のもとへ出頭し、島津家、前田家（秀家の妻の実家）からの懇望＝赦免を願い出たが、家康は許さなかった。駿河久能山に秀家を幽囚《ゆうしゅう》し、慶長十一年には嫡子孫九郎ら主従十三名を、八丈島に流罪としている。

在島およそ五十年、明暦元年（一六五五）十一月二十日、秀家は配所で人々に忘れられたまま、病没している。八十四歳であった。家康が赦免を認めなかったため、誰もこの人物を本土に召し戻すことができなかったのである。

昌幸も、同じであった。そもそも家康には、許す気がなかったのだろう。

高野山において、昌幸父子が最初に頼ったのは、高野の入口・一心院谷《いっしんいんだに》にある蓮《れん》華定院《げじょういん》であった。信濃の佐久や小県方面の人々は、この院の檀那《だんな》であり、高野聖《ひじり》（高野山から出て諸国を遊行する僧、のちにはその態《てい》をした乞食僧《こつじきそう》をさした）とも関係の深い寺であった。やがて、その世話で山麓の九度山村に移る。

九度山での生活に入ってから、外部に出される昌幸の手紙は、当初は赦免に期待をかけながら、依然として前当主の威厳を保ったものであったが、その見込みが薄れるにつれて、述べられる内容は生活の困窮ぶりと、借金、援助をすがるものばかりとなっていく。

流刑地において生活費は、ことごとく一族・家臣からの援助＝「合力《ごうりき》」によった。見張り役を仰せつかった紀州藩浅野家からも、年五十石（慶長小判に直すと百二十五両）の「合力」がなされたが、あとは信之のもとからの仕送りとなった。

しかし、お金に困窮する手紙を乱発する昌幸は、一向に自らの暮らしむきを改めようと、努力した形跡がない。十六人の家臣も減らさなければ、自ら送金を切りつめた生活も送っていなかった。以前の生活レベルを、まったく落としていない、というのが筆者の見立てである。

裏の裏を読む

それでいて、わざとなのではないか、と疑いたくなるような金子の詳細、切迫した生活の困窮ぶりが、昌信の手紙には羅列されていた。

真田家文書に収録されている、彼の手紙を読んでみると、思わず無常観に襲われる。徳川家の軍勢を二度までも倒し、「表裏比興の者」と豊臣政権にいわれながら、あれだけのことをやってのけた人物も、高野の山中へ幽閉され、外界から遮断された生活を送ると、日増しに忍耐力がおとろえ、気力がうすれて、どこにでもいるような年老いた凡夫となってしまうものなのか、と。

『唐詩選』に、張九齢《ちょうきゅうれい》の「鏡《かがみ》に照らして白髪を見る」という五言絶句があった。

その一節に、次のようなくだりがある（以下、読み下す）。

「誰《た》れか知らん明鏡《めいきょう》の裏、形影《けいえい》自《みずか》ら相憐《あいあわ》れまんとは」（そのむかし、青雲の志を抱いていたが、すべてことは志と違い、すでにこの白髪である。そして、鏡のなかの影と現実の自分とが、互いに憐《あわ》れみ合うようなことになろうとは、だれが予想したであろうか）

なにやら、昌幸の晩年を彼の書簡から読んでいると、人生そのものを後悔しているようにも受けとれた。しかし、と思う。書簡の思いは、彼の本心であったのだろうか。人は例外なく、あけすけに本心のみを述べたりはしない。日記、手帳のメモであっても、作為が混じるもの。

どれほど絶体絶命の窮地に追いつめられても、弱音をはかなかった「表裏比興の者」が、九度山生活に入ったからとはいえ、本心をこのように、素直に吐露するものであろうか。

筆者はこれも、昌幸の策略だったと解釈する。本心であって本心ではない——。

わざわざ、飛脚をもつて申し入候。春中は御煩《わずら》ひ散々の様に承り候間、案じ入り候とも筆に尽くし難く存じ候処、御煩ひ平癒《へいゆ》の由、御報に預かり候つる間、満足これに過ぎず候。いよいよ御気相能く候由、目出《めで》（賞美《しょうび》すべきなのは）この事に候。申すに及ばず候へども、御油断無く御養生専一に候。然《しか》らば我等儀、去年病気の如く、当年も煩ひ候間、迷惑御推量あるべく候。十余年存じ候儀も、一度面上を遂《と》げ候かと存じ候処、只今の分は成り難き望みに候。ただし養生の儀、油断なく致し候間、目出度く平癒致し、一度面談を遂げるべく存じ候間、御心安かるべく候。恐々謹言

尚々、その後、御気相如何《いかが》に候や。承り候て、飛脚をもつて申し入れ候。我ら煩ひの儀分別致さざる病に候間、迷惑お察しあるべく候。何様にも伝言をもつて申し入るべく候。以上

卯月二十七日　昌幸（花押）

安房

豆州

参る

文中に「十余年存じ候儀も」とあるから、昌幸の晩年の手紙であろう。なるほど、息子信之に会いたい、との思い、その信之の健康を気遣う父の心情、あいかわらず生活に困窮している様子が綴《つづ》られている。嘘ではないであろう。だが、これらの弱音を昌幸は、そもそも誰にむかって述べていたのであろうか。

——家康ではなかったか、と筆者は思う。

どうか許してください、といいつつ、その裏で牙を研ぐ——それが「表裏比興の者」であろう。おそらく、家康がわが身を幽閉から解き放ってくれたならば、この天下人に心からの感謝をしつつも、内心ではにやりとして、甘い、と思う。

「わしの勝ちであった」

昌幸はそう思って、ほくそえむのではないか。

同じことを、筆者は信之・信繁兄弟にも感じてきた。軍略・兵法の極意は、裏の裏を読むことに尽きた。

父の赦免を実現してほしい、といいつづける信之は、その実、父が許されるはずがない。否、許してはいけない、とも考えつづけていたのではないか。

もし、許されてこの男を野に放てば、次に何事かをしでかした時、せっかく守り残した真田家が、今度こそは木っ端微塵《みじん》となってしまう。ならば、衆人環視——少なくとも家康自らが命じた監視態勢の内に——政治犯・真田昌幸は置いておくのが一番安全だ、と信之は考えていたのではあるまいか。

信繁の弱音の本性については、もう少しあとでみてみたい。

もし、昌幸の本音が、手紙には語られていなかったとすれば、逸話の世界をのぞいてみるのも悪いことではあるまい。学術論文では、日記や書簡など一次史料のみを大切に扱うが、それはどうであろうか。これまでに見てきた『甲陽軍鑑』にも、史実ではない〝真実〟は語られていた。

語り継がれる伝説・伝承口伝の中にも、史片は眠っているかもしれない。

たとえば『名将言行録』——昌幸の「大小」の刀の柄に、木綿の打糸《うちいと》を巻いていた話が残っている。それが、あまりにも粗末だった、というのだ。ある人がそのことを笑ったところ、昌幸は、

「たとえ錦の服を着ていても、心が頑愚《がんぐ》（おろかで強情なこと）では役には立たぬ」

と述べ、これをみよ、と「大小」を抜くと、それらはいずれも、名刀〝相州正宗〟であったという。ここでの昌幸は、枯れていない。

〝真田紐〟の真相と、昌幸が死ぬまで持ちつづけた気力

関連して語られるものに、〝真田紐《ひも》〟があった。

これは昌幸が、天正年間（一五七三〜一五九二）にはやくも、絹糸や木綿糸を組んだ紐に、独自の工夫をもって組紐を創出した、との伝説に拠る。

伝承されたところでは、刀の柄糸が切れやすいことから、昌幸が自身で紐を組み、貞宗の太刀の柄巻に用いたのが最初だという（『武林雑話《ぶりんざつわ》』・『安斎随筆』）。

加えて、彼の考案した真田紐は九度山で暮らす真田主従の生計を助けた、というのだ。父子に随従した十六人の家臣やその郎党、信繁の家族らによって、〝真田紐〟は量産され、やがて京・大坂で人気を博し、彼らの生活費の一部となる。

しかも、この〝真田紐〟の訪問販売は、世間の動向を探る重要な情報収集活動ともなっていた、と尾ひれがつく。決して再起をあきらめず、死ぬまで野望を捨てなかった昌幸の、心の支えともなったばかりか、その執念がやがて後世に、〝真田十勇士〟を生み出したというのだ。

すなわち、〝真田紐〟を全国に売り歩きつつ、諸国の情勢を調査し、昌幸の密命

で動いた十六の家臣とその郎党こそが、元祖十勇士そのものだというのである。

この〝真田紐〟の伝説、江戸期にはわりと信じられ、広められたものではあったが、今日では完全に否定されている。

そもそもは〝紐〟ではなく、〝真田織《おり》〟と呼ばれる細幅の、織物の一種であった。真田帯とも呼称され、帯に使用するのが主流であったが、のちに〝真田紐〟（真田打）というように、紐としての活用が増えた。木綿糸を使うことが多かったが、絹綿交織もなされるようになり、帯地用の場合は幅一寸から三寸位で、二丈八尺をもって一巻としている。紐の場合は、幅二分から五分、長さ二十丈、綿紐は幅一寸五分から二寸ほどであった。

『和訓栞《わくんのしおり》』によれば、サナダはサノハタ（狭織）が語源で、幅の狭い織物のことを指した。どうやら昌幸が創ったというのは、完全な俗説ということになる。なお、真田紐を用いた下駄の鼻緒を、〝真田鼻緒〟という。

〝真田紐〟には信憑性がなかったが、これより少しは確かなものに、米相場に関する昌幸の工夫が語られた逸話があった。

国許より毎年送られてくる「合力」、一族や家臣からの臨時の「合力」で、九度山の生活費はまかなわれてきたわけだが、信之はそのための所領を、きっちりと定めていたようだ。興味深いのは、そこで収穫されたコメを、換金するときであった。真田家の人々は、米相場が安いときは自重して売らず、値が上がるのを待って放出したという。また、漆を送れという記述が手紙にもあり、収入を得るために漆加工も工夫していたというのだ。情報収集活動は、やはりおこなわれていた、とみるべきではあるまいか。

第一、あれほど動き回っていた昌幸が、ふいにその動きを止めるであろうか。否、退屈に我慢できたであろうか。赦免がないならば……、と次善の策、第三の策を、この人物は考えてしかるべきではなかったか、と筆者は思うのだが。

いっこうにめげることなく、あくまで前向きな昌幸が、『武将感状記《ぶしょうかんじょうき》』（熊沢淡《くまざわたん》庵《あん》著・一七一六年）や『名将言行録』には、幾つも語られていた。

世上に知られた有名な話に、次のようなものがある。

九度山に蟄居を強いられて以来、昌幸は〝いざ鎌倉〟――豊臣対徳川の対決――にそなえて、三度、家康を倒そうと秘策をねっていたというのだ。

そのおり活用されたのが、囲碁であったという。囲碁好きの昌幸は、石と盤で合戦の戦法、備え、大坂城の配置などを懸命に、人知れずに打ちながら研究していたという。その昌幸が、自らの死に臨んで、彼らしい――一面では信繁のその後を決した――挿話を残していた。

「かねてより、徳川を倒す秘計を考えていたが、これを実行に移さずして、徒死《むだじに》するのはまことに残念だ」

昌幸が、信繁に呟いたという。看病していた信繁が、かたわらからぜひ後学のために承りたい、と願い出たが、昌幸は、

「とてもお前では無理であろう」

と内容を語ろうとはしない。信繁が己れの未熟を恥じて嘆くと、昌幸はいう。

「汝ガ愚《おろか》ナリトテ、ワガ志ヲ言ハザルニアラズ」（『武将感状記』）

才智はお前のほうが、上であろう、と昌幸は信繁にいう。だが、お前は若くして九度山に蟄居したため、世間はお前の閲歴《えつれき》を知るまい。

「名顕《あら》ハレザレバ良策ナリトモ用《もちい》ラレズ」（同書）

万一、関東（家康）と大坂（秀頼・秀吉の子）が手切れとなれば、大坂はわしを招き、徳川の大軍を二度までも破った実績から、総指揮官としてわしの下知に従うであろう。しかし、お前ではそれが叶うまい。世の中に妙案は数多くあるものだが、要はそれをもちいる人物への信用度がその作戦の成否を決めるのだ、と。

こうした父の〝遺言〟を、信繁はどのような心情で聞いたであろうか。彼は父の

言葉に、わが身を恥じる。

「私が不肖ゆえ、遺言しても意味がない、とお考えなのでしょうが、おっしゃるとおり、私は凡庸な人間、一人前の者のように、あえて教えてくださいとは申しません。返す返すも、恥入るばかりです……」

自らの不才を反省した。このあたり、信繁という人の人柄が浮かんでくる。

昌幸の策定した大坂の陣

すると昌幸は、では、お前のために語ろう、と十一年間研究してきた成果を、ようやく信繁に伝授する。

「諸般の情勢からみれば、三年も経たないうちに、大坂と関東は手切れとなり、合戦に及ぶだろう。そうなれば豊臣家は、必ずわしを招くはずだ（二度までも、徳川軍をよせつけなかったのだから）。わしは招きに応じる。大坂城に入城すれば、わしが謀主となるだろう。

まず、わしは二万の兵を率いて青野ヶ原（現・岐阜県大垣市青野町）に陣を敷き、関東の軍勢を防ぎとめる考えだ」

おそらく昌幸は、信繁になぜそうするかわかるか、と問うたであろう。

信繁はこれまでも、父の囲碁におけるシミュレーションの対局に、嫌というほど駆り出されていたであろうから、一思案して、自らの意見を口にする。

「青野ヶ原では、合点がいきませぬ。要害の地ともいえず、堅固な城を守るわけでもなく、そこまで出ばっても、新たな援軍がくるとも思えません。兵二万とはいえ、おそらくは牢々の者ばかり。関東の強兵は明らかに、十倍以上。これを平坦な場所で防ぐなど、考えられません（ならば、大坂城に最初から、籠城した方がましではありませんか）」

信繁の疑問は、軍学・兵法上、正しいものと思われる。ところが昌幸は、ここに自分の付加価値を乗せ、この奇妙な作戦を遂行するというのだ。

「わしが出陣してきたとなれば、家康は慌てて関東から奥州まで広く、兵を募るであろう。こうしてわしは、時間を稼ぐのだ。向こうはなぜ、青野ヶ原なのか、と考え、動きが止まる。その間にわしは、瀬田（現・滋賀県大津市瀬田）、宇治まで兵を引いて、堅牢な防御陣地を構築し、大坂城の前面に押し出す。さらに、二条城を焼き払って、それらの手を打ってから大坂城に籠《こも》る」

昌幸の作戦は、味方の士気を高め、敵の士気を挫くことを主眼としていた。

いかに大坂城が十年間、十万人が籠って戦える巨城とはいっても、援軍のない籠城戦はいつかは陥落するもの。要点は、敵方にいる大名をどれだけ、味方に誘えるか。調略こそが、命運をになっていた。

この男のことだ、大坂城に入ればすぐさま〝調略〟を、各々の大名家にむけて、個別にもちいたであろうが、人は今、手にしているものを手放したくない、と考えるもの。そこで小よく大を制す――真田戦法を敵方にみせつけ、緒戦で向こう側の士気を徹底して挫《くじ》くことが、何よりも大切であった。

無論、城方の牢人の将兵が、どの程度に使えるものかも不明瞭なままだ。だからこそ実戦の中で鍛える必要もあり、上下の信頼関係も、矢玉の飛び交う実戦の中だからこそ生まれてくる。その要は、負けないという昌幸の信念であった。

「大坂城に籠城したからといって、守っているだけではこちらの士気が落ちる」

上田合戦を思い出せ、と昌幸は信繁にいいたかったのだろう。

夜討ち朝駆け、神出鬼没――それこそ、忍びの調子で敵の不意をつき、その神経を休ませずに参らせ、士気を落としつづければ、徳川方についた大名の中から、かならず寝返る者が出る。

なるほど昌幸ならば、秀吉晩年の、豊臣家譜代並としての〝顔〟がある。

関ヶ原以降、慶長十六年（一六一一）には浅野長政（享年六十五）、堀尾吉晴（享年六十九）、加藤清正（享年五十）が、慶長十八年には池田輝政（享年五十）、浅野幸長（享年三十八）、翌慶長十九年には前田利長（享年五十三）などがすでに亡くなっていたが、存命の福島正則は落とせるかもしれない。

細川藤孝《ふじたか》（幽斎《ゆうさい》）の次男・興元《おきもと》（昌興《まさおき》とも）はどうか。紀州の浅野長晟《ながあきら》（長政の次男）も、やり方次第では……。

舌舐《なめ》ずりする思いで、昌幸は考えたであろう。人の意表をつく天才の彼ならば、北政所（高台院）にも調略の手をのばしたはずだ。

現に、これは史実だが、すぐる慶長八年（一六〇三）正月九日、昌幸は人を介して自ら願主《がんしゅ》（神仏に願を立てる当人）となり、京都の豊国神社に銀子《ぎんす》七枚を奉納している（『梵舜《ぼんしゅん》日記』）。このおり、九度山を動けない昌幸にかわって神社に代参し、実際に奉納の手続きをしてくれたのは、北政所であった。

あのときは、己れの復権——赦免が目的であったが、東西手切れとなれば、豊臣家の存亡にかかわってくる。北政所も真剣に、動かざるを得ないのではないか。この場合、演出家が昌幸であれば、どれほど大きな役割を、北政所は担わされたであろうか。

「——わしならば、徳川の軍勢を百里の外に押し返すことができる」

昌幸ならば……と、筆者も思えてならない。

蛇足ながらこの挿話が、編纂物の『真田記』（近藤圭造《けいぞう》編・一九〇二年）では、さらに誇張されて、昌幸は、

「三年あれば、たやすく天下を獲って、秀頼公に進上できたものを——」

と嘆くことになり、先述の二万の兵力は三千に、陣取る場所も青野ヶ原から桑名に変わっていた。俗にいう、二度あることは三度ある。逆に、三度目の正直とも。

筆者は昌幸に、なんとしても、大坂城で指揮をさせてやりたかった。

昌幸の死と残された信繁の家族

慶長十六年（一六一一）六月四日、十一年に及んだ幽閉生活のまま、昌幸はこの世を去る。享年六十五。埋葬は本領の真田長谷寺《ちょうこくじ》（のちに、松代の長国寺へ）でおこなわれた。追号は、長谷寺殿一翁千雪大居士——。

父の死を知らされた信之は、家康側近の本多正信に、弔いについてどうすればよろしいか、と尋ねている。すると正信は、昌幸は「公儀御はばかりの仁」であるか

ら、葬儀については大御所家康さまか、将軍秀忠さまのお目通りを得次第、尋ねてみてはどうか、と答えた。

のちに松代藩真田家が編纂した『先公実録《せんこうじつろく》』（江戸末期の信濃松代藩家老・河原《かわら》綱徳《つなのり》編纂）に拠れば、昌幸の火葬後、川野清右衛門幸壽《ゆきとし》（九度山十六人の一人）が翌慶長十七年八月、分骨をもって長谷寺に納めたとも。九度山の真田庵（高野山蓮華定院の管理下にあった善妙称院《ぜんみょうしょういん》）にも宝塔があり、ここも墓所とされている。

昌幸が亡くなった直後、六月十六日付で城昌茂《じょうまさもち》という人物が信之へ送った書状が、「真田家文書」に残されていた。この人は昌幸とともに、武田信玄―勝頼父子に仕えた人で、苦楽をともにした戦友でもあった。書状を一読すると、いつかは面会を果たしたい、と念じていたその思いが、切々と伝わってくる。

「ご苦労なされましたこと、ひとしおいたわしく存じます。心中は紙上に尽くせません」

こういう弔問の書状を書かせた昌幸の、別の一面を知る思いがした。その昌茂は、息子の信之にいう。

「あなたはくれぐれご養生なさって、たとえ体が不自由になられても、お家のつづきますよう、お生きなさいますように――」

この頃、昌茂は家康の配下として、武蔵国忍《おし》・熊谷《くまがや》に所領を得ていたようだが、大坂の陣のおり、その采配を誤ったかどで、所領を没収されている。

「人生、行路難《こうろかた》し」（蘇軾《そしょく》）

世渡りは難しいものである。

一年が過ぎ、昌幸の一周忌が済むと、付き従っていた十六人の大半の家臣は、信之のもとへ帰参している。

「昌幸御在世中、相詰め、別して奉公、奇特《きとく》千万に候。いよいよ向後《こうご》身上の儀、取り立つべく候」

ことごとくに、これまでの慰労に対する恩賞が出た。そういう約束が、昌幸と信之の父と子の間で、かねてから決められていたのだろう。

九度山には、信繁一家が残った。入道して好白《こうはく》と号した信繁は、高梨内記、青柳清庵ら三人（うち一名は不詳、あるいは二人だけかも）の家来と、家族だけの生活となる（『滋野世紀』）。

妻――別に、妾がもう一人いたとも――と、三人の娘（すへ、いち、梅）をともなって九度山にきた信繁は、この配流地で長男大助《だいすけ》（幸昌《ゆきまさ》）、次男大八《だいはち》（京都での印地《いんじ》打《う》ち＝石合戦のおり、石に当たって死んだとも、片倉小十郎重長《しげなが》に保護され、仙台真田家の祖になったとも）ほか、女子四人（あくり・しよふ・かね・某）をもうけていた。

　少し信繁の子供たちを、『左衛門佐君伝記稿』などをもとに整理しておきたい。長女（庶出）のすへの母は、家臣・堀田作兵衛興重《おきしげ》の妹であり、すへは伯父・作兵衛の養女となって、小県郡長窪宿本陣・石合十蔵道定《いしあいじゅうぞうみちさだ》の妻となっている。ちなみにすへの伯父・作兵衛は、信繁に従って大坂城へ入城、戦死していた。作兵衛の子・又兵衛はのち、石合家に居候したとか。

　次女のいちは、どうやら九度山で夭折《ようせつ》したらしい。三女の梅は、仙台藩の重臣・片倉小十郎重長の妻になったという。

〝独眼龍〟の伊達政宗の補佐役として、つねに伊達家の陣列にあって武功をあげた片倉小十郎は、重長の父・景綱《かげつな》であった。景綱は亘理《わたり》城主から白石《しろいし》城主となり、一万三千石を息子に伝えていた。重長は大坂の陣の活躍でのち、一万七千三百石となっている（江戸後期に加増され一万八千石）。一説に梅を重長は、大坂の陣の最中、「乱取《らんどり》」＝強奪したという（『白川家留書《とめがき》』）。

　その後、梅は滝川三九郎一積《かずあつ》の養女となって、片倉家に嫁ぐ形式をとっている。この一積の妻が、昌幸の娘であり、義兄信繁の娘――つまりは姪――を養女にしたわけだ。

小十郎重長は、よほど敵対して戦った信繁に魅了されたようだ。家紋を六連銭にしたという。後日談であるが、信之が初代となる松代藩の三代藩主幸道《ゆきみち》（信之の孫）が、伊達家を訪れたおり、偶然、六連銭の紋をつけた者を目撃。詳細をたずねたところ、小十郎と梅の婚儀のことが知れたという。

四女のあくりは、九度山生まれであり、のち蒲生《がもう》源左衛門郷喜《さとよし》の妻となっている。郷喜の父・郷成《さとなり》は、蒲生氏郷《うじさと》の重臣であった。親子二代で、陸奥三春《みはる》四万五千石を領有している（のち慶長六年に須賀川《すかがわ》城へ移封）。

信繁の長男・大助は、あくりの下、やがて大坂城で秀頼に殉死する。十三歳とも、十四から十六歳などともいうが、未だにはっきりとしてはいない。

大助の下は、しよふ・かね・某と三人の娘が九度山で生まれたようだが、その後の詳細は不明である。あきらかなことは、この三人のうちの一人が、石河《いしかわ》（石川）備前守光吉《みつよし》（三吉とも。のち石川貞清《さだきよ》と名乗った。秀吉の家臣で犬山城主だったが、関ヶ原では西軍に属し、戦後に所領を没収された）の妻となっていた。

不思議なのが、一番下の男子・大八であろう。五月五日の節句で、石合戦＝印地打ちにまき込まれて京都で死んだ、と蓮華定院の報告書にはあるのだが、いや実は生き残って、先の片倉重長に保護されて、仙台にその系図が残っているとも。

もし、梅・あくり・大八の三人が大切に引きとり先をもち得たとすれば、それこそが信繁の活躍、名声によるものといえそうだ。

それにしてもかわいそうであったのは、信繁の妻＝大谷吉継の娘であったろう。彼女は大坂城落城後十二日目に、紀伊国伊都《いと》郡（現・和歌山県伊都郡）で捕えられ、所持品やお金を没収されている。が、その後の消息はつまびらかではない。他の事例からみて、彼女がそれ以上、監禁されての処罰はなかったように思うのだが……。信繁の妻こそが、最大の犠牲者といえなくもない。

信繁の心情

父・昌幸を失ったことで、信繁の生活はどのような変化をもたらしたであろうか。おそらく信繁は、自分に赦免の沙汰がおりないことを自覚していたであろう。当然、寂寥感《せきりょうかん》あふれる日々となったに違いない。

大黒柱の昌幸を失い、一方で多くの幼い子をかかえ、信繁がいかに日々を心細く生きていたか、現存する年次を欠いた手紙類は、それこそ雄弁に彼の窮乏生活の心境を語っていた。

二月八日付の信繁の書状——姉婿の小山田茂誠に宛てたものには、お歳暮の祝儀として、鮭《しゃけ》二尺をもらった礼がのべられており、その気配りに感謝しつつ、困惑している旨が綴《つづ》られていた。近況をのべて、互いに変わりのないことを喜びながら、「うそかぢけたる躰」（なんとなく、寒さのためか手足が思うように動かない）——そのことは市右衛門（使い）が申し上げるでしょうから、詳しくは申しません、という。そして、「もはや御目に懸り候事あるまじく哉《や》」と嘆く。この手紙の追伸の中には、次のようにあった。

とかくとかく年のより申し候こと、口惜しく候。我々なども去年より、俄《にわか》に年寄り、殊《こと》の外《ほか》の病者に成り申し候。歯なども抜け申し候。ひげなども黒木（き）はあまりこれなく候。今一度、面上《めんじょう》（直接対面すること）を遂げたく存じ候。（岡本家文書・読み下す）

年をとったことが悔しくてならない、と信繁はいう。昨年からは俄に老け込んでことのほか病人になってしまった、と嘆く。歯もすっかり抜け落ちてしまい、髭《ひげ》なども黒いところが少なくなり、白髪がめっきり増えたと愚痴る。

そういえば昌幸の生前、信之に宛てた手紙にも、信繁が「慮外ながら」伝言願いたい、といいつつ、

「なお大草臥《くたびれ》（大いに疲れ、弱っている）のありさま、ご推察ください」

という意味のことを述べた文面があった。

四十代後半にしては、いささか老け込むのが早すぎるように思われるのだが、厳しい経済状況、未来への展望のない屛息《へいそく》の毎日、やりきれなさを抱えて飲む酒——このように、精神的にすさんだ信繁を見せつけられると、

「これではとても、打倒家康どころではなかったな」

という、最近の歴史学者・研究家の、口を揃えての、信繁の分析もわからぬではない。が、目の前の現象だけを材料に、四の五のいうのはいただけない。

そういう判断をくだす人々に、問いたい。気力の失せた人間が、このあと大坂城に入城して、歴史に残る大活躍ができた——これは偶然の結果だ、と本当に考えているのだろうか、と。心身は人間の両輪であり、心の衰えは体力をもむしばみ、体力が低下すれば病気をともなうもの。その病気が長くつづけば、普通、気力はさらに失われていくものだ。

ところが信繁はそうならず、冬と夏——二度の大坂の役で大活躍を演じ、二十一世紀の今日まで、己れの名を残し得た。己れの老いをなげき、日々、酒を楽しみ過ごした人間が、突然、何の準備も鍛錬もなく、合戦の英雄になれる、と本当に考えているのだろうか。筆者は、あり得ないと思う。

やはり日々の生活の中で、人知れず、隠れて心身の鍛錬をしていたのであろう。同じことは昌幸にも、実は信之にもいえたのではないか。

たとえば、信之である。彼は生涯を通して、身体が健康であったとはいいにくい。

いつも病をかかえ、ときに長患いに苦しみながら、それでも信之は九十三歳まで生をまっとうしている。しかも、お家騒動を見事に解決して、この世を去っていた(詳しくは後述)。このようなことが、気力のない、体力を気遣わない人間に、しかも、江戸時代初期において、可能であったのだろうか。

亡くなる万治元年(一六五八)八月末から、気分がすぐれなくなった信之に、家臣が薬を勧めたところ、

「自分の長命は万人に優れているのに、なお生命《いのち》を惜しむようなものだ。わが世に思い残すことは何もない。薬を用いても老病なので、医術の及ぶところではない。

わしは生きすぎたのだ」

と信之は答えたとか。亡くなったのは、十月十七日夜半であった。

筆者は、真田家の当主としての使命感が、信之を支えつづけ、懸命に彼自身を励まし、養生・鍛錬をつづけたと考えてきた。

前に少しふれた浅間山の噴火は、その後も間断《かんだん》をもちながらつづいている。大洪水、旱魃などの自然災害に加えて、徳川家からの手伝普請の依頼（事実上の強制）など、財政窮迫の難問は矢継ぎ早に真田家に襲いかかっていた。また、それらに関連しての、領民の逃散《ちょうさん》問題、走り百姓（走者《はしりもの》）、さらにはお家騒動——云々。

娑婆《しゃば》の信之には、九度山の昌幸—信繁父子がうかがい知ることのできない心労が、ついてまわっていた。しかも、なおざりにすれば真田家は改易になってしまう。

信之は懸命に、藩政の指揮を執りつづけている。それが、自分の責務であるから。いかに病いで苦しんでいても、彼の心は決してくじけてはいなかった。心が体を動かすのである。そのことを信之は、体得得心していたように思われる。

信繁も同じであったろう。真田家の重臣・木村綱茂が連歌にこっていることを聞きつけた信繁は、自らも連歌を学び、いずれは会を催したい、と手紙で述べていた。なかなか上達しない、と愚痴りながら。

家康の対豊臣家政略

――真田信繁を置きざりに、歴史は動いていた。

関ヶ原の戦いで勝者となった徳川家康は、この一戦以前、主家であり日本を統治していた豊臣秀吉の遺児・秀頼を、摂津《せっつ》、河内《かわち》、和泉《いずみ》（現・大阪府）のうちに六十五万七千四百石のみを与え、一諸侯に貶《おとし》めた。

一方、自らは関ヶ原の戦いから三年後＝慶長八年（一六〇三）二月に、右大臣・征夷大将軍となり、江戸に幕府を開き、諸大名を統帥《とうすい》する根拠を得る。

本来、この時点で豊臣家と徳川家の主従関係は、名義上も逆転したといってよい。家康はできることならば穏便に、政権の委譲を大坂方＝豊臣氏に認めさせたかった。権威はこれまで通り、そのまま豊臣家に。しかし、国家運営の資格＝権力は徳川家に。つまり、朝廷内での秀頼の位は、いくらでも上げてやるが、大名としては一諸侯として、幕府を敬い畏れよ、ということであった。

「しごく、あたり前のことではないか」

家康はそう思っているのだが、ここに、家康の思惑を皆目、理解できない一群の人々がいた。大坂城にいる、豊臣家の主従たちである。

とりわけ亡き天下人秀吉の愛妾であり、秀頼の母でもある淀殿（茶々）＝事実上の大坂城の女主《おんなあるじ》は、関ヶ原の戦いもわが子・秀頼の名代として、家来の家康が采配を振るったもの、との思い込みが強かった。そのためであろう、幕府が開設されたと聞いても、淀殿はそれを秀頼成人までの、暫定《ざんてい》的な処置と独善的に解釈した。

家康にすれば、怒鳴《どな》りつけたくなるような思い込みを、天下一の巨城——大坂城に日々くらす人々は、共有していたのである。

それを払拭させるために、家康は周到で巧妙な懐柔策をもちいた。幕府が開かれた同じ年の四月には、秀頼を内大臣に任じ、七月には己れの嗣男・秀忠の娘、千姫を秀頼のもとへ嫁がせている。豊臣家の名誉は最大限に立て、そのかわり秀頼には諸大名と同じ臣下の礼をとらせよう、というのが家康の策戦であった。

しかし、徳川家に疑心暗鬼を生じていた淀殿には、さほどの効果もなかったようだ。一面、無理もない。石高は大いに削られたとはいえ、秀吉の蓄えた膨大な黄金は、十万人をも収容できる日本一の巨城のなかで唸《うな》っていた。人気という点では、秀頼は家康を圧倒している。秀頼が大坂城にあって、天下に号令を発すれば……、との思い込みが、淀殿に強かったのもいたしかたのない面をもっていた。この年、将軍家康は六十二歳。淀殿は推定で三十七歳。秀頼は十一歳でしかなかった。

慶長十年四月、苛立つ家康は秀忠に突然、将軍職を譲った。この一挙はとりもなおさず、徳川家が政権を永続して世襲することを天下に示威し、同時に豊臣氏の政権回復はあり得ないことなのだ、と天下に知らしめたことになる。

家康は秀頼を右大臣に昇進させ、秀忠が将軍となるや秀頼に対して、自ら上洛して賀詞《がし》を呈《てい》することを促した。が、淀殿は終始、聞く耳をもたなかった。断乎《だんこ》としてわが子が大坂城を出るのを拒み、強《し》いてとあらば秀頼を手にかけて、わが身の自害も厭《いと》わない、とまで言い切った（『当代記』）。

将軍職を秀忠に譲って「大御所《おおごしょ》」と称した家康は、次に徳川家にとって後顧の憂いを除くべく、豊臣家がもつその巨万の財力を、枯渇《こかつ》させようとする。

「豊臣家の家運挽回には、何よりも神社・仏閣を修造し、一心に祈ることとです。そうすれば神仏も、世の人気も、秀頼公を助けてくれるにちがいありませぬ」

ありとあらゆる人脈をつかって、家康は淀殿へ吹き込んだ。

その一番の窓口となったのが、豊臣家の家老・片桐東市正且元《かたぎりいちのかみかつもと》であった。

且元はかつて、〝賤《しず》ヶ岳《たけ》の七本槍〟に数えられた功名の将であったが、どういうわけか同輩の加藤清正や福島正則、加藤嘉明らが大名に出世していくなか、三千石取りの旗本に据え置かれていた。

一説に気が小さく、大気者の秀吉の意に染まなかったとも伝えられるが、秀吉の晩年にようやく、思い出されたように摂津茨木《いばらぎ》城主となり、一万石に封《ほう》ぜられる。元来、危急存亡の豊臣家にあって、家老がつとまるような器ではなかったのかもしれない。それが家康その人の口ききで、関ヶ原の戦いの後、家老職へ抜擢されてしまった。

慶長十六年三月、二条城においてようやく家康は、秀頼との会見を実現する。家康が秀頼を最後に見たのは、関ヶ原の前年であり、あの頃、秀頼は七歳。今では十九歳となっていた。

表向きの理由は、後陽成《ごようぜい》帝（第百七代天皇）が家康の〝威圧〟に嫌気がさし、退位することになり、皇位が動いた。後水尾天皇（第百八代）が皇位を継ぐ。

その践祚《せんそ》の式に家康は京都へ上洛したのだが、この前の秀忠将軍宣下のときから、はや六年が経過している。今度こそ、秀頼を京都に呼ばねばならない。

このむずかしい橋渡しの役をつとめたのが、織田有楽《うらく》（斎）であった。前名を長《なが》益《ます》。彼は信長の、十一番目の弟（十三歳年下）にあたる。

本能寺の変のおり、三十六歳になっていた有楽は、京都三条にいながら、謀《たばか》って攻め手の明智光秀の包囲網——その目を盗んで、兄・信長を見捨てて一人逃げた。そのあとは、秀吉に臣従して一万石そこその捨扶持《すてぶち》に甘んじている。関ヶ原の戦いでは家康に味方し、大和国に三万石を与えられたが、世俗のことは息子に委ね、自らは京に移り住み、茶の湯三昧《ざんまい》の生活を送っていた。ときに、六十四歳。

有楽は、淀殿からすれば叔父にあたった。秀頼に嫁いだ千姫の母・江にも叔父である（姉妹の母は信長の愛妹・お市の方）。有楽は北政所（高台院）や、家老の片桐且元とも連絡を取りながら、一方で加藤清正、福島正則、浅野幸長の三将による淀殿への説得もあり、ようやく秀頼上洛を実現する。

もっとも、久しぶりに会って成長した秀頼に目をみはった家康は、皮肉にもこの時、最悪の場合は秀頼を誅殺しても、豊臣家には臣下の礼をとらせねばならぬ、との決意を固めた。

なにしろ家康には、己れの余命が心配の種となっていたからだ。

なぜ、大坂の陣は起きたのか

一、江戸に淀殿を人質に出す
二、秀頼に江戸参勤をさせる
三、秀頼が大坂城を出て、伊勢か大和への領地替えに応ずる

家康が豊臣家に求めたのは、諸侯と同じ待遇に応じてくれ、ということにつきた。まずは一つでよい、とまで家康は譲歩している。

彼は豊臣家を滅亡させる意思をもたなかった、と筆者は考えている。すでに実質天下人たる家康は、何も自ら好んで悪名を後世に残したいとは思わなかったであろう。豊臣家の権威を保護しつつ、徳川家の天下運営に参加することを、家康は望んでいたのだが、豊臣家の認識は大きく異なり、秀頼が成人するまでの間、徳川氏がその代理として天下を治めている、と理解しようとした。

では、なぜこのような思い込みを豊臣家はもってしまったのか。すべては、関ヶ原の戦《いくさ》にあった、と筆者は考えている。結果として、この〝天下分け目〟の戦い

は、半日余で家康の率いる東軍の圧勝となった。おそらく他の誰よりも驚いたのが、当の家康であったろう。まさか、これほどあざやかに、短期日で決着がつこうとは……。終ってしまったあと、茫然自失の態となったのは、実は家康であった。

なぜならば、関ヶ原の戦いは、家康の実力をもって勝利したものではなく、豊臣政権の二大派閥——武断派大名たちが、文治派大名たちを討ったにすぎなかった。

そのため西軍についた諸侯の領地を没収し、東軍勝利の諸侯に加増するにあたっても、家康自身の取り分は全国に及んでいない。

せいぜい関東——より大きくいっても東日本——にしか、家康の影響力は及んでおらず、西日本は豊臣恩顧の大名たちが加増を独占していた。

政治は生きものである。家康は関ヶ原のあと、まずは東を固めることに専念している。人は常に、前例を頭に置いてものごとを考えるもの。この場合、家康が念頭に置いたのは、鎌倉幕府であり、家康は懸命に源頼朝を研究した形跡があった。

ところが幸いなことに、豊臣恩顧の大名たちが順次、寿命で亡くなっていく。家康のモデルは、鎌倉幕府から一歩踏み出して、室町幕府へと移ったのではないか。

室町幕府は、広い日本を幕府のみでは治められない、と考え、鎌倉公方《かまくらくぼう》を設けた。鎌倉府の首長である。関東公方、鎌倉御所とも呼ばれた。これは室町幕府の出先機関の長であるとともに、東国政権の首長という、二つの立場をもっていた。

発想はよかったのだが、鎌倉公方の下で政務を専掌する役職＝関東管領《かんれい》が、いつしか鎌倉公方と対立、幕府の仮想敵国となり、独自の動きをするようになってしまう。鎌倉公方は、関東に下った足利将軍家の血統の世襲であったが、関東管領は本来は、室町幕府からの補任である。しかし、幕府の思い通りには動かなかった。

「難しいものよなァ――」

家康も頭をかかえたであろう。室町幕府は京都にあった。これを鎌倉幕府のように、東へ――江戸へ――もってきて、逆に〝関西公方〟として豊臣家を位置づけるというのが、家康の次の政権構想であったが、その不安定感は拭《ぬぐ》い切れなかった。

そこで幕府の権力下に、豊臣家をつつみ込むように構想を変化させたのだが、人間、皆が皆それほど器用に頭の中での転換ができない。

まして女城主を中心にした豊臣家の人々は、天下一の堅城にくらしていた。

もし、豊臣家の家老に有能な先見性のある、それでいて淀殿―秀頼母子に信任される人物がいたならば、移り変わる家康の政権構想を理解できるように解説し、噛んで含むように説得したであろうが、あいにく、そうした有能な人々を排除したのが、誰でもない、当の家康であった。

そこへさらに、若い秀頼との再会がつづいた。家康のあせりは、頂点に達したであろう。自らが、簒奪《さんだつ》した政権である。再び他者に奪われない、といい切れるものではなかった。しかも豊臣家では、よこせといっているのではなく、返せといっているのだ。家康は己れの寿命と競争するように、いよいよ豊臣家を屈服させるための圧力を、最高潮《クライマックス》に引きあげた。

家康は、大坂城内にいる有楽や且元からもたらされる諸情報を分析、手切れの開戦を視野に入れながら、武器・弾薬の購入を急いだ。家康は堺の豪商・今井宗薫《そうくん》(宗久《そうきゅう》の子)や京都の茶屋四郎次郎《ちゃやしろうじろう》(清次《きよつぐ》・三代目)を使って、兵糧＝米の買い占め、兵站の充実を図っている。国内のみならずイギリス、オランダからも最新兵器＝大砲の買い入れを積極的におこなっていた。

ここまでの準備を進めて、家康はついに方広寺《ほうこうじ》の鐘銘《しょうめい》に難癖《なんくせ》をつけ、駿府へ駆けつけた片桐且元に無理難題を吹きかけた。後世に方広寺の鐘銘事件と呼ばれるものである。豊臣家は、秀吉が建立《こんりゅう》した京都東山の、この大寺院の大仏再建に、十四年越しで力を注いできた。その開眼供養《かいげんくよう》が間近に迫った時、家康は大仏鐘銘の中にある「国家安康《こっかあんこう》　君臣豊楽《くんしんほうらく》　子孫殷昌《しそんいんしょう》」という文言《もんごん》に難癖をつける。「国家安康」は家康の名を「安」の字で二つに切り裂いた呪詛《じゅそ》であり、「君臣豊楽　子孫殷昌」は主君である豊臣の子孫の繁栄を念ずる言葉だ、と強弁したのであった。

豊臣方は釈明に努めたが、これはそもそも解決のつく話ではない。家康は最初から、言い掛かりをつけて挑発するのが目的であったのだから。前出の三者一択を、つまりは念押ししたわけである。

筆者は、返す返すも残念でならない。豊臣家が三者択一に応じていたならば、信長の織田家が次男信雄をはじめ幾筋か残ったように、その名跡を残せたものを。にもかかわらず、何の準備もせぬまま、豊臣家は理不尽なり、と激昂して開戦の道を進んでしまう。感情論だけで、大坂城は東西手切れを決断してしまったのだ。

慶長十九年（一六一四）十月、ついに大坂冬の陣が勃発する。

信繁はなぜ、大坂城へ入城したのか

『駿府記』の慶長十九年十月五日条に拠れば、いよいよ天下風雲急をつげ、一攫千金《いっかくせんきん》＝大名になるぞ、との野心に燃え、あるいは武士としての返り咲《かえざき》をねらって、大坂城にはこの頃、陸続と牢人たちが押し寄せていた。

同書十月十四日条に、信繁の入城がふれられている。秀頼から当座の音物《いんもつ》（贈り物）として黄金二百枚、銀三十貫目が与えられたという（『真武内伝《しんぶないでん》』も同じ）。

「五十万石の約束で、軍勢を約六千率いて大坂に入城した」

というのは『大坂御陣山口休庵咄《おおさかごじんやまぐちきゅうあんばなし》』だが、さてこの人数は、いささか多すぎるように思う。信繁は、独立した一個の大名になったことは、過去に一度もなかった。しかも、壮年で禄をも失っている。真田氏ゆかりの者や真田昌幸の名声に牢人たちが集まり、二、三百になった、というあたりが妥当なのではないか。

信繁の九度山脱出についても、幾つもの挿話が伝えられている。

たとえば、山中の閑道《かんどう》（間道＝ぬけ道、わき道）に、かねてより目印を付けておき、それをたよりに脱出したというのがあった（幕末の松代藩士・飯島勝休《いいじましょうきゅう》による編纂の『幸村君伝記《ゆきむらくんでんき》』）。

また、村人を呼び集めて酒宴を開き、大いに人々に飲ませ、酔いつぶして脱出した（幕末に成立の史書『武林雑話《ぶりんざつわ》』）とか。あるいは、万病を払うという亥《い》の子餅《こもち》（玄猪餅《げんちょもち》、厳重《げんじゅう》とも。陰暦十月の亥の日に食べ無病を願う）を村人たちにふるまった信繁は、その夜、蓮華定院で碁を打つ。すると、高野聖がやって来て、いよいよ東西手切れとなった話をする。あわせて、関所がそこここに築かれている、と伝えた。信繁はそれらを聞いていたが、なおも何食わぬ顔で囲碁を打ちつづけ、途中、ふらっと小用に立ったふりをして、そのまま高野山を脱出した（『仰応貴録《ぎょうおうきろく》』〈一八六八年〉）──云々。

こうした逸話の中で、最高に愉快なのが、先の『幸村君伝記』のつづきであろう。信繁の大坂入城を聞いた家康が、とっさに、

「それは親か子か──」

と尋ねる。

このとき、家康は襖《ふすま》に手をかけていたのだが、その襖がガタガタガタガタと鳴ったという。この天下人は、震えていたのである。報告の者が、

「昌幸は去年《ママ》（実際には三年前）の夏（旧暦の六月四日、新暦で七月十三日）に病死しました。籠城したのは息子の方です」

というと、家康はほっと息をはいて、顔に安堵の色をうかべたという。

家康が、好敵手＝〝天敵〟の昌幸の死を知らなかったはずはない。が、『幸村君伝記』ではさらに、

「──家康が震えたようにみえたのは、真田（昌幸）を恐れたからではなく、関ヶ原のおり殺すべきを、信之が己れの抜群の働き、恩賞にかえて、と父と弟の助命を嘆願したので、しかたなく助けてやったものを、またもや（信繁が）籠城をすると

は……。怒りのあまりに、震えたのだ」

といい訳がなされていた。

そうかと思うと、別のものでは、慶長十九年十月一日、駿府に知らせが届いた時、七十三歳の家康は、この頃、病気がちで床に伏せっていたのだが、急に眼の色を輝かせて起き上がり、

「大坂討伐は我が本望なり！」

と、刀を抜きながら叫んだという。

また、昌幸ではなく信繁だと知って安堵した家康が、昌幸の弟で自らの家臣である真田信尹を呼び、信繁を招こうとする話もあった（『仰応貴録』・詳しくは後述）。

それにしても、信繁を大坂城に入城させた主因は、何であったのだろうか。

筆者は武士としての本懐＝華々しい討《う》ち死《じ》に——死に場所を得るため——であったように思われてならない。

換言すれば、亡き父・昌幸の無念を受け継ぐこと——。

あとに残る真田家の人々にとっては、「きっかい（奇怪）ともおぼしめされ」

と、迷惑至極の信繁の行動が、理解できなかったかもしれないが、これは距離間の差としかいいようがない。父・昌幸と約十一年ともに九度山で暮らした信繁には、

父の胸の内が痛いほどわかっていたであろう。それを受け止めて、自らが成さなければならないことも。

筆者はより具体的には、信繁は第一次、第二次上田合戦の、真の決着をつけたかったのだと考えている。いずれも——勝ち敗けを明確にわける——までにはいたらなかった。信繁は利害得失を離れて、三度目の正直をやってみたかったのだと思う。そうでなければ、大坂の陣における信繁が説明できないのである。

彼は父と兄の陰に隠れた人物であり、優れた政治的な手腕を、自ら発揮したことはなかった。まして〝三軍の将〟ではない。第一次上田合戦では、現場にいなかった公算も大きい。父は偉大な策士ではあったが、信繁が『甲陽軍鑑』に描かれた山本勘助のような、軍師をつとめたという証拠もなかった。

史料を解析検証するかぎり、彼は柔和で訥言《とつげん》（口の重いもの言い）、誠実で好ましい人物ではあったが、どこにも大物＝英雄と呼べる片鱗がなかった。

にもかかわらず、大坂の陣では〝英雄〟そのものの活躍をしている。彼の戦闘指揮官としての才量は、大坂城の中で際立っていた。

のち、大坂城落城のおりに、しきりと児童にうたわれた童歌《わらべうた》には、

「花のようなる秀頼を、鬼のようなる真田（信繁）がつれて、退《の》きも退いたよ加護

島（鹿児島）へ」

というのがあったが、この「鬼のようなる」という信繁のイメージは、大坂の陣を通じて出来上がったものであり、史料の語る信繁像とはかけはなれていた。信繁は小柄であり（『大坂御陣山口休庵咄』）、何より兄・信之は弟の人柄を評して、

「物ごと柔和・忍辱《にんにく》にして強からず。ことば少《すくな》にして、怒りはら立つ事なかりし」

と語っている（『幸村君伝記』）。

この不可解さが、信繁の最大の魅力ではあるまいか。はるか後世に生み出される猿飛《さるとび》佐助《さすけ》や霧隠《きりがくれ》才蔵《さいぞう》などの〝真田十勇士〟が、世に出る原動力も、すべてはこの人物の人柄と戦功にあったように思われる。

真田信繁が帯《お》びていたのは、正宗、貞宗か、〝妖刀〟村正か

さて、慶長十九年（一六一四）、いよいよ大坂冬の陣がはじまるという、その直前のある日、豊臣家の重臣・大野修理亮治長《しゅりのすけはるなが》の屋敷に、月叟《げっそう》と名乗る山伏が訪ねて来た、という。治長の母は、淀殿の乳母・大蔵卿局《おおくらきょうのつぼね》であった。

治長自身は、亡き秀吉の馬廻りをつとめ、秀頼のもとにあっては、かつての石田

三成のような、行政官として働いていた。家康を暗殺しようとして、一度は下総結城に追放されたものの、関ヶ原の戦いののちに釈放され、片桐且元の退城(冬の陣の直前)以後、母の威光もあり、大坂城の中心人物となって、大坂の陣では指導的な役割を担った。

その治長、おりわるく山伏が訪問したおり、大坂城に登城していて不在、かわって家臣が応接に出たが、どうもこの山伏はあやしい。素姓をと問えば、大峯《おおみね》からだという。用件は、と重ねて尋ねると、

「祈禱《きとう》の書物を治長さまへ、差し上げたくまかりこしました」

という。「帰宅を待たれてはどうか」と、監視をつけて番所の脇へ呼び入れた。

このとき番所では、時間をもてあましていた若侍たちが十人ばかり、素人の刀《かたな》の目利きに興じていた。山伏がひっそりと控えていると、若侍の一人が、貴公の差し料を見せてほしいものだ、といい出す。山伏は恐縮しつつ、

「私の刀は山犬を脅すための物で、とてもお目にかけられるような代物《しろもの》ではありませんが――」

といいながら、刀を差し出した。

抜いてみると、形といい、光といい、実に見事な刀であった。

「ついでに、脇差も拝見させてくれぬか」

というと、これにも山伏は快く応じ、若侍たちに見せた。

彼らは刀身に見入っていたが、その銘をみて驚嘆する。太刀は破天荒で魅力ある作風で知られた、鎌倉時代の名工・正宗《まさむね》（岡崎正宗）、脇差は貞宗《さだむね》の作であった。

貞宗は正宗の実子とも、江州高木（現・滋賀県）出身の養子ともいわれている。

そうしたところへ、治長がようやく帰ってきた。山伏の来訪を聞いて、思いあたることがあったようだ。すぐさま番所へかけつけてくると、山伏をみるなり手をついてかしこまった。

「これは……、ようこそ御出《おいで》下されました」

治長は幾度も礼をいい、山伏を賓客として書院へ通す。この山伏こそが、信繁であった、というのだ。これは『名将言行録』にある話――。

蟄居していた高野の九度山を脱出してきたのは事実であろうが、それを大野治長が知らなかったとは考えられない。この挿話は、後世の創り話であろうが、信繁に正宗を持たせたのは、存外、似つかわしかったように思われる。なにしろこの正宗、正体が知れなかった。

刀剣書の類では、京の粟田口《あわたぐち》派国綱《くにつな》が相州鎌倉に下って、老いてのちにもうけたのが新藤五国光《しんとうごくにみつ》であり、さらにその子・藤三郎行光《とうさぶろうゆきみつ》にいたって、この行光の子が五郎入道正宗となっている。

ところが、日本一の名工と称される正宗の生没は、今もって不詳のまま。明治に入ってからは、豊臣秀吉と曾呂利新左衛門《そろりしんざえもん》、本阿弥光徳《ほんあみこうとく》の三人が結託して、捏造《ねつぞう》した架空の人物ではなかったのか、との疑念まで出されていた。

確かに、正宗は絵師の東洲斎写楽《とうしゅうさいしゃらく》に似ている。その作品は残っているのだが、その実存性は……。

正宗という刀工が特別に脚光を浴びたのは、紛れもなく桃山時代に入ってからであった。とりわけ秀吉が功臣への賞賜に正宗を求めたのは史実であり、その刀探しを請け負ったのが本阿弥光徳であったことも間違いない。

〝日本一〟というわりには、なぜか正宗には、生《う》ぶ在銘（製作当初の姿に作者名を記したもの）の太刀が見られず、刀類は磨上げの無銘（製作者の銘が入れられていないこと）か、金象嵌銘《きんぞうがんめい》の極めものばかりであった。

ついでながら、もう一方の貞宗も、在銘の作刀は現存していない（小脇指《こわきざし》をのぞく）。後世の鑑定家によって、彼の作品と決められたものしかなかった。

そういえば、信繁の刀に関して、水戸光圀《みとみつくに》が正宗ならぬ、村正《むらまさ》のことを述べた文献を読んだことがある。

「真田左衛門信仍（くずし字の繁）は、東照宮（家康）へ御敵対したはじめから、村正の大小を常に身に離さず差していた。そのわけは、村正の刀が徳川家に祟るという話を聞き、当家調伏《ちょうぶく》の心でそうしたのである。士たるものは、ふだんから真田のように心を尽したいものである」（『西山遺事《せいざんいじ》』・筆者、意訳する）

これは、面白いコメントであった。

なるほど〝妖刀〟村正は、徳川家に祟っていたかもしれない。家康の祖父・松平清康《きよやす》や父・松平広忠《ひろただ》が、家臣に刺殺されたおりの刀が揃って村正であり、家康の長男・松平信康が、織田信長の命令で切腹させられたときに用いられたのも村正であった。

ただ、村正は尾張徳川家でも代々、大切に保管されており、かならずしも〝妖刀〟と決めつけられ、徳川家では捨てられた、という伝説は正しくないように思われる。

それにしても、史実と講談の入り交じった真田信繁にとっては、村正はあるいは、正宗以上にピッタリの刀であったかもしれない。

意外な人物も出席、大坂城軍議

いずれにせよ、大坂城では家康の大軍を迎え討つにあたっての、基本方針（政略と戦略）、具体的な戦術を策定するための作戦会議が遅まきながら開かれた。

筆者が久しぶりの知人と、街角でバッタリでくわしたような驚きを感じたのは、この軍議の席に小幡勘兵衛景憲《おばたかんべえかげのり》がいた、と『真武内伝』が述べているくだりだ。

この人物は徳川家の家臣でありながら、スパイとして大坂城に潜入。堂々と首脳軍議に連なっていたという。ちなみに、この人物の父・小幡豊後守昌盛《まさもり》は武田信玄に仕え、旗本足軽大将、信濃国海津城在番をつとめた人物で、四十九歳のおり病没している。小幡勘兵衛は甲州流の兵学者として、『甲陽軍鑑』を述べた作者と一般には目されていた。

十一歳で秀忠の小姓となったものの、文禄四年（一五九五）に出奔、流浪の旅へ。京都で蟄居しているところを、軍学者としてアドバイスをしてほしい、と大野治長にたのまれ、大坂城の軍議に列席したというのだが……。

〝忍び〟に区分すれば、これほど大胆不敵な間者もあるまい。昌幸が生きてあれば、大いに面白がったであろう。軍議の内容については、幾つもの作戦が語られているが、ここは筆者の取捨選択でサラリと行きたい。なぜ、このような乱暴なことをいうか――軍議で明らかとなったのは方向性だけであり、結局、すでにみた昌幸のような積極果敢な作戦は、一つとして採用されなかったからだ。

この軍議の席上で信繁は、関東の機先を制して、秀頼自ら旗を天王寺にすすめ、兵を山崎へ出すこと。そして、信繁、毛利勝永《かつなが》（吉政）を先鋒に、長宗我部盛《ちょうそかべもり》親《ちか》、後藤又兵衛《またべえ》（基次《もとつぐ》）といった、もと大名級の人々に、大和路を攻めさせ、伏見城を奪取する。そのうえで京へ火を放ち、宇治、勢多に拠って西上する東軍を迎え撃つ――つまり積極策を進言した。昌幸の遺策を、さらに検討したのかもしれない。

ちなみに、信繁と長宗我部盛親・毛利勝永を〝大坂城の三人衆〟と呼び、これに後藤又兵衛・明石掃部頭全登《あかしかもんのかみぜんとう》（たけのり、てるずみ、とも）を加えて〝五人衆〟と称したという。

しかし、信繁の進言に対して、実戦経験の乏しい秀頼の近臣たちは、自分たちのことは棚にあげて信繁の積極策をあやぶみ、その戦歴のなさをあげつらって、単純に大坂城外での戦いを危惧し、軍議を籠城戦に決する。

大坂冬の陣布陣図

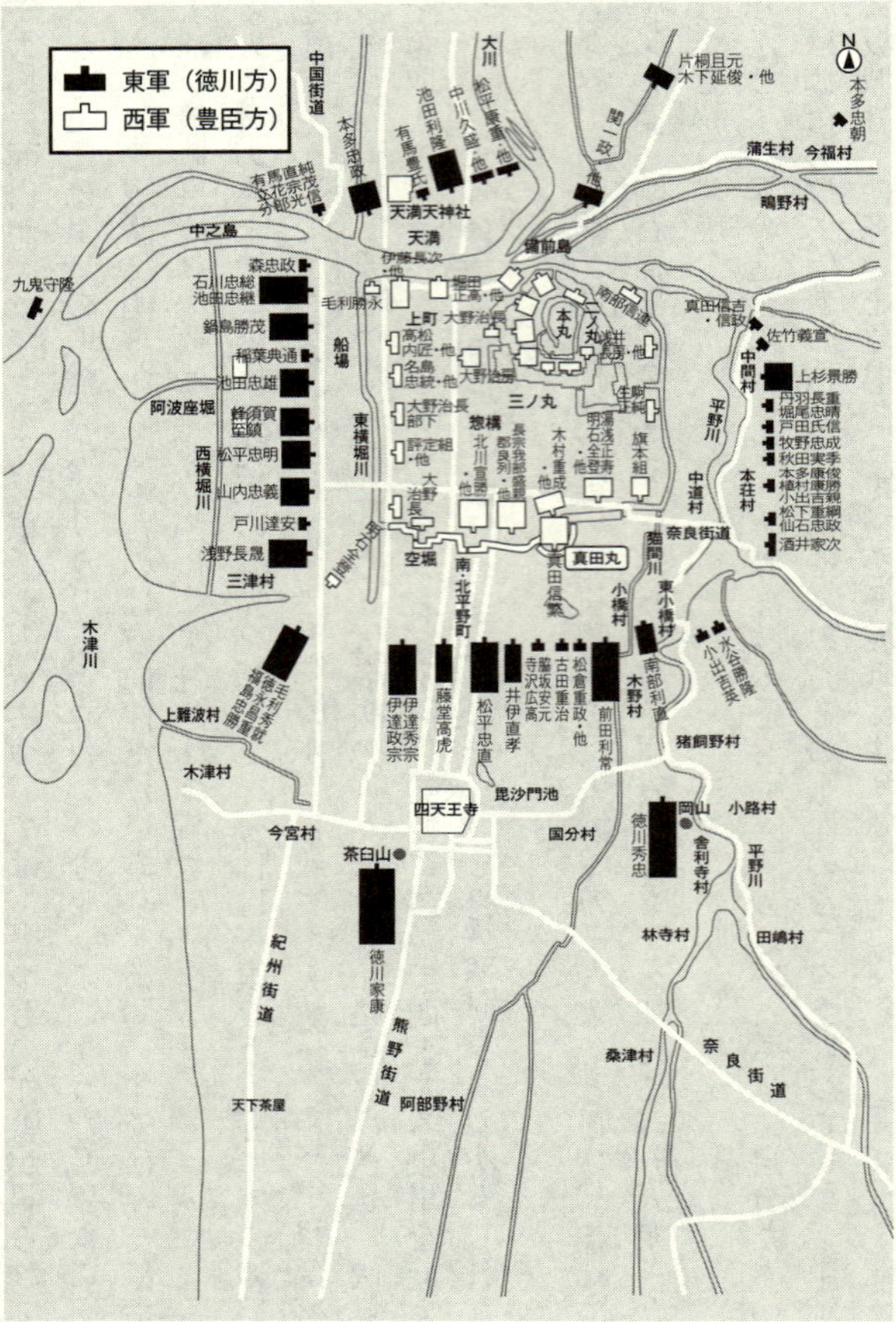

東軍（徳川方）
西軍（豊臣方）
N
中国街道
大川
片桐且元
木下延俊・他
本多忠朝
本多忠政
池田利隆
中川久盛・他
松平康重・他
有馬豊氏
有馬直純
立花宗茂
分部光信
関一政・他
蒲生村
今福村
鴫野村
天満天神社
天満
中之島
備前島
九鬼守隆
森忠政
石川忠総
池田忠継
伊藤長次・他
堀田正高・他
毛利勝永
上町
大野治長
本丸
二ノ丸
南部信連
真田信吉・信政
佐竹義宣
鍋島勝茂
船場
高松内匠・他
名島忠統・他
大野治房
井上頼次・他
中間村
上杉景勝
稲葉典通
池田忠雄
阿波座堀
蜂須賀至鎮
三ノ丸
生駒正純
丹羽長重
堀尾忠晴
戸田氏信
牧野忠成
秋田実季
本多康俊
植村康勝
小出吉親
松下重綱
仙石忠政
酒井家次
大野治長部下
惣構
長宗我部盛親
明石全登
旗本組
平野川
東横堀川
西横堀川
松平忠明
評定組・他
北川宣勝・他
木村重成・他
湯浅正寿・他
本荘村
山内忠義
中道村
大野治長
戸川達安
浅野長晟
三津村
空堀
真田丸
真田信繁
奈良街道
猫間川
東小橋村
小橋村
南・北平野町
木津川
毛利秀就
徳永昌重
福島忠勝
伊達秀宗
伊達政宗
藤堂高虎
松平忠直
井伊直孝
寺沢広高
脇坂安元
古田重治
松倉重政・他
前田利常
木野村
南部利直
水谷勝隆
小出吉英
上難波村
猪飼野村
木津村
毘沙門池
四天王寺
岡山
小路村
今宮村
国分村
茶臼山
徳川秀忠
舎利寺村
平野川
徳川家康
林寺村
田嶋村
紀州街道
熊野街道
桑津村
奈良街道
天下茶屋
阿部野村

小幡勘兵衛などは、自ら進み出て、

「昔から宇治・勢多（瀬田）を守って、勝ったためしはありませぬ」

そういいながら、具体的な歴史上の人物の名をあげていったという。

さいぜんの家康も、昌幸ほどには信繁を恐れなかったのは、その表に出ての戦歴であった。第一次上田合戦のおり、信繁は後詰を要請した上杉家に真田家の人質として出向いていた。もしかしたら、上杉の援軍とともに戦場にいたかもしれないが、それはいなかったかもしれないのと同じ程度の、存在感でしかなかった。

終始、囲碁を打ちながら、戦局全体を動かしていた、といわれる昌幸の智謀に比べれば、評価は低かったろう。

第二次上田合戦においては、信繁は間違いなくその現場にいたが、ゲリラ戦の一隊の指揮はとっていたものの、全軍の司令塔はつとめていない。それこそ、今際《いまわ》の際《きわ》に昌幸が危惧したことが、大坂城で実際に起きた可能性は高かった。

大坂城の秀頼の周囲や親衛隊＝七手組の隊長たちは、信繁を昌幸の子であるということで、大坂城に迎えたわけであり、求めたものはその世に聞こえた真田の名声であり、実戦での指揮能力であって、全軍の総指揮を信繁にとってもらうなどということは、まったく考えてもいなかったであろう。

家康の凄さは、巨城・大坂城に総司令官となれる器の将を、不在にしたまま、開戦に及ばせたところにも如実であった。

現役大名不在の大坂城にあっては、五人衆以外では仙石《せんごく》豊前守秀範《ひでのり》、石川肥後守康勝《やすかつ》、塙団《ばんだん》右衛《え》門直之《もんなおゆき》らの名が、世間では知られていた。

秀範の父は仙石秀久——秀吉の家臣として讃岐一国を与えられ、高松城主となりながら、九州征伐の不手際で所領を没収されている。その後、家康を頼って信濃国佐久郡に五万石で返り咲いたが、慶長十九年、ここで死去してしまう。その息子の秀範は、関ヶ原で西軍に属して牢人となった。

石川康勝は、すでに登場した石川数正の次男である。塙直之は〝賤ヶ岳の七本槍〟の一人・加藤嘉明の家来で、ことのほか武名が高かったが、奉公構《ほうこうかまえ》——大名間の破門状のようなもので、これを旧主に出されると、何処の大名家にも仕官できなくなる——を嘉明にやられて、大坂城へ。この経過は、先の後藤又兵衛も同じ(彼の場合、主君は黒田長政)であった。

奉公構をやられて、なおその人物を仕官させた場合、大名間で戦争となった。したがって、それを承知であぶない人物を雇う大名は事実上、いなかったわけだ。行き場のない人々が、大坂城に登城したが、彼らには決定権がなかった。

では、大坂城を実際に動かしていたのは、となると、出頭人は大野治長・主馬首《しゅめのかみ》治房《はるふさ》・道犬斎治胤《どうけんさいはるたね》の三兄弟であり、女城主・淀殿の叔父・織田有楽と従兄弟の織田信雄（号して常真《じょうしん》・信長の次男）も入城していたが、この二人は明らかに家康の回し者であった。

豊臣家の軍事はどうか、となると、若手では木村長門守重成《ながとのかみしげなり》（常陸介《ひたちのすけ》の子とも）、三千石を食む薄田《すすきだ》隼人正《はやとのしょう》兼相《かねすけ》（岩見重太郎の後身とも）。秀頼の親衛隊ということでいえば〝七手組〟の七人の組頭こそ、戦《いくさ》のプロ中のプロであったといえよう。速水甲斐守守久《はやみかいのかみもりひさ》・伊東《いとう》丹後守長次《ながつぐ》・堀田図書介盛重《ほったずしょのすけもりしげ》（正高《まさたか》）、野々村伊予守雅春《まさはる》（吉安《よしやす》または吉保）、真野蔵人助宗《まのくろうどすけむね》、中島式部少輔氏種《なかじましきぶのしょううじたね》・青木民部少輔一重《かずしげ》。

七人のうち、速水はのちに秀頼と殉死、堀田・野々村・真野・中島は大坂城と運命をともにしたという（真野は開戦前に病死とも）。青木は夏の陣の直前、秀頼の使者として関東へ赴き、家康との会見に臨んだものの、そのまま抑留されて動けず、戦後、家康に仕官したとも、出家したともいう。伊東も大坂城落城後、家康に招かれて備中岡田藩主となっている。

籠城軍総数約十三万人、軍才に優れた牢人の将は多くいた中で、これらをまとめる〝三軍の将〟が、大坂城には不在であったことが、返す返すも残念でならない。

真田丸築城と明石全登

大坂城の首脳部のおかしさは、〝三軍の将〟は家康と手切れとなれば、それこそ全国から豊臣恩顧の大名が幾人も集ってくるから、その中から選べばいい、と心底、考えていたことにもあった。

具体的な根拠も、そのための根回しも、何もしていないのに、である。実際に事前に働きかけた大名は、すべて逃げてしまった。

なかには、ことごとく家康に報告した大名も少なくなかったのである。

開戦になって思うことは、たった一つ。この巨城が、自分たちを守ってくれる。天下一の堅城は決して落ちない、という神仏なみの信仰の一念であった。どうどうめぐりで何一つ決まらない軍議を経験して、信繁もそのことに気がついたようだ。

ならば、と彼が方向を変えて、難攻不落と謳われた巨城・大坂城を徹底検証し、この城の唯一の弱点——手薄な南方に、出丸を構築し、守備に万全を期したい、と申し出た。これはすんなりと決った。いわゆる、〝真田丸〟である。

もっとも上層部は、牢人信繁を心底から信任してはいなかった。軍監（目付）として、伊木《いき》七郎右衛門遠雄《とおかつ》を派遣してくる。伊木は十七歳で賤ヶ岳の合戦に従軍したといい、もと秀吉の黄母衣衆《きほろ》（使番）を勤めた人物。関ヶ原では西軍にあったため、戦後に牢人となった。五十歳くらいであろうか。

さらには石川康勝も、自ら志願して信繁と行動をともにすることとなる。彼は真田丸の西側後方の守備についた。

「真田左衛門《ママ》は、おのれが武名を後代に遺さんと天王寺表に一郭を備えた。〈中略〉真田丸と自称す」（『武徳編年集成』）

見方を変えれば、戦場に出城や砦をつくり、それに籠って臨機応変に動くのは、まさに真田家のお家芸といえなくもない。

一方、豊臣方が籠城一本でいくことを知った家康は、十一月十八日に茶臼山にあがると、これ幸いと周囲に「付城《つけじろ》」の普請を急がせた（『慶長年録』）。

「付城」とは敵対する城をみはり、城からの攻撃にも備えるもので、攻守兼ねての臨時の砦であり、「向城《むかいじろ》」ともいった。

信長はこの「付城」を築いては、敵の死角から兵員を抜き出し、別の戦場に投入、不可能に思われた同時多発戦争をしのぎきった。その後継者秀吉は、兵糧攻めのポイントとして「付城」を活用し、三木《みき》城や鳥取城をせめ落としたが、家康はこの大坂城では、秀吉流が不可能なことは事前に理解していた。

通常、城攻めには十倍の兵力が必要とされている(『孫子』)。約十三万の兵力をもつ大坂城——一説に馬上六、七万。雑兵五、六万。女中一万(『山口休庵咄』)。あるいは、冑《かぶと》を着けた武士八万七百、雑兵十万(『長沢聞書』)——を攻めるには、百万以上の将兵が必要だが、日本全国にはそれだけの武士はいなかった。

攻城方は、総勢二十万余——それでも、大軍には違いない。

家康にとって「付城」は、城方に籠城戦を戦い抜こう、討って出て勝とうという気をおこさせないものであれば、それでよかった。城から討って出ないように、付城は十一月二十五日には延々と完成している。

それをうけての、事実上の初戦——木津川口《きづがわぐち》の戦いでは、守備隊長の明石掃部頭全登が大坂城に登城していた不運もあり、蜂須賀至鎮《よししげ》・浅野長晟・池田忠雄《ただかつ》ら三千の将兵が守備隊八百人余に水陸両面から奇襲をかけ、みごと勝利。彼らは大坂湾の制海権を掌握する。この際の、

「明石殿さえ、現場にいてくれたなら、このようなことにはならなかったろうに」

という守備隊の嘆きは、そのまま全登への期待といってよかったろう。

十四年前の関ヶ原の戦いは、濃い霧がようやく薄れてきた午前八時、松平忠吉《ただよし》・

井伊直政らの東軍が、宇喜多軍の陣営に鉄砲を撃ちかけたことから火蓋を切った。この時、宇喜多秀家は一万七千の兵力を率いていた。

東軍先鋒の福島正則が、急ぎ鉄砲隊八百を指揮して宇喜多軍へ鉄砲を撃ちかけ、すぐさま突撃に移る。秀家側は軍勢を五段に編制して展開。福島隊の攻撃を防ぐのみならず、みごとに押し返した。このおり兵八百を率いて活躍したのが、宇喜多秀家の前衛を預かる、明石全登であった。

全登の父・景親《かげちか》は、宇喜多家の与力＝客分であり、全登本人は磐梨《いわなし》郡熊野保木《くまのほぎ》（現・岡山県岡山市東区）の城主、三万三千余石の小大名でもあった。彼は実に、変化自在の陣頭指揮に長《た》けていた。

関ヶ原の戦いは、開戦五時間が経過しても勝敗が決しなかった。だが、ここで小早川秀秋の裏切りが発生する。宇喜多軍にも、小早川勢に襲われた友軍の大谷吉継・小西行長両隊の総崩れが伝わり、ついには戦線維持が不可能となった。

東北にむかって宇喜多軍が、敗走をはじめたときには、死傷者二千余名を出していたという。秀秋の裏切りを知った秀家は、怒髪天を衝《つ》き、

「おのれ小倅《こせがれ》め。天下傾覆《けいふく》のきわまり。このうえは刺し違えてくれん！」

カッと逆上、馬を引き寄せ、小早川の本営に斬り込んで玉砕しようとする。

それを必死に押しとどめたのが、全登であった。この戦いで、生死の境に身をおきながら、全登は泰然自若《たいぜんじじゃく》。平時と、少しも変わらない。

「殿、〝天下分け目〟はこれからにございます」

秀頼公の行く末にこそ、望みをかけられませ、と説得。主君の秀家を戦場から逃がすため、全登は自ら少数の兵とともに踏みとどまって、さらに奮戦した。

そして、主人の戦線離脱を見届けて、まもなく自身も逃亡している。以後、潜居《せんきょ》先をたびたび変え、再びその姿を人前に現したのは、大坂冬の陣のおりであった。

『大坂御陣山口休庵咄』に「明石掃部、人数初め四千の着到《ちゃくとう》にて、後《のち》人数抱へ申し候」とある。全登はヨハネ、ジョバンニ、ジュストなど、さまざまに伝えられる洗礼名をもった、敬虔《けいけん》な切支丹《きりしたん》でもあり、大坂方が勝利すれば切支丹を認める、との公約を信じての、参加であったという。全登は名誉挽回をはかって、関ヶ原同様、神技のような采配を振るい、終始、攻城方に優越した。が、その後、和睦となり、再び夏の陣となった。全登の善戦もむなしく、大坂城は落城する。

細川忠興が老臣たちに宛てた、五月十一日付の書状には、

「明石掃部も手柄《てがら》にて、六日に討死し」

とあるが、四日後の書簡には、

「此の内《うち》掃部は、逃げたるといふ説もこれに有り」
と書かれていた。逃亡後、一説には南蛮《なんばん》に渡ったともいう。いずれにせよ、切支丹は自害はしない。その余生を全登はおそらく、信仰に生きたのではあるまいか。

真田丸殺法

木津川口につづく博労淵《ばくろうぶち》の戦いでも、城方の守備隊長・薄田兼相（隼人）が、持ち場をはなれて神崎の遊女屋に入り浸っていたため、落砦《らくさい》——本当なら切腹ものであったろう。真相は定かではないが、この敗戦で兼相が「橙武者《だいだいむしゃ》」と呼ばれるようになったことは史実のようだ。

橙は酸味がつよすぎて食せず、正月の飾りにしか使えない＝見かけ倒し、という意味だが、筆者にいわせれば兼相のみならず、大坂城にいた大半の首脳部は〝橙〟であったといえよう。織田有楽、織田信雄、淀殿のとりまき——云々。

十一月二十六日に戦われた鴫野《しぎの》・今福《いまふく》の両砦の戦いにおいても、佐竹義宣、上杉景勝、堀尾忠晴、丹羽長重《ながしげ》（長秀の子）といった合戦巧者の諸将を向こうにまわして、それでなくとも火力、兵力でも劣勢な豊臣方は、あっさりと敗れて、またしても陥落。豊臣家の首脳部たちは、自分たちのことは棚にあげたまま、度重なる敗戦に牢将たちの力量を疑い、何ら挽回策をこうじることもないまま、無駄に日々を送り、城内の士気を低下させていく。

このままでいけば、家康の思うつぼであったが、こうした中でひとり気を吐き、士気を逆転、大坂方のやる気を高めたのが、信繁であった。

彼の真田丸が嶄然《ざんぜん》、頭角をあらわしたのである。

真田丸は本丸と二の丸で構成されており、東西約百八十メートル、堀の深さは六から八メートル、土塁の高さは約九メートルあったという（現在、大阪市天王寺区餌差町《えさしまち》の心眼寺《しんがんじ》に、出丸城跡碑が建てられている）。

ここでいう「出丸」とは、本城＝大坂城からは突き出している小城のこと。

大坂城は上町《うえまち》台地の北に位置し、淀川・大和川（旧）によって天然の要害に設計されていたが、もし欠点があるとすれば南――平野口《ひらのぐち》だとみたのは、さすがに信繁であった。おそらく第二次上田合戦のおりの準備を、反芻《はんすう》しながら、絵図面をみ、実地に周囲を歩いたのであろう。

ここの守備兵力は、約五千。加えて、信繁は百八十人の手勢を別にもっていたという（『幸村君伝記』）。おそらくこの手勢が、本来の信繁の直臣というべき人々であり、のちの〝十勇士〟の原型となった、と考えてもよさそうだ。

十二月三日、徳川秀忠が真田丸近辺を巡検、攻め手の前田利常《としつね》と松平忠直《ただなお》に、むやみに攻撃をしかけてはならぬぞ、とクギをさした。

家康―秀忠父子の配慮はいきとどいている。真田丸攻撃に関しては、いずれも真田家に接点のない大名家を厳選して配置した。

忠直は、家康の次男・結城秀康の長男である。すなわち、家康の孫。越前北ノ庄六十二万石の二代藩主であった。一方の利常は前田利家の第四子、長兄利長のあと加賀百万石を後継した。

二人はまず、「付城」の防備を固めるように、との指示を受けた。攻撃をしかけて、万一敗れるようなことになれば、緒戦以来の連勝で、全体に士気のあがっている攻城方が、一気にしぼみ、やる気を失う懸念があったからだ。

しかも徳川家にとっては、まさに〝天敵〟のような真田氏である。考えられないような逆転でもされれば、またしても敗北となりかねない。

信繁はこうした徳川方の事情に、機敏に反応した。敵の付城の手前――真田丸とのほぼ中間地点――の「笹山」に、鉄砲足軽を派遣しては付城を攻撃させた。

真田の出城はほかとは違うぞ、と内外の人々の、耳目をそばだてるために。

対する前田勢は、あまりの真田丸の傍若無人《ぼうじゃくぶじん》な攻勢に耐えられず、むやみに攻撃してはならない、と戒められていたにもかかわらず、つい鬨《とき》の声をあげて「笹山」へ攻めかかってしまう。が、到着したときは、もぬけのからであった。

ここである。昌幸直伝の真田兵法が、ひょいと顔を出した。あぜんとしている前田勢に、嘲笑の嵐を信繁はみまったのである。しかもその上で、

「——それほど手持ち無沙汰なら、どうかね、真田丸を攻めてみては」

とやった。明らかな、挑発である。

前田勢はこれに、思わずカッとなって乗ってしまった。

仕掛けの拍子、タイミングの取り方が、信繁は絶妙であった。頭にきた前田勢が翌十二月四日、ならば早朝を期して、一気に攻めつぶしてやろう、と奇襲を企てるように仕向け、彼らを釣り出した。待ち構えていた信繁らは、弓矢、銃弾を雨あられのようにみまい、集中攻撃の中で進退きわまってしまった前田勢に、ここでまた、あざけりの笑いを浴びせかけた。

戦国時代、人に笑われる以上の屈辱、不名誉は、武士になかった。武士は足軽の端にいたるまで、人さまから笑われぬように、わが身をつねに戒め律していた。武士が武士をあざけり笑えば、それは斬り合いを意味し、果たし合いとなった。

百姓が武士に向かって、侮蔑したような笑みを片頬にでも浮かべれば、まず、その百姓の首はなかったろう。江戸時代に一般化する〝斬り捨てご免〟の原型は、これであった。笑うことは無礼なことであり、逆に笑われている者がそのことを無視すれば、その人物は仲間うちから相手にされなくなる。武士にあるまじき振る舞い、と見なされたわけだ。

信繁の祖父幸隆が、天才的戦術家の上杉謙信に用いたのも、この手であった。人は笑われると感情を害し、冷静な判断力を失う。理性的に物事を捉えることができなくなるのである。この笑われて、カッとなる、というのは、とりわけ日本人に多く、筆者も含めた、現代日本人にまで受け継がれてきた悪しき遺伝子、といえるかもしれない。

逆にいえば、指揮官の有能・無能は、敵に笑われたときの応対で決まった。真田丸を攻めた指揮官・奥村摂津守（栄頼、栄顕とも）も戦国を生きる武士である。笑われて思わずカッとなり、自ら討死を覚悟し、突撃を命じようとしたが、瞬間、わずかに残っていた理性の声に、彼は耳をかたむけた。

「これはワナだ」――自分一人が死ぬのはいい。が、部下をすべて玉砕させていいものか……。彼はこのタイミングでなお、奇跡的に兵をひいた。

筆者は、摂津守の決断は立派だった、と思うのだが、主君利常は突撃に及んだこと自体を責め、摂津守を勘当《かんどう》（縁をきって追放する罰）に処してしまった（『烈祖《れっそ》成績《せいせき》』・『幸村君伝記』所収）。

完勝・真田丸

一方の、松平忠直隊はどうであったか。約十五町（約一・六三キロ）ほどの地点から竹束《たけたば》（丸竹をたばねて楯としたもの）を前につき出すように、徐々に真田丸との距離をちぢめていった。当時の戦法としては、正統なものといえる。

先鋒の指揮官は、本多成重《なりしげ》と同富正《とみまさ》の二人。彼らは勇敢であり、竹束の内から信繁の真田丸と、互角の銃撃戦を展開していた。

が、竹束で敵陣に寄せていっても、これには限界があった。どこかで、思い切らねばならない。突撃するか、一旦後退するか。思案していた、その時であった。

真田丸の後方を守っていた石川康勝の持ち場——この地にあった櫓から、突然の大爆発がおき、すさまじい爆音が轟き、いきなりの火炎が発生した。

前線の指揮官はつねに、臨機応変の決断を求められる。どれほど用意周到に計画し、具体的な作戦を立てても、何が起きるのかわからないのが戦場である。そのとき最善の方法を、瞬時にして見極め、自らの部隊を誘導しなければならない。

突然に起きた大爆発――これは敵のミスか、それとも誘いか。

チャンスと飛び込むか、危うし、としばし様子をみるべきか。指揮官が素早く決定しなければ、部下たちは喜怒哀楽の感情で動いてしまう。この感情が複数化すると、群集心理を醸《かも》し出す。群集心理は特殊なものであり、個を失った群衆は反省力を失い、単純な感情的行動に走り、大多数を占める人々の言動に、むやみに同調してしまう。両本多は、突然起きた大爆発を、好機《チャンス》と判断した。

「今だ――」

二人の指揮官は竹束の陣の中から身をおどらせ、堀を乗り越え、塀に手のかかるところまで肉迫した。すると、それをみていた前田利常、その西に展開していた井伊直孝、藤堂高虎――各々の軍勢までもが、この忠直隊の突撃に同調した。

彼らは楯や竹束など、身を守るものすら持たず、狭い所へ大勢がつめかけ、

「きゃつらに、おくれてなるまいぞ」

先を争って、真田丸へ攻めかかった。

突然の出来事に遭遇した、ということでいえば、条件は信繁も同じであった。

が、彼は第二次上田合戦やこれまでの戦場体験を忘れてはいなかったようだ。

まず、予定通りの戦術をくり出している。かねての手はずどおりに、西の門（東の木戸とも）を開いて真田大助・伊木七郎右衛門ら精兵五百を外にくり出した。これは横合いの攻城方である寺沢・松倉勢を牽制するため。同時に、塀に殺到して乗り越えようとする敵の将兵に、城壁から銃弾の雨をふらせた。

そもそも、松平忠直隊が竹束をもって前進したのも、来たる総攻撃に照準をあわせてのものであった。だが、群集心理で攻勢に同調した攻城方に、申し合わせての突撃は、すでに選択肢になかったろう。

「抜けがけ功名――」

日本には昔から、命令違反を犯しても、結果を出せば許される、という考え方が根強く存在した。攻め手は皆、あきらかに先駆け＝軍令違反を犯していたのだが、この好機の前に、軍律を厳守せよ、と指揮官が止めたとしても、将兵はいうことを聞かなかったに違いない。群集心理は、すぐさま後方にも伝染していく。

戻れ、さがれと命じても、将兵はにわかに向きを変えない。

家康―秀忠の、双方から慌てて出された撤兵命令も、実効されたときには、すでに味方に数千人の戦死者が出ていた。

「寄手の中手負《ておい》死人、その数を知らず」（『家忠日記』）

なかには、「一万五千」という『東大寺雑記』の被害報告もあるが、これはあまりに多すぎるような気がする。それにしてもなぜ、このようなことになったのか。

群集心理とは別に、敗因の底辺には、各藩の統率がことごとく未熟で、そこに憶測と自己都合の思い込みが重なったことがあげられた。

どういうことか。かねてより、攻城方も大坂城内に向けて、裏切り、降参を働きかけていた。その一つが成就し、裏切りの合図を送ったら、一斉にそこへ殺到する約束がなされていたというのだ。大爆発が起きたとき、攻城方はこれを城内からの裏切りを促していたのが、成功したと判断した。

ならば、いずれは城内の裏切り者が城兵の後方から味方を斬りつけるはず。好機だ、いま行かねば、いつ攻めるのだ、と彼らは躍起となった。

ところが実際は、石川康勝配下のそそっかしい足軽が、火縄をあろうことか、二斗ばかり火薬の入った箱へ、うっかり落としたのが爆発した——これが真相であった。かわいそうに康勝も、鎧の綿嚙《わたがみ》（胸のつり紐の部分）に火が移り、火傷を負って一時は現場を退いている。二百ばかりの越前兵は、真田丸のここまで乗り込んだようだが、木村重成の先陣がことごとく、彼らを討ち取ってしまった。

確かに内通者を募るという城攻めの基本は、これまでにも幸隆の戸石城をはじめ、関ヶ原の前哨戦となった伏見城などでもみられた。忍びを使うのも、有効な手段であることに間違いはない。大坂冬の陣においても、城方の南条中務元忠《なんじょうなかつかさもとただ》という武士を、藤堂高虎が調略し、内通を約束させた、という記述があった(『泰政録』)。

高虎はこの頃、伊賀一国に伊勢国八郡を加えた二十二万九百石を拝領し、津城に居城していた。この度の冬の陣では、家康の先鋒をつとめており、当然のごとく事前に忍びを多数、大坂城に放っていたであろう。

筆者は、攻城方の〝忍び〟の総元締は高虎ではなかったか、と考えてきた。

忍術の歴史と夏の陣の致命傷

併せて、忍びの使う術＝いわゆる忍術についても、ふれておきたい。

忍術は、古くは『古事記』で道臣命《みちのおみのみこと》が暗号を使って闇夜の戦いに勝った例があり、倭建命《やまとたけるのみこと》が女装して熊襲《くまそ》を討った例を引いて、これを忍術の起源と述べるものもある。

筆者は具体的な起源としては、『孫子』『六韜《りくとう》』などの中国古典兵法書の伝来、陰陽道、仙術、修験道といった様々なものが影響しあってできたように考えている。いわゆる山伏の修行――熊や狼、山犬から身を守る術が、種々研究されて発達し、室町時代末期にはそれらを専門的に活用する武士団が現れた。

すでにみた甲賀、伊賀、信濃――彼ら忍びは、隠密、細作、草、嗅ぎ、すっぱ、とっぱなどと呼ばれ、刀剣や手裏剣から、ついには鉄砲にいたる火器、火薬に長じ、クナイ（爪状の鉄製飛道具）などの忍具、変装術まで駆使して、諜報活動、夜襲、放火などをおこなった。

戦国時代には、武田の乱波《らっぱ》と素破《すっぱ》、上杉の軒猿《のきざる》、北条の風魔《ふうま》など、全国の大名のもとに多くの忍び集団が働いていたようだが、性格上、表立った文献には記録が残りにくかった。すでにみた伊賀者、甲賀者は家康のもとで大いに活躍したほか、各国で雇忍となり、暗躍した忍びは少なくなかったはずだ。

ときおり聞こえてくる流派だけでも、義経流、楠流、郷家流、服部流、紀州流、雑賀流、根来流、伊賀流、甲賀流など百余流を数えた。

しかし、江戸時代になると、彼らの活躍の場は急速に失われ、伊賀者、甲賀者も与力や同心として、幕府組織に治安要員として組み込まれていった。

蛇足ながら、忍びの使うとされる手裏剣について——。

手裏剣術は、甲冑に覆われた武者への攻撃として、眼を狙ったのが始まりとされている。願立流《がんりゅう》の流祖・松林蝙也斎《まつばやしへんやさい》（一五九三〜一六六七）が、休息中に敵に斬りかかられ、とっさに持っていた針を相手の眼に刺して、撃退したことから始まった、という伝承もある。実戦のなかで必要に迫られて生まれたものであろうが、江戸の泰平の時代に入ると、これらが体系化されていく。

手裏剣は十字型、剣型、短刀型から、女性が緊急にそなえて簪代わりに髪にさしておける房のついたものまで、様々あったようである。打ち方は大きく、剣尖を前にして、持ってわずかに回転させて打つ直打《じきだ》法、剣尖を手前にして持ち大きく回転させる反転打法、十字手裏剣などを回転させながら打つ回転打法に分かれた。

代表的な流派は、直打法の根岸流と反転打法の白井流といわれるが、手裏剣打ちの流派は、五十余流に及んだ。

のちに林崎《はやしざき》夢想流居合術の流祖となる林崎甚助重信《じんすけしげのぶ》も、手裏剣を得意とし、林崎夢想流では手裏剣をも教授したという。

白井流と双璧を成した根岸流手裏剣術は、のち仙台藩（現・宮城県）の上遠野《かとおの》家に伝わって願立流となり、江戸末期に仙台藩主・伊達慶邦《よしくに》の夫人である孝子、その父・水戸烈公（斉昭）を経て海保帆平《かいほはんぺい》に伝わり、帆平より安中藩（現・群馬県）の荒木流剣術四代師範・根岸松齢《ねぎししょうれい》に授けられたという。

松齢が工夫を重ねて創始した根岸流は、断面が八角、六角、円型の、太く重い針型の手裏剣を直打法で打つのに特徴があった。

もう一方の白井流手裏剣術は、天真一刀流二代目の白井亨《しらいとおる》（義謙《よしかね》）が創始し、会津藩（現・福島県）を中心に東北の諸藩に伝承された。断面が円、あるいは四角の長さ七～八寸（約二十一～二十四センチメートル）の火箸型の手裏剣を、近距離は直打法で、間合い一間半以上では、反転打法で打った。会津藩士・黒河内伝五郎は、三間（約五・四メートル）から小銭の穴を打つ名人であったと伝えられている。

白井流の開祖・白井亨は、天明三年（一七八三）に備前岡山藩（現・岡山県）に生まれ、八歳から機迅《きじん》流の依田《よだ》新八郎秀復《ひでまた》に入門。十五歳で江戸の中西派一刀流の中西忠太子啓《たねひろ》に入門し、五年修行して同門屈指の剣士となった。文化二年（一八〇五）、二十三歳のおりに、「八寸の伸曲尺《のぶかね》」を工夫して武者修行したという。

筆者はこの伸縮自在の動きは、一種の目の錯覚をもちいてのものであり、忍びの世界に近い技法ではなかったか、と考えている。

なお、忍びの術の中には、今日でいうマジック、催眠術、読口術なども含まれていたであろう。伝説の飛び加藤や果心居士《かしんこじ》は、むしろ〝幻術〟の使い手と見る方がよいのかもしれない。

――話が、いささか脱線した。

見事、大坂城内の南条元忠に裏切りを約束させた藤堂高虎である。彼は夜中に城塀の柱木を元忠に切らせ、明け方に狼煙をあげさせて、それを合図に切れた柱木から攻め入る手順を整えていたようだ。ところが元忠の内応が露見し、彼は処刑され、かわりに狼煙をあげて敵を誘ったのは信繁だということになっていた。

いずれにしても、大爆発というアクシデントが起きたとき、ものをいうのが戦歴《キャリア》であった。信繁はこれをとっさに、己れの作戦に活用した。原因がわかるまで、敵は待ってはくれない。ならば敵をつり出し、味方に裏切り者がでたごとく演出し、自らが日頃、鍛えて信頼できる将兵だけを、門前にくり出した。

こまごまと、真田丸の攻防の詳細を述べるつもりはないが、この一戦で一番大きな問題点――指摘されることのほとんどない点――については、述べておきたい。

関ヶ原までの歴戦の将兵が、この大坂冬の陣では、めっきり少なくなっていた、という史実である。実戦経験のない上司と部下が、戦場という非日常的なところで、場数を踏んでいないがためにパニックとなり、舞いあがって周囲もみえず、ついには単純な攻め方をして、信繁の標的にされてしまった、ということにつきようか。真田丸の攻防は実のところ、この日一日のこととなった。

しかしこの一勝は、城方にとってきわめて大きな成果となる。「烏合の衆」のように、首脳部からはみなされ、見放されかけていた牢人たちが、一致団結してあげた快勝であり、連日の敗北のあとだけに、その価値はすこぶる高かった。

騙《だま》された講和

一戦域のみを担当する信繁に比べ、全戦域に気配りしなければならない敵の総大将家康の心労は、この時期、ピークに達していたであろう。無理と思いつつも攻めてみたが、天下の堅城は一戦二戦三戦と勝利しても、びくともしなかった。

「これほどの難攻不落であったのか——」

家康は改めて、思い知ったことだろう。このままでは越年してしまう。だからといって、来年早々、確実に落とせる手段《てだて》などなかった。

開戦前からの秘策はただ一つ、早期和睦《わぼく》である。そのために城内には、織田有楽や織田信雄を入れておいたのだが、豊臣方はとくに淀殿―秀頼母子が強硬論で、和睦交渉はうまく運んでいなかった。しかし、このままでは、埒《らち》があかない。

かといって、そんなことで自ら設定した目標を、諦める家康ではなかった。

城方の女、子供を恐れさせ、神経を消耗させる作戦を、続けざまに断行した。毎晩、鬨《とき》の声をあげさせ、鉄砲・大砲の一斉爆音を城方へ浴びせかけた。夜襲《やしゅう》の恐怖のイメージを女子供に与え植えつけ、とにかく眠れなくするのが目的であった。

一方で、金・銀掘りの人夫を全国の鉱山から動員して、大坂城を目指して、そこここにトンネルを掘らせ、その様子を拡張して、あらゆるルートを伝って、わざと籠城側へ流した。トンネルが城下まで通じたら、天守閣も城も陥落する。否、地下から火薬で城を吹き飛ばしてくれるわ、と脅《おど》したのである。

子供だましのようだが、家康の狙いは女城主・淀殿に当初から絞られていた。

女ゆえの講和の可能性に、家康は賭けていたのだ。

新たに大量の大砲を買い集めた彼は、それらを城にくわしい片桐且元のような脱退組を使って、可能なかぎりの至近距離から砲撃させている。当たるという直接的効果より、恐怖心を植えつけることが優先された。淀殿の御座所《ござしょ》や天守閣をめがけて、大砲はこれでもか式に撃ち込まれたが、当時の鉄の玉は破裂しない。焼けるだけで殺傷性にはさほど期待がもてなかった。

ところが、殺傷性の低い一発の玉が、幸運にも淀殿の居間のある櫓を直撃、瞬間に七、八人の侍女が巻き添えをくって――崩れた建築物の下敷きになって――死んでしまった。さしもの強硬論の先頭に立つ淀殿も、さすがにこれには参ったようだ。それまで中断をはさみつつ、断続的につづけられていた和睦の交渉が、十二月二十二日、ついに成立をみる。

一、大坂城に籠城した将兵をいっさい処罰しない。
二、秀頼の知行はこれまでのとおりとすること。
三、淀殿は江戸に滞在しなくともよい。
四、大坂城を開城するならば、いずれの国も望み通りの知行替えを行う。
五、秀頼に対して、徳川家は表裏（裏切り）の気持ちを持たない。

おおむね、右のようなことを双方で了解したのだが、後世からみて一番重大な、大坂城の惣構《そうがまえ》の外堀を埋めること、二の丸、三の丸の堀を埋めることは、双方取り交わされた誓紙には、皆目、ふれられていなかった。奇怪千万である。

約定にある項目は、当然であったろう。もしこれらを家康がのまなければ、戦争はつづいたはずだ。しかし、このまま戦《いくさ》がつづいても、家康の展望は開けない。

一番重要なことは、難攻不落の城を解消することにあった。

ところが肝心のことが誓紙にはなく、交渉のテーブルを離れる間際に、大御所家康の面子を立ててほしい、との徳川方の持ちかけによって、さらりとおこなわれたというのだ。大坂城は二の丸と三の丸の堀、惣構を破壊して、本丸だけとする。

これだけを聞いて、了解したとすれば、大坂方は間抜けを通りこして滑稽であり、そもそも受け入れられる道理はなかったろう。誰が考えても、大坂城はまる裸となり、城としての役割を担えなくなるのだから。

ところがここに、巧妙な家康側のワナが仕掛けられていた。

ただし、惣構は徳川方の人夫がこれを壊し、二の丸、三の丸の堀は、豊臣方から人夫を出して取り壊すということで、どうでしょうか——。

豊臣方は懲りない。開戦時と同様、自分たちの都合のいいように、この話を解釈した。惣構の外堀埋め立て工事は、徳川方が担当して急ぎやったとしても、それ以外の堀は、豊臣方の思惑でゆっくり時間をかけて、サボタージュしながらやればいい。なぜならば、そのうち家康は老齢ゆえに他界するだろう。家康さえこの世からいなくなれば、豊臣の世は戻る、というのが豊臣家の人まかせ的な思いであった。

が、相手は家康である。そうした豊臣方の意図を、彼は読み込み済みであった。

翌日から、すぐさま工事をはじめさせている。徳川方の将兵は突貫《とっかん》工事で総堀＝外堀を一気に埋め、そのまま三の丸の堀を埋め、三の丸そのものを取り壊してしまった。そうしておいて、そのままスピードを緩めず、豊臣方の手になる予定の二の丸の区域までも、御手伝いと称して乗り込み、またたくまに二の丸を破壊して、さらには内堀までも埋めてしまった。

三の丸は惣構を兼ねたところもあり、堀の幅はそれほどではなかったが、二の丸の堀は幅が七十メートルから百メートルはあり、しかも深く掘られていた。これを埋め立てるのは困難であったが、攻城方は土手の土を崩しただけでは足らず、矢倉はもとより、城内の家屋を無差別に打ちこわして、堀の中へ投げ込み、正月二十四日頃にはこの難工事をやり遂げている。

豊臣方は約束が違う、と途中、懸命に抗議したが、すべては後の祭りだった。

「また、戦いの準備をしますか」

と、逆に徳川方に脅迫されるありさま。

再戦への挑発と信繁の心中

家康の秘策とは、大坂城の防御機能をないも同然とし、次の攻撃で完全に豊臣家を葬り去る、という二段構えであった。そのことにうかつにも豊臣方は気づかず、まんまとしてやられたわけだ。

さらに家康は、豊臣方が次にどんな行動に移るかも予測していた。否、そうなるように、仕向けたに違いない。講和は徳川方の謀略であった、だまされた、と大坂方が息巻き、いずれは再戦準備に取り掛かる、と読み切っていたのである。

仮に、豊臣方が茫然自失で硬直したまま、動けなくなっていたとしても、家康は冬の陣の前の、方広寺の鐘と同様、手当たり次第に難癖をつけて、開戦の口実をもうけたであろう。もはや、巨城はない。すべての堀という堀は埋めたてられた、守るにはあまりにも広すぎる、裸城が漠然とそびえ立っているにすぎなかった。

案の定、埋め立てられた堀の一部を掘り返したり、城壁を修理したり、改めて牢人を召し抱える大坂城首脳部の一部が、行動を起こした。人が集まれば、兵糧がいる。米を始めとする生活物資の購入が急ピッチで再開された。

講和は実質、二ヵ月半ほどしかもたなかったことになる。

この局面を迎えて、ようやく家康は豊臣方に本気の脅《おど》しをかけてくる。秀頼が大坂城を出て大和か伊勢への国替に応じるか、冬の陣の講和後に召し抱えた牢人をすべて退去させるか、そのどちらかを選択せよ、と迫ったのである。どちらも、豊臣方には呑めない条件であった。わかっていて、家康は迫ったのである。欲しいのは開戦の名目、豊臣方から手を上げた、と世間と後世に強弁できる証拠であった。決戦はもはや、避けられない状況となる。

そもそも大坂城では、当初から全体の意思の疎通がはかられておらず、講和後も講和推進派の大野治長、後藤又兵衛と、徹底抗戦派の大野治房、長宗我部盛親、毛利勝永、仙石秀範の対立があった。信繁はどちらかといえば、どちらでもない。木村重成、渡辺内蔵助《くらのすけ》紦《ただす》（淀殿の侍女・正栄尼《せいえいに》の子）・明石掃部らとともに、いわば中間派を形成していた、といえようか。

中間派は、和戦いずれでもよかったのかもしれない。豊臣方の、一手の大将を承って、大坂冬の陣を思う存分に戦えた。このことを各々は、今生の思い出、死後の面目と考えていたようだ（『武林雑話』）。おそらく今後は、大勢の赴くままに身を処するつもりであったろう。

そうした信繁に、もしかしたら、とこの時期、家康が調略を思い立ち、信繁の叔父・信尹に命じて、信繁を徳川方に誘った、という逸話が残されている。

なかには大坂冬の陣の最中というのもあったが、これは考えられない。

筆者が一番信憑性があると思うのは、

「その方の軍略は抜群であり、武名も天下に轟いている。秀頼公の供としてその面倒をみてくれるなら、信濃三万石を与えよう」

というもの。先の講和条件の転封に、秀頼が応じた場合のことかと思われる。

それに対して信繁は、次のように答えている。

「一族の誼《よしみ》からの、好意は有り難い。だが、某《それがし》は去る慶長五年（一六〇〇）の関ヶ原以来、家康の敵となり、その後、落ちぶれて高野山に登り、一僕《いちぼく》（一人の召使い——ここでは身内）の情けによって命を繋いで参った。

ところが秀頼公から召し出され、領地こそ賜わっていないが、多くの兵を預かり、持ち場を与えられて、大将の号までも許されている。これは武士として知行を与えられるよりも名誉なこと。すべては秀頼公の、おぼしめしにしたがいます」

ほかに、家康に味方して、秀頼を裏切れというのがあるが、これもいただけない。なかには申し出た信尹が、武士というものは義によって身を立てるもの。約束

を違えるのは人の道ではない、と応じる挿話もあった。この場合、信尹は、

「言いにくいことを申し、その方を味方に誘うのも、わしにとっては忠義なのだ」

といって立ち帰ることになっていた。

また、一度断られた家康が、もう一度、信尹を遣わし、信濃一国を与えるから味方にならぬか、と告げさせる話もあった。再び対面した信尹に、信繁はいう。

「真《まこと》に有り難いこと。某《それがし》のごとき不肖の士に、一国を賜わろうとは……。面目この上もない。しかし、一旦、約束したからにはその責任は重い。信濃一国は申すにおよばず、日本《ひのもと》の半分を賜わろうとも翻意するわけには参らぬ。また、この戦《いくさ》は勝利できぬであろうから、某としては当初から討ち死にの覚悟でいる。万一、このまま和睦するようなことにでもなれば、某は叔父上の扶持を蒙《こうむ》るであろう。が、戦いがつづく限りは意を翻すことはなく、あくまで秀頼公に味方するので、もはや重ねて対面はいたしませぬ。決して、ここへは来てくださいますな」

信繁の言葉に信尹も、

「このうえは仕方ない、これが今生の別れか」

といいつつ、落涙して立ち帰ると、その旨を家康に報告。家康も、なんとも不憫な心根か、まさに日本一の勇士、父・安房守（昌幸）にも劣らぬ男よ、といって賞

讃したという。

同じように、小山田主膳之知《ゆきとも》（姉・村松殿＝於国の子）も信繁に、何度か接触してきたようで、こちらは姉に宛てた手紙が現存している。

ちなみに、村松殿の夫・小山田茂誠は旧武田の遺臣。その後、真田家に仕えた人物（信之のもとで家老となっている）。大坂城から出るように、と信繁に懇願したようだが、「むらまつへ　まゐる」で終わっているその手紙の中で、信繁は冬の陣について、「先づ先づ相済み、我々も死に申さず候」と述べ、「御見参にて申したく候」＝会いたいものです、と親愛の情を語っていた。そういいつつも信繁は、「明日には変はり候はんは知らず候へども」といい、このまま終わりそうもない、再戦の予感を吐露していた。

おそらく彼は姉に、無用の心配をさせたくなかったのであろう。「ここもと、とりこみ」と忙しくしているので、之知との面会も難しい、と述べていた。

これが女ではなく、相手が長女すへの嫁いだ先＝娘婿の石合道定《いしあいみちさだ》（道相《みちすけ》の次男）となると、文面はガラリとかわった。二月十日付の書状には、はっきりと、「我等籠城の上は、必死に相極《あいきわ》まり候間、この世にては面談はこれあるまじく候」と断じていた。そういいながら一方で信繁は、

「何事もすへこと、心に叶はず候共、お見捨てこれなきように頼《たのみ》入り候」

すへは信繁の長女でありながら、侍女が産んだことから、父や兄に遠慮があったようだが、それでもいよいよ己れの最期のときに、娘の身上を案ずる親心が現われていた（いずれも長井彦助氏所蔵文書・筆者、読み下す）。本心であったろう。

信繁の別れの作法

『名将言行録』には、旧友で越前少将・松平忠直の使番をつとめる原隼人佐（助）貞胤《さだたね》を招いて、休戦中に饗応《きょうおう》した話が出ている。盃を交わしながら、信繁は子の大助にも曲舞《くせま》いを二、三番舞わせた。この時は、自ら小鼓を打っている。その後は、茶を点てて懇《ねんご》ろに語り合ったようだが、書院を出て、信繁がいうには、

「このたびは某《それがし》も討ち死にすべき身であったが、思いもかけぬ和睦によって今日まで生き永らえ、再び貴公と会えたことは喜びにたえない。某は不肖の身なれど、一方の大将を命じられたことは、今生の名誉である。死後の思い出となろう。だが、この和睦も一時のことであろうから、またもや合戦になるであろう。ゆえに、われわれ父子もおそらくは一両年のうちには、討ち死にすると覚悟を決めている。

最後の晴れの場である。あれをご覧あれ、床に飾ってある鹿の抱き角を打った冑は、真田家伝来のもので父・安房守（昌幸）から譲られし冑。これを着用して、討ち死にする所存だ。もし、この冑首をご覧になることがあれば、某の首と思って、なにとぞ一片の回向《えこう》を賜わりたい。君（秀頼）のため、義のために討ち死にするのは武士の習いなれども、倅の大助はこれぞと思う事もないまま、一生を牢人として十五、六歳で、某と同じ戦場の苔《こけ》に埋もれるかと思うと、それだけが誠に不憫《ふびん》でなりませぬ」（現代文・筆者、読み下す）

と涙にくれたので、貞胤ももらい泣きして、哀れ武士ほど儚《はかな》いものはない、戦場に赴く身にとって、どちらが先に死ぬかは判らぬもの。必ずまた、冥途《めいど》で会うことといたしましょう、と語り合ったという。

そのあと白河原毛の太く逞しい馬に、六文銭を金色に擢《す》り出した白鞍を置いて引き出し、信繁はそれにゆらりと乗ると、五、六度静かに乗り回し、

「もし、再び合戦ともなれば、お城は破却されて、平場での合戦となるであろう。某は天王寺表へ乗り出し、東方の大軍に向かい、この馬の息のつづくかぎり戦い、討ち死にするつもりゆえ、これまで秘蔵しておいたのだ」

といい、馬から降りると、これが今生の暇乞《いとまご》い、と再び酒宴となり、二人は盃

を重ねて、夜中に別れた。はたせるかな、信繁は翌年、このおりの冑をかぶり、彼《か》の馬に乗って討ち死にしたのである（『武林雑話』『旧伝集』にも）。

人々との別れが、迫っていた。『翁物語』には、和睦の成立後に信繁が兄・信之の嫡男・信吉の陣を訪ねた話が載っていた。冬の陣の時点で、真田信之は自らが采配していた沼田領に加え、父・昌幸が領していた小県郡も、家康より安堵してもらっていた。九万五千石の大名である。厚遇といってよい。

去る慶長十九年（一六一四）十月一日、家康は大坂追討を公式に誓言。三日後には信之に対しても、大坂出陣の用意をして江戸に来るように、との命令を届けている。ところがこのとき、信之は病みあがりで、とても戦場での働きができず、そこで代わりに、嫡子信吉と次男信政らを参陣させることになった。二人の息子を大坂に赴かせた信之は、自らも病身をおして江戸に赴こうとしている。重臣・出浦対馬守に宛てた書状に、

「大坂申し分に付いて、河内守（信吉）人数を相添へ指し立つべきの由、御触れこれあり候。我等（信之）事、相煩ひ候へ共、先々江戸まで二、三日中に参り候」

とある（『天性院殿御事蹟稿』）。徳川家に弟のことで、あらぬ嫌疑をかけられまいと、自らが人質になるつもりでいたのだろう。

「河内守（信吉）は若く候間、万その構へこれあるまじく候間、何事にも念を入れられるべきこと専一に候。とかくこの時に候間、精を入れられ給ふべく候」

息子たちが出陣してのち、信之は信頼厚い家臣・矢沢頼康（頼幸とも・頼綱の長男）にわざわざ手紙を書き送っている（『矢沢家文書』）。

父の祈りが届いたのか、信吉・信政兄弟は無事に冬の陣を終えることができた。

――その和睦のときである。信繁がわざわざ、信吉の陣を訪ねたというのだ。

おそらく、衆人環視の中でのことであったろう。信繁には目付が同道していたはずだ。戦《いくさ》は終わったとはいえ、敵味方が素直に打ち解けられる状況ではなかった。

それを承知の上で、信繁は訪れた。今生の別れのつもりであったろう。彼にすれば信吉は、八歳のとき――犬伏の謀議の直後、沼田城へ寄り、城下の正覚寺で会って――以来の対面であった。それが今では、二十三歳。真田家の惣領である。一方で、信繁を知らない世代の家臣も少なくなかった。

はて、どのような風貌の人か――彼らは真田丸の活躍を知っている。一面、敵ながら信繁が誇らしくもあったろう。

多くの人々が見守る中、〝英雄〟は現われた。いかにも信吉の叔父という雰囲気で、自然と上座にすわり、なつかしそうに語りかける。

「御辺（信吉）八歳の時、対面してのち、今夜初めての対面であるが、思いの外の成人ぶり、器量・骨柄とも人に優れてりっぱなものだ。伊豆守殿（信之）が年をとられても、これなら心配あるまい」

そういいながら、満足そうに信吉をみ、目前の信吉に兄の面影を探しつつ、

「――長らくお会いしていないが、さぞかし兄上もお年を召されたであろうな。ぜひにも、お会いしたかった」

と言葉をつづけたとか。本当は信繁は、信之に今生の暇乞《いとまご》いをしたかったのではあるまいか。思えば一歳年上のこの兄は、いつも難しい役割を担わされつづけてきた。「ありがとうございました」と一言、信繁はいいたかったのであろう。

叔父と甥の二人が話をしていると、そこに信政が姿をあらわした。が、信繁は四歳で別れたこの甥には特段、話しかけることをしていない。信繁が信政に愛着がわかなかったのではなく、やはり目的は〝兄〟その人との別れにあったのだろう。

そのあと二人の甥は、目を輝かせて真田丸について尋ねたが、信繁は一武将の顔に戻り、死に物狂いで攻めてこなければ、落ちはしないぞ、と語ったとか。いかにも、真田家の人間らしい逸話である。

さらに信繁は、老臣の矢沢但馬、木村土佐・半田筑後・大熊伯耆の四人を呼び寄

せ、「久しいのォ」と一緒に盃を交わして、城中へ戻っていったという。

信繁の今生の別れは、手紙も含め、すべて終わった。

この間にも、再度の東西手切れは深く静かに進行している。否、冬の陣の帰路ですら、家康は国友鍛冶に大砲を新たに造るように、と命令をしており、再戦の準備をはじめていたのだ。

慶長二十年（一六一五）三月五日ごろには、大坂方も堀の掘返しが目にみえて明らかになるほど、再軍備を露わにしている（『大坂御陣覚書』）。

大坂夏の陣勃発す

宣教師のレポートでは、大坂方十七万という数字があがっているが、これはいささか多すぎる。惣構を崩したおりに、そこらじゅうの人家を堀へ投げ込んだため、家屋を失った人々が数多《あまた》出た。そういう人々は近隣の田畑に屯《たむろ》したが、なかには知るべを頼って大坂城内に入り込む人々も、決して少なくなかった。

同じ現象は、京都の御所でもおこっている。大坂方が京都を占拠するとの風聞が流れ、恐怖心を抱いた京都の人々は、難を逃れるべく諸国へ避難したが、なかにはさすがに内裏は攻撃されまい、と伝手を頼って御所内に入り込む人もいた。

家康は改めて、秀頼に大坂城を出るか、牢人を解雇するか、の二者択一を問い、ともに拒否されるのを確認している。そのうえで四月四日、名古屋でおこなわれる九男義直《よしなお》の婚礼に臨席する、との口実で駿府を出発。が、同日、夏の陣に参陣する諸侯にたいして、軍法と道中条目をも頒布していた。

六日、大坂再征が厳命される。十日に家康は名古屋入りをしているが、この名古屋には、大坂方の使者（女性四人・親衛隊＝七手組の青木一重）が待ちかまえていた。彼女らは大御所に面会を願い出、できるかぎりの時間稼ぎをしようとしたようだが、その手に乗る家康ではなかった。

一方、四月九日、大坂城では講和推進派の大野治長が、城内で何者かに襲われ、重傷を負うという事件が起きた。下手人は治長の弟・治房の従者とのうわさが立っている、と『駿府記』はいうが、真相は不明である。

ただし、この時点で大坂城は再戦に向かって、大きく舵を切ったことは間違いない。十二日、金銀を牢人たちの分限に応じて分配し、戦争の準備が活発化した。『高野春秋』には、高野山の宗徒や地侍なども多数、大坂城に入城したとある。

翌十三日、大坂城内では夏の陣をめぐっての、軍議が召集された。

大野治長・治房兄弟、木村重成、渡辺糺、薄田兼相、長宗我部盛親、後藤又兵衛、毛利勝永――そして、信繁。

この席で信繁は、裸城となった大坂城を捨てて、伏見城を制圧し、ここを新たな本拠地とすること。そのうえで朝廷に参内し、われらが官軍となって全国に檄を飛ばすこと。あくまでも、積極的な戦略・戦術を開陳した。そのうえで宇治・瀬田の橋を破却して、野戦で徳川連合軍と戦い、雌雄を決するというのだ。

しかし、ことここにいたっても、保守的な大坂城の首脳部は、すでに難攻不落の名に値しない大坂城を、出ようとはしなかった。死ぬならここで、との思いが強かったように思われる。それでも、いよいよ落城となるまでのタイムラグ＝籠城戦は、そもそも無理である。そのぐらいのことは、戦《いくさ》の素人でもわかった。

では、どうするのか。大坂城を本拠としつつ、周辺に打って出て、勝利を重ねる――これしかし活路は開けそうにない、というのだ。

おそらく信繁は、再び自説が否定された時点で、心を決したであろう。あとは己れの死に場所を、何処にするか――。

四月二十六日未明、大野治房、後藤又兵衛ら三千の兵が大和国へ。徳川方の大和郡山の筒井定慶《さだよし》（正次＝順慶《じゅんけい》の養子）を攻め、定慶が城を放棄して逃げたため、

大坂夏の陣布陣図

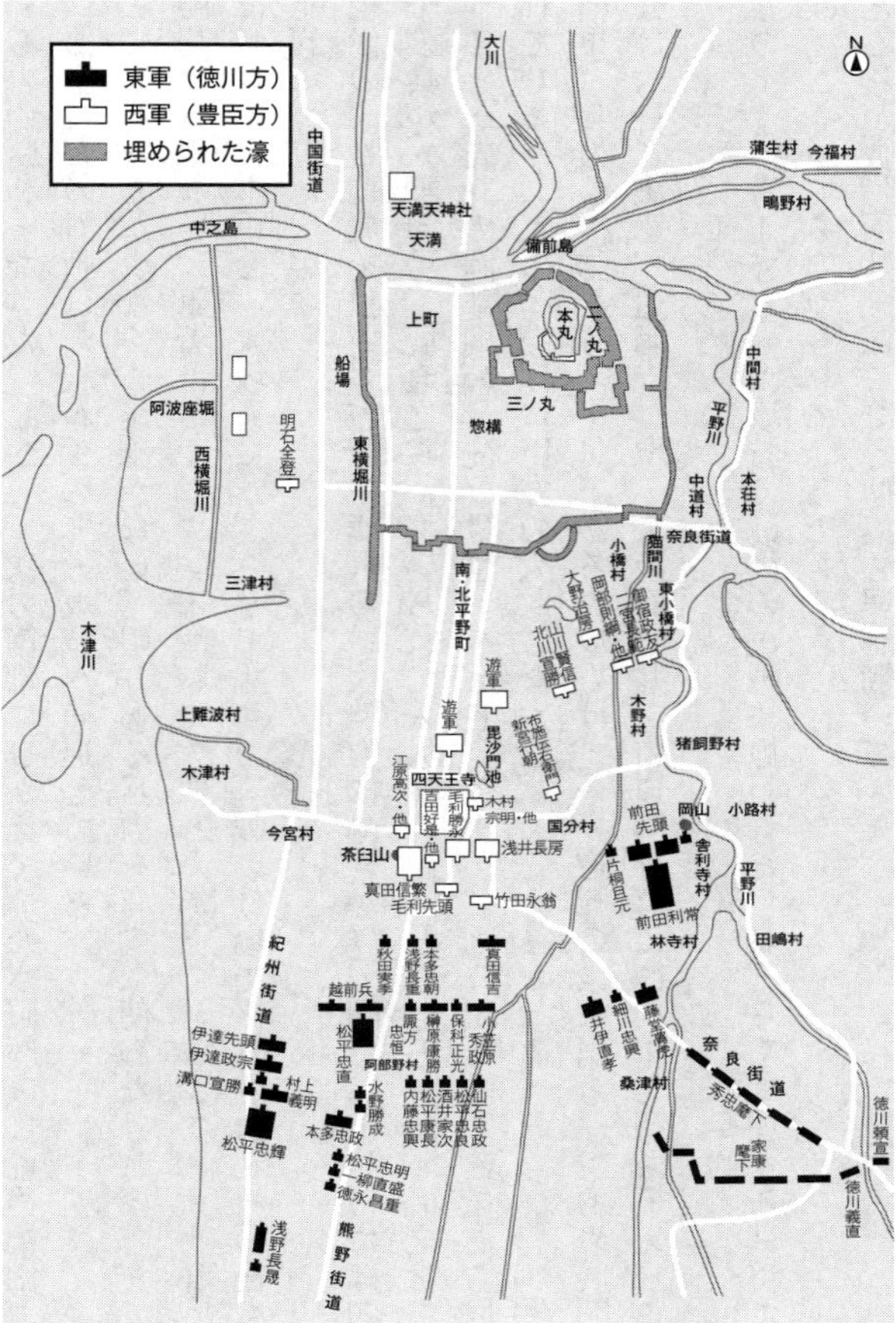
東軍（徳川方）
西軍（豊臣方）
埋められた濠
大川
蒲生村
今福村
鴫野村
中国街道
天満天神社
中之島
天満
備前島
本丸
二ノ丸
三ノ丸
上町
惣構
船場
阿波座堀
西横堀川
明石全登
東横堀川
中間村
平野川
中道村
本荘村
奈良街道
小橋村
猫間川
東小橋村
大野治房
岡部則綱・他
二宮長範
御宿政友
山川賢信
北川宣勝
三津村
南・北平野町
木津川
遊軍
遊軍
毘沙門池
布施伝右衛門
新宮行朝
木野村
猪飼野村
上難波村
木津村
江原高次・他
四天王寺
吉田好是・他
毛利勝永
木村宗明・他
今宮村
国分村
前田先頭
岡山
小路村
茶臼山
浅井長房
片桐且元
舎利寺村
真田信繁
毛利先頭
竹田永翁
平野川
前田利常
林寺村
田嶋村
秋田実季
浅野長重
本多忠朝
真田信吉
紀州街道
越前兵
松平忠直
諏方忠恒
榊原康勝
保科正光
小笠原秀政
井伊直孝
細川忠興
藤堂高虎
奈良街道
阿部野村
伊達先頭
伊達政宗
溝口宣勝
村上義明
松平忠輝
水野勝成
本多忠政
内藤忠興
松平康長
酒井家次
松平忠良
仙石忠政
桑津村
秀忠麾下
家康麾下
徳川頼宣
徳川義直
松平忠明
一柳直盛
徳永昌重
浅野長晟
熊野街道

拾いものの勝利となった。しかし、次の南部にひかえていた水野勝成《かつなり》（備後福山藩初代藩主）との対戦は、戦わずして大坂城へ撤退している。

なにしろ兵力が少なく、後詰がない。限りある兵力を有効に使わなければ、とても勝利は覚束ない。筆者はミッドウェイ海戦で大敗したあとの、アジア・太平洋戦争における日本軍を、大坂方にだぶらせて想った。戦いは場当たり的に、その後も散発的につづいたが……。

紀伊の浅野長晟を狙い、吉野や熊野の一揆勢力に働きかけ、四月二十八日には約三千の兵が大野治房、塙直之らに率いられて大坂城を出陣している。が、直之はあろうことか先鋒の岡部則綱《のりつな》と先駆け争いを演じ、突出して前に出たところを討ち取られてしまう。この一戦、豊臣方の大敗となった。

結果、兵力の後詰なく、士気下がる大坂方は、一発逆転の策に出る。主力の展開を五月六日と決し、道明寺（現・大阪府藤井寺市道明寺）に徳川軍を待ち構え、これを迎え撃つというのだ。

どのように考えても、大坂方の最後の決戦に思われた。おそらく参加する武将たちは、こぞってそのつもりでいたであろう。

ところが戦時下は、ここでも群集心理が働いていた。

五万の将兵が集うと、徳川方に勝てるとの思いが込みあげてくるというのだ。敵は三倍であろうとも、すべてと決戦するわけではない。関ヶ原の戦いも、西軍の圧倒的不利をいわれながら、西軍は半日近くもちこたえている。

大坂方の先鋒軍約六千四百――これを後藤又兵衛、薄田兼相らが率い、そのあとに一万二千の兵力をもって信繁や毛利勝永、渡辺糺らがつづく予定であった。又兵衛らは意気衝天で出撃したのだが、途中で濃霧が発生し、大坂方は視界不良に陥る。このため、又兵衛らにつづく後発の軍の到着が大幅に遅れた。

こういう場合、どうするのか。どうも、事前の申し合わせがなかったようだ。

無論、又兵衛は信繁たちを待ったが、もはや待てぬ、と攻撃を開始する。しかし、多勢に無勢であった。又兵衛は「源平以来」といわれる賛辞とともに、ついに戦死となる。享年五十六。つづいて薄田兼相も討死、こちらは享年不詳である。

この日、別方向の若江に向かった木村重成も戦死している。享年は二十一であった(二十四とも)。重成に同行していた長宗我部盛親は、いつの間にか戦線を離脱し、逃亡している。結局、この人物は父・元親《もとちか》の名声＝四国全土を征服しようとしたその生涯に、押しつぶされてしまったのかもしれない。関ヶ原の戦いに二十六歳で出陣した彼は、西軍について一発の銃弾も撃つことなく土佐一国を召し上げられ、大坂の陣に臨んだものの、大坂城の落城後、山城《やましろ》八幡（現・京都府八幡市）に潜居中を捕らえられ、慶長二十年（一六一五）五月十五日、六条河原で首を刎《は》ねられてしまう。享年は四十一であった。かくて、名門長宗我部氏の本流は絶えた。盛親を笑うまい。人間、生命《いのち》を懸けての覚悟は、これほどに難しいものであった。

〝赤備え〟、前へ

信繁の軍勢がようやく合流地点に現われたのは、又兵衛が戦死して、しばらく後のことであった。信繁は緋縅《ひおどし》の鎧（緋に染めた革や組糸を用いたもの）を着用し、おなじ鹿の角を前立てにした白熊《はぐま》（ヤクの尾の毛）付の兜をかぶっていた。すでにみたごとく、この日のために秘蔵していた白河原毛の馬に金覆輪《きんぷくりん》の鞍を置いて、その鞍には六連銭の紋が打たれ、紅の厚総《あつぶさ》（馬の頭や胸や尻にかける組紐）が掛けられていた（『幸村君伝記』ほか・『烈祖成績』には、信繁の乗馬は白馬黒甲とあったが）。このとき、信繁の一子・大助は、敵に槍でつかれて怪我をしながらも、その首をあげている。いうまでもないが、信繁の直属の将兵はすべて、〝赤備え〟であった。朱一色の軍装、のぼり指物も、すべて赤である。

この〝赤備え〟に出会って、地獄に仏と、ほっと一息ついたのが、又兵衛の戦死後、絶望的な抗戦と退却戦を指揮していた大坂方の渡辺糺であった。

宮内少輔昌《まさ》（もと足利義昭の家臣で、のちに豊臣秀吉に従ったとされる人物）の子にして、槍の名手。槍術の腕前をもって、秀頼に仕えたというが、いかに槍の使い手であっても、又兵衛戦死の局面を挽回することはできなかったに違いない。

糺は信繁に、あなたの駆け引きの邪魔になるといけないので、われらは傍らに陣を敷き、横合いより討ちかかるように牽制いたします、と伝令を送ったものだ。

〝赤備え〟は味方にとっては、信頼に値する軍団であった。

信繁は、ならばと糺たちを追ってきた伊達政宗の、攻城軍先鋒の真正面に立った。この時、伊達軍もさすがである。一瞬、出現した〝赤備え〟に驚いたものの、すぐさま八百の騎兵隊が馬上から、鉄砲をぶっ放してきた。伊達家自慢の、独特の馬上銃撃法をもって、〝赤備え〟に撃ちかかったのである。

信繁は、慌てない。歴代甲州軍団の〝赤備え〟隊長と同じことを口にした。

「一歩たりとも退《しりぞ》くな。前に出ろ」

退けば、伊達の馬蹄に踏みにじられ、皆殺しにされるぞ、と信繁は大音声《だいおんじょう》をはりあげたが、〝赤備え〟はすでに前進を開始していた。素早く地に伏し、わずかばかり盛りあがった土や木立を楯に、彼らは伊達勢の馬上からの銃撃に耐えた。

武田家の飯富虎昌が、その弟の山県昌景が、手塩にかけて育てた戦国最強の親衛隊——信繁の〝赤備え〟は、確かにその遺伝子を受け継いでいた。

わずかに、伊達の攻撃が止まった。その時である。信繁は再び大音声をあげて、赤い旗を振った。〝赤〟の歩卒が一斉に、槍を揃えて伊達の騎兵に突入。それに呼応して〝赤〟の騎兵が横合いより馬上から、あるいは徒《かち》となって襲いかかった。

伊達家の先鋒の将・片倉小十郎重長は大いに奮戦したが、一気に〝赤備え〟に押し返されてしまう。

「まさか、このようなことが……」

軍律厳しく、なお動きに無駄のない〝赤備え〟——これこそが名にし負う、最強武田家の甲州軍団であったか、と小十郎は思わず舌を巻いた。双方玉砕となるか、それしかあるまい、と彼が観念した、その時、ふいに信繁は〝赤備え〟を退《ひ》いた。

今日の午後二時——大坂城から黄母衣《きほろ》の使者が来て、信繁をはじめ豊臣方の諸軍に、退却命令を伝達した。おかげで生命《いのち》拾いをした、と小十郎は思った。

意気揚々と引きあげていく〝赤備え〟に対して、伊達軍のうしろからあがってきた水野勝成の使者は、急ぎ追撃されたし、と小十郎に申し入れたが、損害の大きさを理由に、小十郎はこれを拒否している。同様に、遅れてきた松平忠輝《ただてる》（家康の六男・越後高田城主七十五万石）も、部将・花井主水《もんど》を派遣して、伊達軍と交替して追撃したい、と申し入れたが、これは政宗が出てことわっている。今日の借りを明日返すのは、われらだ、との思いが政宗にはあったのだろう。

軍律違反に家康―秀忠父子が厳しかったこともあるが、伊達家の傍若無人の凄まじさは有名で、論より証拠――この時点では明日のことになるが、信繁の〝赤備え〟に敗れて退却中の、味方の神保《じんぼう》出羽守相茂《すけしげ》（家康に仕えて七千石）の隊を、攻撃の邪魔だ、と伊達勢は皆殺しにしている。あわれ相茂は、三十四歳であった。

決戦は明日に持ちこされ、豊臣方の殿軍をまかされた信繁は、追撃してこない伊達政宗の軍勢に向かって、

「関東勢は百万の大軍というが、男はただの一人もいないではないか」

と嘲笑したという（『北川覚書』）。

大坂城に悠々と戻った信繁は、この人らしいことをしている。

渡辺糺の軍勢と入れ替わった時、大和口（松平忠輝・本多忠政ら）の兵が、突きかかって来る局面があった。その時、六人の牢人者が各々、生命《いのち》懸けで首をあげたのだが、信繁はとっさに、その六人に将棋の駒のような木片を渡していた。

表には信繁直筆の諱と花押、それに五月六日の日付。裏には、「金子五枚令扶持者也《ふちをれいするものなり》」と各々の名前が書かれていた。六人は城に登り、この夜のうちに金子五枚ずつを拝領したという。江戸中期に加賀藩士・青地《あおち》礼幹《のりもと》が著した随筆集『可観小説』にある挿話だが、筆者は信繁らしい、と思った。

この決戦前夜＝六日の夜、家康は枚岡《ひらおか》に、秀忠は千塚に宿営していたが、翌朝の出発ははやく、家康は午前四時に枚岡を出発して午前十時に平野に到着。ここは、大坂城の東南約八キロの地点となる。奈良街道の、要地でもあった。

いざ、決戦

一方の将軍秀忠は、父より早く午前二時には千塚を立ち、昨日の戦場を視察してから平野での、父との合同作戦会議に出席している。

冬の陣と同じく、主戦場の予想される天王寺口は家康が受け持ち、秀忠はその東方の岡山口と定められた。この持ち場については秀忠も〝現役〟の意地があり、自分を天王寺口へ、大御所は岡山口へ、と願い出たが、家康はついに許さなかった。

もし、秀忠が天王寺口にいたならば、果たして彼は信繁の猛攻をしのげたであろうか。さすがに家康は、何が起きるかわからない、合戦の恐ろしさを熟知していた。と同時に、すべてが本日で決する、との思いが、家康にもあったようだ。

さて、一方の大坂方は、この日の朝、どうであったろうか。相次ぐ諸将の死に、さぞかし重々しいムードに陥っていたのではないか、と想像されがちだが、事実は小説より奇なり、である。

彼らは意外なほど明るく、本日の作戦行動で頽勢《たいせい》を一挙に挽回すべく、各々やる気になっていた。徳川方は約十五万五千人、対する豊臣方は三分の一の兵力でしかない。なぜに彼らは元気なのか、これも群集心理であった。

四方八方、見渡すかぎりは味方の将兵で埋めつくされている。昨日の損害は、千数百人規模という大変なものであったが、千数百という数は、具体的には見えなかった。一方で城内にはまだ五万の兵力があった。これは自分たちの目でも実感できる。そのすべて――秀頼のための、守備隊三千を除く――が一丸となって、家康―秀忠父子の本陣に、決死の覚悟で突撃を敢行すれば、二人の首をあげることはさほど難しいことではない、と皆、本気で考えていた。

大坂方の岡山口を担当する大野治房は、信繁や毛利勝永（父・壱岐守勝信は、もと豊前小倉六万石の大名。関ヶ原のおり、父子で西軍に与して土佐へ流刑となる）

ると申し合わせて、茶臼山・岡山より南へは豊臣軍を進出させず、敵の近寄ってくるのを待って、十分に引きつけてから、勝負を一挙に決しよう、と伝令を出している。

信繁はこの日、早朝から〝赤備え〟とともに、茶臼山に陣取っていた。

周囲は敵味方とも、一目瞭然の〝赤〟の集団である。徳川方はさぞ、この〝赤〟をおそれたことであろう。冬の陣の真田丸しかり、昨日の一戦しかり。信繁自身はまだ、一度も徳川方に負けていなかった。

茶臼山の東には毛利勝永、岡山口には大野治房、その指揮下には戦《いくさ》巧者の御宿《みしゅく》政友《まさとも》がいた。政友の通称は、勘兵衛である。もとは北条氏の家臣で、やがて徳川家康、その次男の結城秀康に仕えた。しかし、秀康の子・松平忠直の代になって牢人し、その戦歴を望まれて、豊臣秀頼の家臣となっていた。

現役大名の豊臣方参加は、ついに一家もなかったが、歴戦著名な将のなかには、あえて豊臣方に参加した者は、決して少なくなかった。北川宣勝《きたがわのぶかつ》もその一人、彼の本名は伝えられていないが、もとは知る人ぞ知る伊達家の家臣で、出奔後、「北川宣勝」と名を変えて、秀頼の家臣となったとされている。

朝、諸将への激励と戦地視察にきた治長に、信繁は二つのことを進言する。

「今日で勝負はつきます。ぜひ、秀頼公のご出馬を仰ぎ、直接、お言葉を賜われれば、士卒の意気はこのうえもなく上がりましょう。また、敵の動きをみますに、天満・船場——城の北と西——への攻撃はないようです。それゆえ、船場に配した明石全登を、今宮を経て瓜生野《うりゅうの》へ進出させていただきたい。

明石氏から到着の合図をのろしでもらえれば、某《それがし》は上道から大御所（家康）の本陣を攻めましょう。大御所は旗本を向けてくるでしょうから、その隙に後方から明石氏に、大御所を撃ってもらえれば、勝利は間違いありません」

治長は信繁の言に大いに納得し、確約を誓って城へ戻った。

だが、秀頼はついに信繁のみならず、味方将兵の前に姿を現わすことはなく、明石全登ものろしをあげることはなかった。後者に関しては、前線と本営の連絡、戦場間の伝令が極めて難しかったようだ。この事情は、徳川方でも変わらなかった。

たとえば松平忠直は、前日の八尾・若狭の戦いで、家康からの伝令に動くな、といわれてその指示に従ったところ、戦後、家康から、

「お前は昼寝でもしておったのか」

と大叱責を受けた。同様に、本営からの軍監（目付）・藤田能登守の制止を厳守して、前進を止めた小笠原秀政も、「馬鹿者」と家康から大目玉をくっていた。

「お前は父にも似ぬ、ふつつかものよ」

と家康に罵倒されたのが、本多忠朝であった。

父は平八郎忠勝、義兄が真田信之。なぜ、このようなことがおきるのか。生きものの合戦は本来、天候の急変や思わぬアクシデントに見舞われるもの。戦局はその対応を迫られるが、現場の指揮官にその裁量権が与えられていなければ、伝令ミス、思わぬ墓穴を掘ることがあった。

攻城方の総大将たる家康は、味方大名の家臣には極力優しく応接したが、その分、身内には辛くなっていた。

忠直はこの決戦の朝、立ちながら湯漬《ゆづけ》を食し、冑をかぶりながらいったものだ。

「めしは食った。これで餓鬼道に迷い落ちることもあるまい。死出の山を越えるのも、いとたやすかろう」

彼はこの日、いかなる軍監、伝令が自軍に来ても、前進を止めることはなかった。小笠原秀政も、本多忠朝も、討ち死にを誓いあっていたという。

攻撃に移る前、信繁は息子の大助を呼び、

「私の一族には、関東（家康）に仕えている者が多い。それゆえ秀頼公は、私を疑って出馬されなかったのであろうが、疑われたことは恥辱である。こうなったからには、お前が私に二心なきことを秀頼公に伝え、生死を共にせよ」と命じた。信繁はわが子の生き残れる可能性を、わずかでも考えたのであろうか。それとも、わが子に主君秀頼との最期＝殉死を期待したのであろうか。

大助は父上とともに、討ち死にをしたい、と幾度も哀願したが、信繁はついにきかなかった。わが子が近辺で殺されるのを、見たくなかったのかもしれない。

と同時に、自分の最期を最愛の息子に見せたくなかったのであろう。

泣きながら去っていく大助を、見送る信繁の心情はいかばかりであったろうか（『烈祖成績』）。

狙うは家康の首ただ一つ

「家康の首を取る」

この信繁の掲げた命題は、極めてわかりやすく豪快であったが、一面、成功率のきわめて低いものであった。徳川方は三倍の兵力で重層の備えをしている。

果たして、どこまで近づけるものか、実際のところ知れたものではなかった。

しかし、真正面に十五万の軍勢が、待ち構えているわけではない。

正面の敵は、松平忠直の率いる一万三千の大軍である。信繁は〝赤備え〟を中心に、全軍を火の玉に変え、突撃前進を命じた。貝を二つ吹いて、下知したとも（『大坂御陣山口休庵咄』）。

こういう大勝負のとき、得《え》てして数の多い方は、多ければ多いほど高《たか》を括《くく》り、味方の数に甘えがちとなる。たとえば、家康のまわりに配された徳川家の旗本たちは、まさか自分たちのところにまで、大坂方が近づいて来るとは思ってもいなかったろう。彼らは関ヶ原の戦いの頃に比べて、代替わりした者が少なくない。十五万の大軍に囲まれている、との安心感は絶大であった。

その中心である大御所さまの本陣まで、幾重にも防備の固められた諸侯の陣を抜いて、敵がとどくはずがない、と彼らは経験則ではなく思い込みで慮った。

関ヶ原で確立された徳川家の威勢は、なるほど向かうところ天下無敵である。が、大坂の陣に参戦した若手の旗本たちは、三方ヶ原で武田信玄によって、味方が完膚なきまでにやられた大御所家康や自分の父祖の敗戦を知らない。第一次、第二次の上田合戦において、一度も勝てなかった真田氏の、ゲリラ戦の手強さを知らなかった。

それらは百歩譲って、良しとしよう。だが、夏の陣に参加した旗本たちは、冬の陣において真田丸が抜けなかったことは、覚えていてしかるべきであったろう。にもかかわらず、彼らは豊臣家をみくびり、完敗した真田丸をすら忘却していた。

突撃につぐ突撃で、信繁の〝赤備え〟がついには、家康本陣の先手と衝突する——などとは、考えてもいなかったろう。あるいは、自分たちが直接、殺し合いの戦闘に加わることになろうとは、想像すらしていなかったのではないか。

激戦のつづくなか、気がついたときには徳川家の本陣は大混乱に陥り、旗本の多くは逃げるわが身にただ驚いていた。〝赤備え〟が、本当にやって来たのだ。

「御陣衆（旗本）追ひちらし、討ち捕り申し候。御陣衆、三里ほどづつ逃げ候衆は、皆々生き残られ候」

薩摩藩初代藩主・島津家久《いえひさ》（忠恒《ただつね》・義弘の三男）とみられる人物の、実況報告にあった。

旗本たちは抗戦らしきものすらせず、われ先に逃げ散ったという。これでは三河武士が泣く。否、信玄が甲州軍団に危惧したことが、そのまま同様に徳川家の旗本たちにも当てはまってしまったわけだ。同書によれば、家康は三度、信繁に追い立てられ、馬験《うまじるし》をかくして逃げまどい、気がつけば家康のそばには、金地院崇伝《こんちいんすうでん》（家康の外交僧）と本多正重《まさしげ》（正信の弟）の二人しかいなかったという。

このとき、五十代半ばの大久保彦左衛門忠教《ただたか》は、徳川家の槍奉行をつとめていた。旗本たちの槍を、一括管理していたのだが、信繁の強襲につぐ強襲で、一緒にいた徳川家の旗奉行が家康の御旗を倒し、味方からみえなくなった局面があった。

「まさか、大御所様が——」

討たれたのではないか、と徳川の軍に動揺が走った。旗本たちは手は動かないのに、頭は回る。敗けたのではないか、本陣は退却するしかない、と彼らは半狂乱になり、立ち騒いだ。そこに歴戦の強者《つわもの》・彦左衛門が胴間声《どうまごえ》をはりあげる。

「わしは槍奉行である。御旗が退《ひ》けば、それを知らないはずはない。慌てるな」

混乱の収拾にあたった。戦場には常に、疑心暗鬼という魔物が棲んでいた。

四十年余、戦場を駆けまわった彦左衛門は、さすがに動転しなかったが、半面、その世渡りべた＝三河武士気質はどうしようもなかったようだ。

大坂の陣が終息してのちのこと、あまりに腑甲斐《ふがい》なかった旗本たちの、責任追及が幕閣でおこなわれた。誰がいつ逃げたのか、を検証するというものであり、旗の崩れも当然のことながら、厳しく追及がなされた。

多くの者が旗はみえなくなった、と証言する中で、たった一人彦左衛門だけは、

「旗は立っておりました」

と答えた。家康の直接の尋問でも、頑として答えをかえない。激怒した家康は、「汝ハ何とて我にハつかざるぞ（手向かうか）」（『三河物語』）

刀の柄に手をかけたが、それでも彦左衛門は、「旗は立っておりました」と強情に言い張った。のちに、彦左衛門はいっている。

某《それがし》ハ相国（家康）様迄《まで》、御代御七代召《めし》つかはされ申《もうす》御普（譜）代之者なれバ、御旗に疵《きず》バ付申《つけもうす》まじき。たとへ逃げ申《もうし》たる御旗なり共、「逃げ不《もう》レ申候《さず》」と申上《もうしあげ》て、其《それ》が御咎《とが》ならば、頸《くび》ハ打《うた》れ申共《もうすとも》、「御旗之逃げたる」とハ、何として可《もうし》二申上《あげるべき》一哉《かな》。（同上）

見上げた、三河者魂であった。彦左衛門自身の目撃談では、茶臼山から崩れてきた旗本たちによって、徳川家の預り槍は踏みにじられ、旗奉行も家康の旗を踏みつぶされるありさま。彦左衛門が家康を探したときには、騎馬で一人、小栗忠左衛門久次がそばを守っていただけだったという（『三河物語』）。

家康の旗が崩れたのは、三方ヶ原の戦以来のことであった。攻めかかった信繁は、あるいは亡き武田信玄の領域にまで、近づいていたのかもしれない。

あまりの信繁のすさまじさに、さしもの家康も絶望して、いよいよ切腹しようとしたという話を、『ヤソ会士日本年報』は書き留めている。

信繁の最期と〝真田十勇士〟の誕生

先頭には真田（信繁）及び他の一司令官・毛利豊前（勝永）がいて、言いあらわせぬほどの勇気をもって戦い、三、四回激しく攻撃したので、将軍（秀忠）は次第に敗退し、その部下の多くが列を乱して逃げるのを見、自らも退却の準備をなし、敗走者の後を追わんとしたことが幾度かあった。が、常に周囲に引き止められた（そんなことをすれば、全軍が崩壊してしまう）。また内府（家康）もさすがに失望に陥り、日本の風習に従って腹を切ろうとした由、確かなこととして伝えられている。しかし秀頼の軍が少し気を弛めたので（実は予備兵力がなかったため）、戦《いくさ》の運はたちまち転じてしまい、内府は切腹をとりやめた。

真田隊の後方にあった山口休庵によれば、豊臣方の織田頼長《よりなが》（有楽の次男＝雲生寺）は討ち死にしたか逃げたか、大野修理亮治長・主馬首治房の兄弟も途中で大坂城へ引き揚げたという。味方の中には、勝手に戦線を離脱する隊もあったようだ。それでいて信繁ら〝赤備え〟は、敵を四、五町先まで押しまくっている。

しかし、総数で大きくまさる家康は、一時の信繁の猛攻にさえ耐え忍べば、負けることはあり得なかった。向こうには、人数にかぎりがある。第一、戦っている信繁も鬼神ではない。自ずと気力、体力には限界がおとずれるもの。

湊川の戦いにおける楠木正成と同じように、信繁のまわりから信頼する歴戦の部下たちが、次々と消えていく。信繁自身もかなりの負傷をしており、疲労困憊も甚だしくなってくる。気がつけば青柳清庵・真田勘解由・高梨采女らとともに、本道から少し入った田の畔に、腰をおろして休息をとっていた。

そこへ、越前松平家の鉄砲頭・西尾久作《きゆうさく》が、従者をともないながらやって来る。午後二時、大坂方は力のかぎり戦ったものの、数に押され、すでに総くずれの状態となっていた。大坂城方面にも、火の手があがっている。

『真武内伝』では、信繁の乗る馬の尾を久作がつかんで、信繁を引きとめ、それに応じて信繁が一騎討ちにのぞんだところ、二、三合したものの、十三ヵ所も傷をうけていた信繁は、さらに外《そ》れた矢が股にささったこともあって、ついに馬上から転落。久作はすかさず、その首を取ったという。

「さりながら、（信繁は）手負ひ候《そうら》ひて草臥《くたび》れ伏して居られ候と取り候に付、手柄にも成らず候」

と、細川忠興は国許に書き送っている。

もはや信繁の側近も、ほとんどが死に絶えていたようだ。

また、『真武内伝』と『慶長見聞記』の二つの記録は、信繁の首実検を家康がおこなった時のことを、ほぼ同じ内容で書き留めていた。家康の前で、信繁との華々しい一騎討ちの様子を語った西尾久作に対して、家康は、

「真田は早朝より軍勢を指揮して、戦い疲れていたはずだ。そんなに（一騎討ちが）激しく動けるものか」

と疑問を呈している。

「――真田（信繁）ほどの者が、西尾ていどの者を相手に、斬り合うなどということがあるものか」

と、家康がいったとも。彼にすれば、信繁の討ち手は立派な武者でなければならなかった。なぜならば、その討ち取った信繁に追いつめられ、九死に一生の目にあわされたのは、ほかではない。家康本人であったのだから。

また、『慶長見聞記』や『武徳編年集成』に拠れば、家康が信繁の叔父・信尹を呼んで、首級の額に古疵のあるのを、問い質した逸話が載っていた。信尹は、

「信繁の額に疵があったかどうか、はっきり覚えておりませぬ」

と答えた。すると家康は、去年、お前を面会にいかせたではないか、あれは偽りであったのか、と言う。すると信尹は、

「確かにまいりましたが、夜行きましたうえに、信繁が警戒して遠くに座していましたので、その顔もよく見えませんでした」

と返答した。その言に家康は機嫌を害し、戦後、信尹への加増はなかったという。信尹にも真田一族としての、意気地《いきじ》があったのだろう。

信繁の享年は、四十九。〝赤備え〟の将士は、隊長の戦死を聞き、みなが争って死出の旅の供をしようと、戦場に散っていった。真田勘解由・大塚清兵衛・高梨主膳・海野小平太・望月善太夫・禰津小六・山岡軍平・柏田玄仲・角輪佐吉・利光久兵衛・沼田清次郎・真田権太夫・森川隼人・滝川平太夫・丹生弥二郎・星田勘平・馬淵六郎太夫など、その数、百四十五人と『銕醤塵芥抄《てつしょうじんかいしょう》』はいう。

ここでふいに、後世〝真田十勇士〟が形造られるプロセスが、歴史の裾野に姿を現わした。右の人名の中に、「海野」「望月」「禰津」（根津）の三姓が出てくる。

とくに、「望月」が興味深い。実は西尾久作が討ち取った首は、真田信繁その人のものではなく、影武者のものであった、という記述があった。問題はこの影武者の名前で、望月宇右衛門《うえもん》といったという。

信繁の影武者については、ほかにもいて、家康の本陣を衝いて奮戦したのは、穴山小助という影武者であったというのだ。〝真田十勇士〟にはそのまずばり、「穴山小助」が登場する。「望月六郎兵衛（六郎）」という者も。この影武者二人に言及したのは、『真武内伝追加』であった。

のちの、立川文庫の〝真田十勇士〟では、十人中七人までが幸村（正しくは信繁）の影武者となって戦死し、残る三人が豊臣秀頼・幸村主従とともに、薩摩へ亡命するという同様の筋書《すじがき》が複数刊行されていた。

筆者《わたし》は思う、信繁と一緒に戦死した〝赤備え〟＝譜代の士たちこそが、十勇士の母体であったろうと。彼ら――たとえば、先の百四十五人――の活躍がなければ、そもそも〝十勇士〟はこの世に生まれ出なかったのではないか。

歴史の醍醐味は、こんなところにもあった。つまり、信繁の〝赤備え〟は玉砕することによって、〝真田十勇士〟となって生まれかわった、ということである。

「日本一の兵」と秀頼の悲劇、戦死した人々

思考の案配《あんばい》（ほどよいならべ方）は、およそこうであったろう。

徳川方の総大将・家康の本陣を衝き崩し、追いつめた信繁と〝赤備え〟――その歴史と実力は、戦国の名将・武田信玄が源であり、その軍略・兵法は信繁の祖父幸隆以来の、真田家の伝統と実績で磨《みが》かれたものであった。なるほど、どうりで強いはずだ。これらを具現化すると……十勇士にいたったのではないか。

同じように大坂の陣で活躍しながら、後藤又兵衛の人気は信繁に比べれば、いささか低いように思われるのは、個人としての魅力の差ではなく、背後にあった〝赤備え〟の有無ではあるまいか。

筆者はこれが、最大の十勇士の要因だったと考えている。

『山下秘録』（江戸前期の軍学者・山下義行の軍記物）には、千二、三百の人数で、家康の旗本の中へ一文字に討ち入り、家康の馬印を臥《ふ》せさせたことは、異国は知らないが、日本では類のないことであり、それをやった信繁は勇士、不思議な弓取りである、と述べていた。しかも、部下の侍は一人残らず討ち死にをとげてい

る。

「皆一所に討ち死にしたのである」

と、同書はしめくくっていた。

大坂城に自らの死に場所を求めて、立派に死に花を咲かせた信繁と〝赤備え〟が、その主従そろっての玉砕＝滅びの美学と相まって、信繁（俗称・幸村）を歴史の闇に埋もらせることなく、英雄として再生させることとなったようだ。

――それにしても、豊臣秀頼は最初から最後まで、とにかく影が薄かった。

ただ、それでもなお彼のために弁明するならば、秀頼は信繁たちを激励すべく、自ら梨子地《なしじ》（金銀粉をまいた上に漆をぬった）緋縅《ひおどし》の鎧を着け、太平楽という名馬に梨子地の鞍を置いて乗り、太閤秀吉以来の切割《きりさき》のぼり二十本、茜《あかね》の吹貫《ふきぬき》十本、玳瑁《たいまい》の千本槍を前後に従えるという、豪華絢爛な行装で、大坂城の本丸南の桜門までは出陣してきたのである。

ところが、どうも味方の前線が不利に陥っているらしい、との情報がもたらされると、周囲が強引に、秀頼を本丸に連れもどしてしまったのだ。

『ヤソ会士日本年報』は、この秀頼を「臆病者」と決めつけているが、生まれながらにして秀頼には、自分がなかったように思われる。

彼は、まともに育てられなかったのだ。

なるほど母の淀殿は、懸命に子育て、教育にあたった。だが、秀頼には父権による教育が一切なされていない。父親による厳しくも愛情のこもった教育を、秀頼は誰からも受けていなかった。

期待された前田利家は、秀吉を追うように他界している。関ヶ原の戦いで石田三成や大谷吉継らがいなくなると、加藤清正や福島正則といった戦場を走りまわっていたような武将を、淀殿は毛嫌いして、秀頼に近づけようとはしなかった。

豊臣家の親衛隊〝七手組〟も、大坂夏の陣で逃げまどった旗本たちと、五十歩百歩であったろう。命令を待つのみで、七手組の組頭たちが自ら率先して、秀頼を鍛えようなどとは考え及ばなかったに違いない。そのようなそぶりを見せれば、おそらく淀殿の逆鱗にふれて、瞬時に切腹させられていたであろう。筆者は父権に恵まれず、世の大人たちの思惑の中で沈黙を強いられた秀頼が、不憫《ふびん》でならない。

子供同士で遊んだり、父親と水入らずの時間を持つことのなかった秀頼は、おそらく第三者に対して、自らの意志を伝えることができなかったのではあるまいか。信繁はその点を多少なり、わが子・大助と見比べて理解していたように思われる。

信繁最期の地は、茶臼山の北、今日の安居《やすい》神社（現・大阪府大阪市天王寺区逢《おう》阪《さか》）であったという。ここに、「真田幸村戦歿之地」という碑が建っている。よく目にする、「真田日本一の兵《つわもの》」との評判は、すでにみた薩摩の島津家久と見られる人物が、大坂の陣を観戦して、国許へ送った文書のつづきに出ていた。

三度めに真田（信繁）も討死にて候。真田日本一の兵《つわもの》、いにしへよりの物語にもこれなき由、惣別《そうべつ》これのみ申す事に候。

戦国武将に対する、最大級の賞讃といえよう。右文中の「惣別これのみ申す」とは、信繁の活躍ばかりが人々の話題となっている、というレポートである。この評判が、やがて〝真田十勇士〟を同じ大阪で生み出すことになるのだが……。それはまだ、先の話。

すでに、後藤又兵衛基次・木村長門守重成などの戦死についてはふれた。明石全登の場合は、生死五分五分といったところであろうか。彼は信繁たちとは違う。キリシタンのために、大坂城に入城したわけで、大坂方が勝てず、キリシタン復活の目がないとなれば、城と運命をともにする理由はなかったろう。次なる策を求めて、合戦のどさくさにまぎれて逃亡してしかるべきように思われる。

東軍の首帳に載った大坂方の首級は約一万五千——午後三時には豊臣方は総くずれとなった。だが、徳川方でも本多忠朝、小笠原秀政・同忠脩らが戦死していた。いずれも家康への抗議であり、武将としての己れの意地をかけてのものであった。

大坂城落城

「御人数の軍法、作法もなく、しかじか下知も仰せ付けられず、敵陣一文字《いちもんじ》に御乗り込み」（『小笠原正伝記』）——真田家と実によく似た「表裏比興」の家系は、ほとんど自殺するように敵中へ突進して、戦死した。

同じように死ぬつもりで猪突猛進したのが、松平忠直であった。こちらはさすがに徳川の連枝（分家）である。周囲が懸命に守り、なんとか戦死はまぬがれた。

そのかわり、あげた首級が凄まじい。東軍のあげたとされる一万四千六百二十九のうち、三千七百五十＝二六パーセントが越前松平家のあげたものであった。

怪我の功名とはいえ、文句なしの大坂の陣最大の武功といってよい。信繁をしとめたのも、この家の鉄砲頭であった。ところが、家康は忠直という孫が、性格的に気にいらなかったようだ。戦後、六十八万石は一石たりと加増されなかった。

当然のように忠直は、不平・不満を募らせ、のちに乱行が取り沙汰された。将軍家に対する不遜な言動が数えられ、ついには元和九年（一六二三）、改易処分を受け、わが身は豊後萩原（現・大分県大分市萩原）に流された。跡は弟の忠昌《ただまさ》（結城秀康の次男）が五十万石で相続（のち五十二万五千石）となっている。

忠直は生の消えるまで、自らの祖父家康を恨み抜いたに違いない。

——いよいよ大坂城を目指して、徳川方の諸軍が殺到して来る。

城内は大混乱に陥り、太閤以来の金のふくべの大馬印さえ、御殿の台所あたりに投げ捨てられたままというありさま。なんと、女中の二人が、このままでは豊臣家の恥辱である、と金印を打ち砕いて始末したという（『おきく物語』）。

台所といえば、台所頭の大角与左衛門《おおすみよざえもん》という男が、攻城方に内応して台所に火をつけ、それが瞬く間に燃え広がったとも。それこそ、忍びも暗躍していたであろうから、城内が手薄になれば放火をしたり、水や食事に毒を入れるなど、朝めし前のことであったろう。

天守に火がついたのは、申《さる》の下刻（午後五時）であった、と細川忠興はいう。

火災は遠く京都からも傍観でき、御所の屋根にのぼった公卿は、夜半まで炎はみえていた、と証言している（『土御門泰重卿記《つちみかどやすしげきょうき》』）。

秀頼はこの間、母の淀殿や大野治長、速水守久、真田大助らと二ノ丸の山里曲輪の蔵に、ひっそりと移っていた。もはや誰が味方で誰が敵か、しれたものではなかった。治長は事ここにいたっても、なんとか淀殿―秀頼母子の生命《いのち》だけは救いたい、とその生命《いのち》乞いをするため、秀頼の正室である千姫（家康の孫・秀忠の娘）を大坂城から脱出させ、なんとしても家康のもとへ送り届ける算段をする。

だが、久しぶりに再会した孫を見ても、家康は助けてやろう、とはいわなかった。自分は許したい気持ちはあるが、将軍（秀忠）の意向も聞かねばならず……、とお茶をにごしている。おそらく、助命するつもりはなかったろう。

蛇足ながら、千姫の輿に随行して、東軍の坂崎出羽守直盛《でわのかみなおもり》の陣に辿りついたのは、直盛の知人・堀内主水氏久《もんどうじひさ》であり、もう一人が南部左門であった。坂崎直盛は、千姫を火の中から救い出したりはしていない（よって恩賞もなし）。輿を受け取って、家康の本営まで運んだにすぎない。無事に連れ出した功により氏久は、旗本に召し出されて五百石取りに。一方の左門も、旗本にしてもらえるところだったのだが、南部藩主・南部利直から「この者はわが家を脱したもので……」と待ったがかかり、結局は賞金のみを与えられて、終わってしまったという。

翌日、片桐且元から、淀殿―秀頼母子の潜伏先をしらせる使者が来た。もと大坂城の家老のくせに、世智辛《せちがら》い。将軍秀忠からは、秀頼らに切腹を命じたいのですが、とのおうかがいが来る。家康は井伊直孝を呼び、淀殿―秀頼母子に自決をうながすよう指示を出した(『駿府記』)。

八日の昼、直孝は母子潜伏の蔵まで自ら出向き、出てきた治長に小声で指示をして、次に出てきた速水守久にも同じように指図をおこなった。ただし、今度は、

「早くしなければ、鉄砲を撃ちかけますよ」

と守久の背中に、大声で告げている。まもなく、蔵に火の手が上がり、直孝は鉄砲を撃ちかけた。蔵の内部では、それを合図に人々は自刃していく。

そうした愁嘆の場で、ふと守久は、若い真田大助に気がついたようだ。

「そなたは、譜代の家人ではない。秀頼公の最期を、見届ける必要はないのですぞ。まして一昨日は、誉田《こんだ》で股に槍疵《そうし》を負いながら、武功をあげている。もはやここに留まらず、早々に落ちのびられよ」

守久にすれば、精一杯の思いであったろうが、大助は父の言を守ってその場を退かず、そのまま自害した。男女三十二人が、同じ場所でこの世を去ったという。

後日譚がある。徳川家の旗本・石谷《いしがや》(いしがい、とも)貞澄《さだずみ》が、秀頼主従の自害した場所を実況検分したところ、亡骸《なきがら》の一つが具足を脱ぎながら、佩楯《はいだて》(ひざよろ

い）だけを着けて自刃しているのを目撃した。生捕りにしたものに、この亡骸は誰か、と尋ねると、その者がいうには、真田大助だという。

なぜ、そういい切れるのか、と重ねて尋ねると、自害のとき、傍の者が「佩楯をお取りなさい」と忠告したところ、大助は、

「大将たる者の切腹は、佩楯をとらぬものと聞いております。私も真田左衛門佐の子ですから――」

そういって佩楯をとらず、そのまま切腹したのだという。

大将の子としての自覚――それを聞いた人々は、さすがは真田信繁の子だけのことはある、と皆、感涙にむせんだという（『明良洪範』）。

このあと、家康臨席の首実検がおこなわれた。このとき、松平忠直のもとから、真田信繁・御宿政友・大野治胤の三人の首が、本陣に持ち込まれたのだが、信繁についてはすでにふれた。御宿政友（通称は勘兵衛）の昔を知る家康は、勘兵衛を討ち取った福井藩士・野元右近《のもとうこん》にも話を聞いたが、そのあとで、

「御宿の若い頃なら、野元ごときに首をとられることもなかったろうに――」

と残念がったという（『落穂集』）。

ところが、ここでおかしなことが出来《しゅったい》した。大野治胤の首級である。この男は

落城十三日目の、二十日に京都で捕えられている。ということは、この時、家康が検分した首は明らかにニセ首であったことになる。このことが信繁の首級をも疑問視することになり、本当に信繁のものであったのか、いやそうではあるまい、とやがて江戸時代に入ってからの、薩摩へ亡命する話へとつながっていく。

「論功」と「行賞」の違いを説いた信之

信繁は満足のいく戦死を遂げたが、あとに残った兄の信之は大坂の陣での論功行賞もおこなわなければならなかった。藩士の中には、戦死した者もいる。その子へ、父の跡職《あとしき》を安堵してやらねばならない。

その信之が大坂の陣(関ヶ原の戦いをも含め)を回想して、

「金銀は思いきって使わなければ、いざという時、将士はいうことをきかぬ」

と述べたくだりがあった(『名将言行録』)。

とくに「論功」においては、即決性が重要だった、とも彼は語っている。

名将と呼ばれる武将は、その点、さすがに手抜かりがなかった。

将士が合戦に武功をあげると、時を移さずその場で功績を褒《ほ》め、下し物を与えたエピソードは、それこそ枚挙《まいきょ》に遑《いとま》がない。馬や冑、太刀、金銭、それらがないときには、自らが着ていた陣羽織を脱いでさえ、功臣に与えた大将は少なくない。

信繁も将棋の駒のような木片を出陣前に用意し、表には自らの名前と花押、日付を書き、裏には手柄を立てた者の名前と、褒美の金子を書いていた。

「あとで、より正しい論功を――」

と考えることは間違っていないが、この即決性を持たねば、部下の将士はなかなか納得しないし、生き死にの戦場でやる気を起こしてはくれないものだ。

「大将」たる人は素直に、己れの感激、感謝を形にすることが、戦国時代は求められた。正規の「行賞」は、侍大将以下の検討をへて、全体から不平・不満のでないように配慮し、のちに正確に査定する必要があった。

その場で与える物品は、のちの査定の参考という意味合いもあったが、本当は「大将」が大盤振る舞いをしないようにするための、方便としての役割が大きかった。どういうことか。人間、誰しも情がある。まして「大将」は、総じて奮闘《ふんとう》した部将、必死の活躍をした将士に、ややもすれば査定が甘くなるものだ。

これを阻止《そし》する意味合いが、実は大きかった。

――真田信之が、嗣子の信吉を誡《いまし》めた話が伝えられている。

大坂の陣において、信之は信吉を代理として出陣させたことはすでにふれた。自身は病いであったが、そこは真田家の総領である。信吉は問題なく、父の代理をつとめた（毛利勝永と戦い、敗れて退却はしたが）。問題が起きたのは、夏の陣が終わってからのことであった。信吉が凱旋《がいせん》して父・信之にいうには、

「（家臣の）鎌倉伊右衛門は比類なき働きをし、その身に深手を負い、半死半生になりました。その家来も、三人までが討ち死にしております。ぜひ、加増してやりたいと思いますが――」

伊右衛門の生命《いのち》懸けの働きに、信吉は心底、感動したようだ。すると、それを聞いた信之はハラハラと涙を流したという。怪訝《けげん》な顔をする信吉に、父はいった。

「其方《そのほう》その程《ていど》の不詮議《ふせんぎ》（中途半端な判断力）にては、家は立間敷《たつまじき》ぞ」

――『名将言行録』での、信之のいい分はこうである。

確かに、伊右衛門は比類なき働きをしたかもしれない。が、勝負は敵に劣ればこそ、大怪我をしたとも解釈できる。敵を討ってその御首級《みしるし》をあげられず、家の者を三人まで討ち死にさせ、いったいどこに功名があるというのか。

「負軍《まけいくさ》の彼者《あのもの》（伊右衛門）に加増遣《つか》はし、今度高名の者共には、何を遣はし申《もうす》べきや。皆々加増せば、上田・沼田にては残らず（所領を）呉《く》れても不足なるべし」

信吉は父の言葉に、一言もなかったという（同上）。

部下の働きに対する感動・感謝＝論功と行賞を混同してはならない、と歴戦の智将はわが子に諭《さと》したかったのだろう。

なお、五月の大坂落城を受けて、七月十三日に改元がおこなわれ、世の中は「元《げん》和《な》」となった。

同じ月に「武家《ぶけ》諸法度《しょはっと》」「禁中《きんちゅう》並《ならびに》公家《くげ》諸法度《しょはっと》」「諸宗《しょしゅう》諸本山《しょほんざん》法度《はっと》」が定められた。

翌元和二年（一六一六）四月十七日、家康がこの世を去った。七十五歳である。

時代は大きく、様変わりしていく。六年後の元和八年八月二十七日、幕府は松代藩主・酒井忠勝に三万八千石の加増をして、出羽鶴岡（現・山形県鶴岡市）へ十三万八千石の大名として移封。その跡へ、真田信之に一万五千石の加増を沙汰したうえで、十三万石の大名として栄転させた。

信之の跡には、小諸の仙石忠政が一万石加増の上で入封となる（小諸は甲府藩主の徳川忠長へ）。

松代城はもとをただせば、武田信玄が上杉謙信の南下を防ぐため、千曲川河畔に築かせた海津城を出発点としていた。第四次川中島の戦いでは、武田方の基地となった城である。城名は松城《まつしろ》——これは慶長八年（一六〇三）から城主をつとめた、家康の六男・忠輝の命名によるもの。

これが「松代」と改名されるのは、真田幸道《ゆきみち》（三代藩主）の正徳元年（一七一一）に入ってからのこととなる。

「表裏比興の者」のこぼれ話

信之の死については、すでにふれた如く、九十三歳という長寿を全うしていた。その彼が隠居願いを出すのは、明暦二年（一六五六）＝九十一歳のときであった。

彼は幕閣と相談しつつ、真田家の十三万石を松代と沼田に分け、次男の信政に松代藩主を譲り、沼田（三万石）を信利《のぶとし》（信吉の子）に与えた。元和八年の時点で、信政は松代領内に一万七千石を分知され、大名に列せられていたのだが、寛永十一年（一六三四）に兄で沼田藩主の信吉が死去。その子＝自分にとっては甥を後見したが、この子も四年後に早世し、信政が沼田城主となっていた。

隠居した信之は一当斎と号し、柴村城（現・長野市松代町）に近習五十人、総勢三百五十余人を連れて引きこもった。この時点で、信之は九十三歳。

ところが二年前に家督を継いだ信政が、この年の二月五日、あっけなく病没してしまう。継嗣が幸道（信政の五男とも、六男とも）であり、この年、わずかに二歳であった。ここで、お家騒動が起きる。

一方の信利が、二歳の幸道の家督相続に異を唱え、幕府に訴え出たのである。つまり、真田家長男の血統の孫と、次男の血統の孫との家督相続争いとなったわけだ。この争い、二歳の幼君に比べて沼田藩主の信利は二十四歳と有利。しかも彼の母は老中・酒井忠世《ただよ》の娘であり、彼女は当時、幕閣では羽振りをきかせていた、老中・酒井忠清《ただきよ》の叔母にもあたっていた。

争いはやがて、真田家の存亡に関わる大騒動となった。これを収められるのは、おそらく信之だけであったろう。彼は九十三歳にして、再び藩政を執る羽目となったが、さすがは真田三代の総領であった。

当初、信之は旗幟を鮮明にせず、幕閣の意向を探り、やがて幸道を支持。藩士五百余人から誓詞血判を取り、執拗に信利へ肩入れする忠清をあきらめさせ、幸道決定＝お家騒動を解決してみせた。信之の頭脳、軍略・兵法は、まったく老いていなかったといえる。

彼は万治元年（一六五八）十月十七日、この世を去った。この時、殉死追い腹を切ったのが、鈴木主水の子・右近（八十五歳）であった。あの北条征伐の原因をつくった、名胡桃城の城代の息子であった。

なお、信之の裁定が正しかったことが、のちに明らかとなる。

松代藩の相続を望んだが果たせなかった信利は、真田本家の相続争いに敗れた、と考えたようだ。それで自己を反省し、自らの道を征けばよかったものを、お家騒動に敗けた腹いせもあったのだろう、なんとか本家を凌駕《りょうが》しようと躍起になり、ついには検地を水増し査定するに及ぶ。沼田は十四万四千石ある、といいだしたのだ。本途《ほんと》（基本税）徴収の幕府原則は、「四公六民」である。当時、沼田藩は表高《おもてだか》三万石に対して実高が六万石もあった。つまり信利は、表高の水増しによって、その四割にあたる六万石（正しくは五万七千六百石）を、己れのものにしようとしたわけだ。しわ寄せが藩士や領民に及ぶ。

それでも本家（十万石）には及ばないので、領民が新しく炉《ろ》を設けると炉税、窓をつければ窓税、そのほか頭税、畳税といった珍妙な課税方法をひねり出した。

そればかりか、期限内に納付しない者には罰として水牢《みずろう》を科し、ついには夜なべのわずかな稼ぎにすら税をかけるありさま。信利はそうした収入によって、本家を凌ぐ贅沢な生活をつづけたのだから、当然のことながら領民も黙ってはいない。

名主の松井市兵衛、杉木茂左衛門が、幕府に直訴に及ぶ。越訴《おっそ》の罪で市兵衛は死罪に、茂左衛門は月夜野《つきよの》で磔となったが、信利のいかさまにも裁定は下った。

この二年後、幕府による〝お助け検地〟（幕府が前橋藩に命じておこなわせた検地。実高に応じた検地帳が作られ租税も軽減された）によって、沼田はようやくもとの六万石に戻った。ところがどうしたことか、信利は処罰されていない。

〝下馬将軍〟との異名をとり、将軍家以上に権力を握って大老となっていた酒井忠清が、信利を後見していたからだ。忠清は四代将軍・徳川家綱の死後、有栖川宮《ありすがわのみや》を将軍に迎えて、自らは鎌倉幕府の執権北条氏のごとくに振る舞おうとした人物。権力者ではあったが、生命懸けでぶつかって来た堀田正俊《ほったまさとし》らにその野望を阻まれ、延宝八年（一六八〇）には大老職を辞し、翌年、急死している。

忠清あっての、信利のやりたい放題であった。

忠清が失脚すれば、信利の行く末はみえていた。天和元年（一六八一）十一月、江戸両国橋用材納入の遅延、施政の不正を理由に、信利はついに改易され、山形藩二代藩主・奥平昌章《まさあきら》のもとに預けられることとなった。

もし、この人物が松代藩主になっていれば、松代藩真田家は間違いなく、改易の憂き目にあったことだろう。やはり、信之の人を見る目は、曇ってはいなかった。

真田家の直系血脈は、残念ながら途中で絶え、養子が跡を継ぐこととなったが、真田氏そのものは明治まで存続し、幕末には老中も出している。幕末でいえば、英傑・佐久間象山《さくましょうざん》（ぞうざん、とも）は信州松代藩士であり、ときの藩主・真田幸貫《ゆきつら》（八代藩主）は、この性格的に難しい男を動かせるのは、自分しかいない、と明言していた。象山の門下からは、勝海舟・吉田松陰・坂本龍馬などが出ている。

――その松代藩真田家について、こぼれ話を紹介しておきたい。

真田家には「吉光《よしみつ》のお長持《ながもち》」と呼ばれる長方形の衣服などを入れる箱が、代々伝わっていた。家老でさえ中を見ることを許されず、常に四人の不寝番《ふしんばん》が見張っていたとか。中身については、「家康さまから拝領した吉光の短刀」ということになっていた。

明治になって、「もういいだろう」と長持を開けてみると、中にはとんでもないものが詰まっていたというのだ。石田三成からの参陣を促す書状をはじめ、徳川家に敵対していたことを示す書状が、わんさとでてきた。それにしてもこのようなものを、なぜ、真田家は秘匿《ひとく》していたのだろうか。幕府に知られれば、それだけでお取り潰しの理由になりかねない代物ばかりであった。

筆者は、これこそが真田兵法の真髄ではなかったか、と思えてならない。

徳川幕府に忠義を貫きながら、信之はその一方で、いつか徳川家が倒れるときのことを、見越してもいたのではないか。父・昌幸の赦免を働きかけながら、野に放ってはいけないと無言で訴えつづけたように、長持の書類は、いざ鎌倉のときのことを考え、活用するために、用意しておいたのではないか。

さすがに、「表裏比興の者」＝真田家の三代当主だけのことはある。

読者諸氏の見解は、いかがであろうか。

“真田十勇士”が誕生するまで

大坂夏の陣が終わり、豊臣家が滅亡した翌元和二年（一六一六）の二月、平戸商館長リチャルド・コックスが、イギリス東インド会社に送った手紙には、秀頼が大坂落城を逃れて、薩摩あるいは琉球にいる、と言い切る文面が出てくる。

確かに以前、筆者もテレビの歴史番組で鹿児島県に残る秀頼ゆかりの史跡をレポートしたことがあった。谷山村（現・鹿児島市谷山）に突然、出現した人々。「食い逃げ」とあだ名された、薩摩藩が保護していた男性。秀頼の墓と称されるもの。文献でもひどいのになると、真田信繁のみならず後藤又兵衛や木村重成、薄田隼人までが薩摩に逃げたと述べたものもあった（京都知恩院の史料『総本山知恩院旧記採要録《さいようろく》』)。

あるいは、かつての、信繁の碁敵のもとへあらわれる男の話——毎年一度おとずれながら、六年目から来なくなる——や、九年間、信繁の代参に来た男が、十年目から来なくなる話など、江戸時代に入っても信繁は生きていた、との真田伝説は創られていく。

トップを切ったのは、江戸時代前期——寛文十二年(一六七二)に成立した軍記物語『難波戦記《なんばせんき》』であったろう。この物語(信繁ではない誤りの初出か)では、幸村は大坂の陣で戦死を遂げている。興味深いのは、すでに架空の人物が登場しており、三好清海《せいかい》入道・三好為三《いさ》入道・由利鎌之助・穴山小助・海野六郎兵衛・望月卯《う》左衛門《ざえもん》の六人が登場していた。

彼らは忍法ではなく、豪傑として主君幸村を守り、戦っていく。

江戸時代——明治末期から大正期にかけての立川文庫にも——もっとも影響を与えたとされる『真田三代記』には、主君秀頼と薩摩に逃れた幸村がその翌年、長年の心労がたたって幾度も血を吐き、ついに秀頼の手厚い看護の甲斐もなく、死んでいくという物語が語られていた(秀頼も、この翌月に病死する)。

この書物は成立年代が不詳だが、おそらくは江戸中期――幸隆―昌幸―幸村の三代の事績が述べられており、小説として楽しむ分には問題はないが、幸村が四百余人の兵を率いて北条軍四万五千を破った初陣の話や、「地雷火」(地面に埋めて導火線によって爆発させる爆弾)、似たような「銅連火」という地雷を使う話はいただけない。

「大坂城内に於て、幸村、謀計に心身を苦しめ、或いは影武者、又は火攻め、種々の工夫を以《もっ》て関東勢を悩ますと雖《いえど》も、天命の帰する処、いづれも術計齟齬《そご》し、流石の幸村も今日如何ともすべき様なく」――まるで三国志の天才軍師・諸葛孔明《しょかつこうめい》をもってしても、ついに北伐に成功しなかった蜀漢《しょくかん》のように、大坂方の幸村は描かれていた。そして結局、彼は抜穴をつたって薩摩へ赴く。

この『真田三代記』には、先の『難波戦記』に比べ、穴山小助・由利鎌之助・三好清海入道・三好為三入道・海野六郎に加え、根津甚八、筧金六の名前が新たに加わった。いずれも、幸村の重要な家臣として、である。

霧隠鹿右衛門という忍びも登場していたことは、すでにふれている(ただし、望月は前作の卯左衛門ではなく、六郎兵衛と主水の二人に分かれて登場する)。

〝真田十勇士〟という呼び方は、立川文庫がはじめて使ったようだが、もとは戦国屈指の人気者・山中鹿介《しかのすけ》の〝尼子十勇士〟がモデルであったかと思われる。それに『南総里見八犬伝』や中国の『西遊記』『三国志』『水滸伝』、アレクサンドル・デュマの『三銃士』などが影響を与えたのであろう。

大阪で立川文庫が大流行するのは、大阪人の嫌う徳川家康を追いつめた真田幸村、に喝采を送った延長であったろう。逆にいえば、大阪には豊臣びいきがある。

また、大坂夏の陣で戦死したはずの幸村が、薩摩国へ密かに豊臣秀頼を連れて落ちのびたという伝説も、やがて立川文庫で合流。十勇士（正確にはうち三人）は徳川の追っ手から、秀頼・幸村を守る役割で登場し、薩摩国へ。

十勇士の前には〝七傑〟〝七人勇士〟という組み合わせもあった。

ただし、講釈師・玉田玉秀斎の語り講談を、その取り巻きが書き講談に仕上げた立川文庫のシリーズは、すべてが一巻読み切りの形で構成されており、極端な話――「猿飛佐助」と「霧隠才蔵」の名前を入れかえても、何ら支障なく物語が成り立つといった、底の浅いものでしかなかった。

当然のように、二人の個性、使用する忍術の種類に、大きな差はない。

これはほかのメンバーにもいえることで、前述の『真田三代記』に、すでに登場していた「三好清海入道」は、この作品では九十歳の高齢であった。それでいて、身の丈が八尺余りもあったというのだから、振りまわす空想力は凄い。ところが、この清海入道――立川文庫の大正二年（一九一三）刊行＝『真田三勇士忍術名人猿飛佐助』では、突然に十九歳に改められていた。

そうかと思えば、この作品に先行して刊行された、明治四十四年（一九一一）刊行の『智謀真田幸村』では、なぜか晴海入道は九十歳を飛び越えて、九十六歳となっていた。

彼が十九歳になったのは、おそらく出現した猿飛佐助が十五歳であったことから、仲間として年齢が釣合《つりあ》うように、大幅に若返らせたのであろう。ただし、清海入道は「忍者」ではなかった。巨体の腕自慢＝豪傑である。

『真田家豪傑　三好清海入道』（大正三年刊）では、十八貫目（約六十七・五キロ）の鉄の棒を五十人力の力で振りまわしていた。

立川文庫のシリーズは、いずれの作品も、他の作品のことを考え、互いに配慮したような形跡はなかった。

それどころか、この文庫の創り出した二大スター「猿飛佐助」と「霧隠才蔵」のうち、一方の才蔵は作品によっては、大坂夏の陣で徳川家康の生命《いのち》をつけねらい、〝天下のご意見番〟である大久保彦左衛門に、もう少し、というところで阻止され、家康を討ちそこねて死ぬ設定になっていた。そうかと思えば、別の作品では幸村とその主君・豊臣秀頼を護衛して、大坂城を脱出することになっている(この場合、生き残ったのは佐助と根津甚八をあわせて三人)。

十勇士の残る七人は、幸村の影武者となって夏の陣で討死を遂げる。

荒唐無稽といえばそれまでだが、立川文庫のご都合主義、何でもありは、検証するほどに同じ大阪人として赤面してしまう。実在した忍びがこのシリーズを読めば、さぞかし彼らは腹を立て、一緒にしてくれるな、と憤ったに違いない。注文に追われて書きとばした立川文庫は、『忍術活動　豊臣残党　猿飛小源吾《こげんご》』、『豪傑忍術名人　猿沢飛助』と目に見えて、さらなる駄作を連発、やがて消えていく。

それにしても〝真田十勇士〟、なかでも猿飛佐助はしぶとい。テレビや小説にくり返し個性を変えては、その後も登場した。

猿飛佐助が食べた「兵糧丸」!?

あきれるのは、『大日本人名辞書』(大日本人名辞書刊行会)である。この人名辞書には、次のような説明文が掲載されていた。少し、読みやすくしている。

猿飛佐助、名（諱）は幸吉。森備前守の牢人・鷲尾佐太夫《わしおさだいふ》の子。信濃に漂泊す。真田幸村、一日狩《かり》して山に入る。村長《むらおさ》および佐太夫等、案内をつとめる。時に佐助、鍋蓋山の隠士《いんし》じつは戸沢白雲斎に従い、剣と忍術を学び奥儀を得たり。昌幸に諭され、猿飛の姓を賜わり、これ（真田家）に仕えて近侍となる。初めて軍《いくさ》に従い、沼田城を攻めて功あり。天目山の役、幸村に請うて（武田）勝頼の軍に従い、戦《いくさ》敗れて死す。

二世佐助は、元井辺武助《もといべぶすけ》と云う。近江斎藤氏（？）の臣にして、忍術を善《よく》す。徳川氏に従い、家康の命をもって甲州に入り、（武田）信玄の城内に入り、初代の佐助の為に捕えられ、其の郎党となる。佐助戦死の時、其の譲《じょう》を受け、第二世となる。幸村に従い九度山《くどやま》に往来し、大坂夏の乱に戦死す。

文中の森備前守は、森武蔵守長可《ながよし》であろうか。しかし、その家臣の鷲尾佐太夫は架空の人物である。ただストーリーは途中まで、大正二年（一九一三）の立川文庫第四十編『真田三勇士　忍術名人　猿飛佐助』と重なっていた。

なお、右の講談ストーリーでは、佐太夫には二人の子供があり、娘の名を小夜《さよ》、息子が佐助であった。これは人名辞書には述べられていない。

佐助は猿と鬼ごっこをして遊び、十間二十間（約十八〜三十六メートル）の高い所から、自在に飛びおりたり、飛びあがったり、鹿も通れない断崖絶壁をも駆けまわっていたという。

その少年に注目したのが、人名辞書にも登場した戸沢白雲斎。架空の人物だが、立川文庫では甲賀流忍術の流祖としている。不思議なことに、白雲斎は近江甲賀の里（現・滋賀県甲賀市）の出身ではなかったのだが——。

いずれにせよ、白雲斎が佐助に、三年間、十五歳までに教えた忍術は、水遁《すいとん》・木遁・金遁・土遁・火遁といった術で、

講談社でも戦前・戦後、幾度となく『猿飛佐助』は書籍化された

よき主君をと念じていたとき、あらわれたのが真田幸村であった。

このとき幸村は、講談の中では望月六郎、穴山岩千代（小助）、海野六郎、三好清海入道、三好為三入道、筧十蔵の、六人の豪傑をしたがえていた（欠けているのは、佐助のほか、由利鎌之助、根津甚八、霧隠才蔵の四人）。

この物語では十勇士ではなく、佐助が加わって〝七人勇士〟が誕生したことになっていた。それにしても、無責任きわまりない物語である。

ちなみに、講談では三年後、十九歳の佐助には許嫁《いいなずけ》もできている。真田家の侍大将・海野太郎左衛門（海野六郎の叔父）の娘・楓《かえで》である。彼女は真田昌幸の奥方付きの女中であった。十八歳の才色兼備で、和歌が得意と設定されていた。

〝真田十勇士〟には真実などカケラもないが、もし無理やりにでも例外を捜せ、となったならば、すでにみた真田三代――なかでも「表裏比興《ひょうりひきょう》の者」（スケールが大きすぎて、読めない男）と豊臣秀吉の側近に呼ばれた、昌幸のちゃらんぽらんに見える言動に、すべてはつながっていたようにも思われる。

蛇足ながら、その忍び――たとえば、猿飛佐助――が、身をかくして敵方へしのびこみ、情報収集にあたるとき、食したものとして、江戸時代に書かれた軍略・兵法書には、「兵糧丸《ひょうろうがん》」というものがあった。

丸薬で一日に二、三粒を服すれば、それだけで空腹を感じないというのだ。加えて、体力も落ちないというのだから、もし、本当に存在したならば、すばらしい。今日のビジネス戦士にも、活用したいものだ。おそらく、疲労回復を念頭に、今日ならば感冒にかからない予防的エキス、胃腸の働きをととのえるための要素——そうしたものを混ぜ合わせて、造ったものではなかろうか。

かつて読んだ『日本の食物文化』(小沢滋著・昭和十五年刊行)には、「兵糧丸」は植物性食品であれば五穀を主体としたもの、動物性食品ならば魚類を素材にし、それに酒や砂糖などももちいられたのではないか、といった推理がなされていたが、大豆の粉、そば粉、うなぎの白干しなどは、イメージとしては使えそうにも思う。ただ、気になるのは、飢えは「兵糧丸」でしのげたとして、喉の渇きはどうやって止めたのだろうか。梅干しに黒砂糖、高麗人参なども、頭には浮かぶのだが……。

喉の渇きが、完全に止め得たのかどうか。忍法で人が消えるかどうか、と同じくらいこれは難しい問題である。

さて、やがて時代は昭和になり、少年たちの間では主人の幸村以上に、家来の〝真田十勇士〟が人気を得るようになった。そのため彼ら十勇士は、立川文庫の設計を多少は踏まえつつ、斬新な形で小説や映画などにも、幾度となくくり返し取り上げられるようになる。

十勇士の一人、由利鎌之助はいつしか、鎖鎌の達人と設定されるようになるが、立川文庫では彼は、槍の使い手である。姓や名に、歴史上連想するものは幾つかあるが、十勇士の存在については皆目、その確証を示す資料はなかった。

それにしても、時代劇に出てくる忍者ほど、歴史家からみて噴飯《ふんぱん》なものはない。まず全身を覆う黒装束、ご丁寧に鼻も口も塞いでいる。あれでどうやって息継ぎをして、走れるのだろうか。手裏剣の類《たぐい》も滑稽だ。次々と飛び出す手裏剣は、いったいどこに隠しもっているのだろうか。刀や七つ道具をもち、間抜けな忍者は、さらに鎖帷子《くさりかたびら》まで着ている。あれでどうやって、跳躍ができるのだろうか。

——きわめつけが、とんぼ返りだ。

忍びにある種の跳躍法はあったが、空中回転の技法はないし、必要もなかった。

「塀《へい》の高さが一・五メートルなら、助走をつかってどうにか跳び越えられたが、それ以上は無理だな。降下も、地盤が軟弱なところでせいぜい四メートルが限度だ」

筆者は、生前お世話になった時代考証家の、稲垣史生《しせい》氏に聞いたことがある。

忍びの子供たちは、麻の葉の急生長に合せ、その葉先を跳ぶ訓練をした、とも。

だが、高く跳ぶ必要はあっても、忍びに空中回転をやらせる必要は、どこにもなかった。蛇足の蛇足ながら、「とんぼ返り」の初出は『平家物語』ではなかったか、と筆者は疑ってきた。

のちの源頼朝、木曾義仲の挙兵につながる、以仁王《もちひとおう》の平家追討の令旨《りょうじ》を奉じ、源頼政《よりまさ》が大和（現・奈良県）に向かう途中、宇治橋を押し渡るさい、三井寺《みいでら》（園《おん》城寺《じょうじ》）の僧兵・筒井浄妙《じょうみょう》が、蜘蛛手《くもで》・十文字・蜻蛉《とんぼ》返りで戦った、とあった。

これらはどれも太刀打ちの名称であり、前に切って出た太刀を、姿勢をそのままで、後方へ退《さが》って避ける技法であったかと思われる。蜻蛉は前向きのまま、後進できる特性をもっている。蜻蛉に出来ても、忍びに空中回転はありえなかった。なぜならば、跳べばそこを斬られてしまう。アクロバットにも、限界はあった。

いずれもが虚仮《こけ》であり、第一、「忍者」などという名称そのものが歴史学的には存在しなかった。

真田信繁を含む真田三代は、歴史の表舞台へ。十勇士は裏の世界へ。各々、消えていった。

以上が筆者の〝真田十勇士〟に関する解体新書である。

（了）

参考文献

『信濃史料』（一～三十二巻） 信濃史料刊行会編 一九五六～六九年
『新編 信濃史料叢書』（第十五～十八巻） 信濃史料刊行会編 一九七七～七八年
『真田文書集』 藤澤直枝編 上田史談会 一九三〇年
『真田史料集』 小林計一郎校注 新人物往来社 一九八五年
『甲陽軍鑑（上・中・下）』 磯貝正義・服部治則校注 新人物往来社 一九七七年
『加来耕三の戦国武将ここ一番の決断』 加来耕三著 滋慶出版／つちや店 二〇一五年
『戦国軍師列伝』 加来耕三著 学陽書房・人物文庫 二〇一二年
『関ヶ原大戦』 加来耕三著 学陽書房・人物文庫 二〇一一年
『徳川三代記』 加来耕三著 ポプラ社 二〇一一年
「風林火山」武田信玄の謎〈徹底検証〉』 加来耕三著 講談社・講談社文庫 二〇〇六年
『現代語訳 名将言行録 軍師編』 加来耕三編 新人物往来社 一九九三年
『現代語訳 名将言行録 智将編』 加来耕三編 新人物往来社 一九九三年
『豊臣秀吉大事典』 加来耕三監修 新人物往来社 一九九六年

加来耕三―昭和33年（1958）、大阪市生まれ。奈良大学文学部史学科卒業後、同大学文学部研究員を経て、現在は歴史家・作家として著作活動を行っている。『歴史研究』編集委員。テレビ・ラジオ等の番組監修・出演の依頼も少なくない。テレビではNHK BSプレミアム『英雄たちの選択』、BS-TBS『THE歴史列伝』、TBS系列全国放送『世紀のワイドショー！ザ・今夜はヒストリー』など。ラジオでは、NHKラジオ第１『すっぴん！』、全国10局放送の『加来耕三の「歴史あれこれ」』など多数出演。主な著書に、『刀の日本史』『「風林火山」武田信玄の謎〈徹底検証〉』（いずれも講談社）、『歴史に学ぶ自己再生の理論』（論創社）、『三国志・最強の男 曹操の人望力』（すばる舎）、『日本武術・武道大事典』（監修／勉誠出版）などがある。

講談社+α文庫 真田《さなだ》と「忍者《しのび》」

加来耕三《かくこうぞう**》

2016年８月18日第１刷発行

発行者――――鈴木 哲
発行所――――株式会社 講談社
東京都文京区音羽2-12-21 〒112-8001
電話 編集(03)5395-3522
販売(03)5395-4415
業務(03)5395-3615
デザイン――――鈴木成一デザイン室
カバー印刷――――凸版印刷株式会社
印刷――――慶昌堂印刷株式会社
製本――――株式会社国宝社
帯図版――――「大坂夏の陣図屏風」より天王寺の真田隊（大阪城天守閣蔵）

落丁本・乱丁本は購入書店名を明記のうえ、小社業務あてにお送りください。
送料は小社負担にてお取り替えします。
なお、この本の内容についてのお問い合わせは
第一事業局企画部「＋α文庫」あてにお願いいたします。
Printed in Japan ISBN978-4-06-272951-2
定価はカバーに表示してあります。

講談社+α文庫 Ⓖビジネス・ノンフィクション

"お金"から見る現代アート　小山登美夫
「なぜこの絵がこんなに高額なの?」一流ギャラリストが語る、現代アートとお金の関係
720円 G 252-1

仕事は名刺と書類にさせなさい 「目立つが勝ち」のバカ売れ営業術　中山マコト
一瞬で「頼りになるやつ」と思わせる! 売り込まなくても仕事の依頼がどんどんくる!
690円 G 253-1

女性社員に支持されるできる上司の働き方　藤井佐和子
日本一「働く女性の本音」を知るキャリアカウンセラーが教える、女性社員との仕事の仕方
690円 G 254-1

武士の娘 日米の架け橋となった鉞子《えつこ》とフローレンス　内田義雄
世界的ベストセラー『武士の娘』の著者・杉本鉞子と協力者フローレンスの友情物語
840円 G 255-1

誰も戦争を教えられない　古市憲寿
社会学者が丹念なフィールドワークとともに考察した「戦争」と「記憶」の現場をたどる旅
850円 G 256-1

絶望の国の幸福な若者たち　古市憲寿
「なんとなく幸せ」な若者たちの実像とは? メディアを席巻し続ける若き論客の代表作!
780円 G 256-2

今起きていることの本当の意味がわかる 戦後日本史　福井紳一
歴史を見ることは現在を見ることだ! 伝説の駿台予備学校講義「戦後日本史」を再現!
920円 G 257-1

しんがり 山一證券 最後の12人　清武英利
'97年、山一證券の破綻時に最後まで闘った社員たちの物語。講談社ノンフィクション賞受賞作
900円 G 258-1

奪われざるもの SONY「リストラ部屋」で見た夢　清武英利
『しんがり』の著者が描く、ソニーを去った社員たちの誇りと再生。静かな感動が再び!
800円 G 258-2

日本をダメにしたB層の研究　適菜収
いつから日本はこんなにダメになったのか? ——「騙され続けるB層」の解体新書
630円 G 259-1

＊印は書き下ろし・オリジナル作品

表示価格はすべて本体価格(税別)です。本体価格は変更することがあります

マンガ 老荘の思想
蔡志忠・作画 和田武司・訳 野末陳平・監修
超然と自由に生きる老子、荘子の思想をマンガ化。世界各国で翻訳されたベストセラー!!
750円 E 5-1

マンガ 孔子の思想
蔡志忠・作画 和田武司・訳 野末陳平・監修
二五〇〇年受けつがれてきた思想家の魅力を描いた世界的ベストセラー。新カバー版登場
690円 E 5-2

マンガ 孫子《そんし》・韓非子《かんぴし》の思想
蔡志忠・作画 和田武司・訳 野末陳平・監修
深い人間洞察と非情なまでの厳しさ。勝者の鉄則を明らかにした二大思想をマンガで描く
750円 E 5-3

*マンガ 菜根譚《さいこんたん》・世説新語《せせつしんご》の思想
蔡志忠・作画 和田武司・訳 野末陳平・監修
乱世を生きぬいた賢人たちの処世術と数々のエピソードが現代にも通じる真理を啓示する
700円 E 5-7

マンガ 禅の思想
蔡志忠・作画 和田武司・訳 野末陳平・監修
悟りとは、無とは!? アタマで理解しようと力《りき》まず、気楽に禅に接するための一冊!!
780円 E 5-8

*マンガ 孟子《もうし》・大学《だいがく》・中庸《ちゅうよう》の思想
蔡志忠・作画 和田武司・訳 野末陳平・監修
政治・道徳・天道観など、中国の儒教思想の源流を比喩《ひゆ》や寓話《ぐうわ》、名言で導く必読の書!!
680円 E 5-9

マンガ 皇妃エリザベート
名香智子 ジャン・デ・カール原作 塚本哲也監修・解説
今なお、全世界の人々を魅了する、美と個性の皇妃の数奇な運命を華麗なタッチで描く!!
1000円 E 28-1

*オールカラー 完全版 世界遺産 第1巻ヨーロッパ①
講談社 編 PPS通信社 写真 水村光男 監修
美しい写真! 歴史的背景がわかりやすい! ギリシア・ローマ、キリスト教文化の遺産!
940円 E 32-1

*オールカラー 完全版 世界遺産 第2巻ヨーロッパ②
講談社 編 PPS通信社 写真 水村光男 監修
フランス、イギリス、スペイン。絶対君主の威厳と富の蓄積が人類に残した珠玉の遺産!
940円 E 32-2

*歴史ドラマが100倍おもしろくなる 江戸300藩 読む辞典
八幡和郎
歴史ドラマ、時代小説が100倍楽しめることとウケあいの超うんちく話が満載!
800円 E 35-6

*印は書き下ろし・オリジナル作品

表示価格はすべて本体価格(税別)です。本体価格は変更することがあります

講談社+α文庫 Ⓔ歴史

真田と「忍者《しのび》」

加来耕三

大河ドラマ「真田丸」、後半を楽しむカギは「忍者」！　忍者ブームに当代一の歴史作家が挑む

920円
E
I-8

*印は書き下ろし・オリジナル作品